Angel bell 音译为"恩歌博尔",中文直译为"天使钟",这里取"天使的声音"之意。在"恩歌博尔"(Angel bell)的logo中,徽章外形代表学术权威和宏大的影响力,徽章上的天使图像简洁生动,象征一位快乐的天使正带来教育的美丽和魅力,即知识、智慧、思想及广大教师和整个教育的美好蓝天!

小学教师综合
实践活动课攻略大全

主编◎陶海林

东北师范大学出版社
NORTHEAST NORMAL UNIVERSITY PRESS
WWW.NENUP.COM

图书在版编目(CIP)数据

小学教师综合实践活动课攻略大全/陶海林主编.
—长春:东北师范大学出版社,2010.7
ISBN 978-7-5602-6336-6

Ⅰ.①小… Ⅱ.①陶… Ⅲ.①活动课程-小学-教学
参考资料 Ⅳ.①G622.3

中国版本图书馆 CIP 数据核字(2010)第 129479 号

□责任编辑:刘永枚
□责任校对:谢欣儒
□封面设计:子 小
□责任印制:张 林

东北师范大学出版社出版发行
长春市净月开发区金宝街 118 号(邮政编码:130117)
电话:0431-85601108
传真:0431-85693386
网址:www.nenup.com
电子函件:SXXX_3@163.com

北京通州运河印刷厂印装
2010 年 7 月第 1 版
2012 年 2 月第 2 次印刷
开本:650×960 1/16 印张:16 字数:313 千

定价:28.00 元

前　言

　　为了实现基础教育课程改革，教育教学研究人员和广大中小学教师积极探索、勇于实践，付出了艰苦的努力，并取得了丰硕的成果。新课程的理念、内容和方法正在被越来越多的师生所接受，新课程的实施经验在不断积累，适应新课程需要的新型教师队伍正在不断成长和扩大。

　　基础教育课程改革是我国改革开放和经济、社会发展的必然产物，是顺应国际教育发展的潮流之举，是大势所趋。改革的目的就是要更好地提高我国公民的整体的素质，更好地培养高素质的创新人才。广大中小学教师如何对待这次课程改革对改革的前途有着至关重要的作用，教师的认识和行动将决定这次课程改革的前途和命运，尤其是对中小学实践活动课程的认识和行动尤为重要。为此，在编写本书的时候，我们力求将有关实践活动课程的认识贯穿于全书之中，目的在于能更好地同广大中小学教师交流、沟通，共同探讨这个问题。

　　本书共分为五章内容。第一章讲述的是关于综合实践活动课程目标具体化的策略。着重讲了有关如何理解中小学校本课程，如何设计综合实践活动课程的目标，如何体现综合实践活动课程的德育功能，如何培养学生的问题意识以及如何培养学生良好的个性心理品质。

　　第二章讲述的是关于综合实践活动课程开发的策略。着重讲了如何保证课程开发的持续性和系统性，如何选择和组织适合学生发展需要的课程内容，如何充分利用学校特色和社区课程资源，如何指导学生学会分解综合实践活动主题以及如何处理好预设与生成之间的关系。

　　第三章讲述的是关于综合实践活动课程教师指导的策略。着重讲了教师如何撰写指导方案，如何指导学生进行表达和交流，如何引导学生深度体验活动过程，如何关注和满足不同年级学生的个体差异以及如何在校本课程实施过程中调整课程内容。

第四章讲述的是关于综合实践活动方法教学的策略。着重讲了如何落实培养学生收集和处理信息的能力，如何培养学生进行有效的观察，如何提高小组讨论的实效性，如何实现由课内到课外的过渡以及如何有效运用多元智能理论组织教学。

第五章讲述的是关于综合实践活动评价的策略。着重探讨了如何指导学生进行自我反思性评价，如何进行中考综合素质评价，教师如何监控自己开发的课程，如何评价教师的校本课程开发能力以及如何进行校本课程的学分评价。

尽管我们以严谨负责的态度来编写此书，但本书还有许多值得商榷的地方，希望更多的教师、专家和学者为本书提出宝贵意见。

编　者

目　录

第一章　综合实践活动课程目标具体化策略

第一节　如何理解中小学校本课程

校本课程开发可以像语文、数学一样以系统知识为主，以长周期、教师讲解为主。而目前大部分学校开发的校本课程都是短期的，以研究性学习和开放性学习为主。在性质和形式上与综合实践活动课都非常相似，所以造成了校本课程就是综合实践活动课，综合实践活动课就是校本课程的错误理解。

一、校本课程与新课程实施之前的"二课堂"有什么异同

（一）问题的提出

国家基础教育课程改革实验从原来单一的国家课程模式转变为向国家、地方、学校三级课程管理模式，学校增添了一门新型课程——校本课程，"校本课程"究竟是一门什么课程？

在校本方案试行时，几所学校的教师就在一起讨论。"校本课程是由学校针对学生的兴趣和需要，结合学校的传统和优势，充分利用学校和社区的课程资源，自主开发和实施的课程。""那具体怎样实施呢？""实施的途径当然很多，比如每周上一节选修课，由学生自由报名参加，如技能类、游艺类等。"

原来校本课程就是这样？那……不就是以前所说的"二课堂"吗？如果是，为什么要改成另一种称呼？如果不是，那到底有什么相同和不同之处呢？为了弄清楚这个问题，可以从以下几个方面来分析：

1. 课程是什么？
2. 校本课程是什么？校本课程开发是什么？校本课程具体怎么实施？

3. 校本课程追求什么？与二课堂有什么不同？

4. 从管理上来看，二者有何异同？

5. 从内容上来看，二者有何异同？

（二）问题的研究

原来，校本课程是相对于国家课程和地方课程而言的，是指以学校为基地而开发的课程。它的目的在于尽可能满足社区、学校、学生的差异性，充分利用学校和社区的课程资源，为学生提供多样化、可供选择的课程；力求建立一种开放的、合作的、探究的、对话的新的课程文化。

校本课程开发指的是学校根据本校的教育哲学，通过与外部力量的合作，采用选择、改编、新编教学材料或设计学习活动的方式，并在校内实施以及建立内部评价机制的各种专业活动。它具备与新课程实施之前的"二课堂"不同的三个特点：一是它一定要以本校的教育哲学或办学宗旨、培养目标作为依据；二是它强调教师要用一定的课程技术去操作，校本课程的开发也为教师提供无限的发展与创造的空间，让每一位教师都人尽其才；第三，校本课程的开发意味着对学校原有课程的重新洗牌和再概念化。学生的兴趣与需要，是开发校本课程的依据，校本课程在适应社会方面更加灵活，更加贴近学生的实际需要，从而更有效地促进学生的发展和教师的成长。

校本课程与新课程实施前的"二课堂"有着如下的关联：

1. 校本课程是对原来活动课和选修课的继承、规范和发展。有些活动课和选修课，特别是一些兴趣小组活动，本身就体现了校本课程开发的基本理念，是校本课程的表现形态，可以直接归入校本课程。而有些则与校本课程开发的理念相去甚远，这就需要加以改造、规范和发展。

2. "课"或者"学科"只是"课程"的一种具体表现形态。课程的含义很广，从规划、设计到实施，从课程目标、课程内容、课程实施到课程评价，都是属于课程的范畴。如何使"二课堂"具有"课程"意义？必须明确课程、学科对学业发展和社会发展的价值，确立课程、学科本身的合理结构及其与其他课程、学科之间的相互关系。因此，原来那些随意性很强、无视社会发展时代特点的、特别是无视学生兴趣爱好和发展需要的"活动课"、"选修课"不能说是校本课程；相反，那些由学校经过一定的合理性论证和设计，能满足学生兴趣、爱好和发展需要的活动课，就具有了校本课程的意义，可以归入校本课程。

如果一定要区分校本课程与"二课堂"二者之间有什么不同，可以从以下几个方面来看：

（1）从管理上来看，校本课程是三级课程中的一大块，赋有课程权力分享和责任分担，列入课表，并且必须按照规范的开发流程进行操作；而"二课堂"则只是一种具体的课程表现形态，未具备明确的权力和责任主体。

（2）从价值追求来看，课程是为学生而存在的，应该是课程去适应学生，而不是"二课堂"那样学生适应课程。换言之，要给学生提供一种差别性教育，学生发展是校本课程开发的追求目标；从学生参与来看，"二课堂"并未要求学生人人参与，只是满足少数人的需要；"校本课程"要求人人参与，满足不同学生的发展需求；"二课堂"是教师有专长即参与，是个人行为；"校本课程"是教师民主参与，邀请家长、社会人士、学生共同参与，是集体行为，教师没有明显的专长也可以参与开发；"二课堂"是一种短期行为，"校本课程"是种长期行为，围绕学校"教育哲学思想"进行开发，促进学校特色，整体实现课程目标是其长远目标。如麻园岭小学所形成的篮球标志性课程是学校特色之所在，学校特色的形成是校本课程开发的必然结果。

（3）从内容来看，"二课堂"重技能、轻情意，如"舞蹈"、"乐器"、"绘画"等艺术类居多，目的是技能训练，无视情意目标；校本课程则根据学生多样化的发展需求来设置课程门类，课程内容十分丰富。它可以是有益于身心健康的，如心理健康教育、生活小窍门、礼仪与交往等，是以全人教育、终身发展为目的。

（4）从评价来看，"二课堂"评价缺乏系统而科学的评价系统，往往只评价学生的学习结果；"校本课程"评价则既有教师层面的（如课堂教学），又有学生层面的，还有学校整体的，如对"方案"的评价。

（三）成效与反思

对于"校本课程与新课程实施之前的'二课堂'有什么异同"这个问题的研究实际上已经远远超出了它的范围，因为只有从更广泛的领域和背景下去了解校本课程与"二课堂"的异同，才能真正明白新课程实验三级课程管理的深远意义。通过对这个问题的思考和研究，进一步帮助教师明确"课程"、"校本课程"、"校本课程开发"等有关概念，弄清了学校校本课程开发的总体目标和基本流程，充分激发了教师的创造性，拓展了教师的专业领域，发展了教师的专业能力。教师在参与课程的开发和实施过程中，不仅提高了课程意识和创新能力，而且拓宽了视野，提高了教学实践能力，同时为教师提供了展示自己的舞台。

其实，现在和过去本来就是一个继承与发展的问题，学校中的课程是一个整体，在现实中有时候是相互交叉的，很难分清楚它属于哪一类。当一些教师已经有过实践的体验之后，很多概念就很自然内化在头脑和行动之中，问题也就迎刃而解了，再仔细辨别已经没有太大的意义。然而让许多教师欣喜的是，对概念的比较性思考和分析可以使思路更清晰，并且可以弄清许多其他的问题。

二、初次参与校本课程开发的教师应做好哪些知识和技能方面的准备

（一）问题的提出

新课程带着新的教育理念从教育科研的神秘殿堂走进了广大教育工作者中间。校本课程作为一种全新的课程文化，随着课程走向决策分享的国际趋势应运而生，它具有开放性、本土性、研究性、合作性、对话性的特点。校本课程开发的主力军是教师，它为教师的发展提供了施展才华的舞台。但在开发过程中，教师面临着与传统的课堂教学、完全不同的"课程环境"，给初探校本课程开发路程的教师带来了诸多困惑。按照新课程"先培训，再上岗，不培训，不上岗"的原则，就是说，每个参与新课程实验的教师都必须先了解与该学科相关的理论知识，把握该学科的基本理念和具体实施办法，才能开始进行实验。因为实验的对象是学生，只许成功，不能失败！而作为一个初次参与校本课程开发的教师，到底应该做好哪些知识与技能方面的准备呢？

作为初次参与校本课程开发的教师，都非常渴望得到专业引领，令许多教师感到困难的是：

1. 对校本课程的理论学习不够，概念不清，把握不住开发方向；

2. 国家课程有一个课程标准和教材以及教师指导用书，教师大体知道该怎么做，而校本课程，我们心理没"谱"，举步维艰；

3. 校本课程开发对教师有哪些要求我们还不太清楚，相关技能的缺乏，使得我们不知如何着手实施。那么我们应该做好哪些知识和技能方面的准备，才能使遇到的困惑迎刃而解呢？为了帮助解决疑难，某校的校本课程教师在教导处的安排和指导下，开展了对这个问题的研究工作。

（二）问题的研究

1. 搜集资料

"众人拾柴火焰高"，该校教师从各种渠道搜集有关校本课程开发的各种资料，分类整理，用以指导自己的教学活动。搜集到的文献资料有如下一些：

（1）《校本课程开发的理论与实践》（崔允漷）；

（2）《校本课程开发》（吴刚平）；

（3）《学校课程管理指南》（试行）；

（4）《国家基础教育课程改革纲要解读》；

（5）《校本课程论》（钟启泉主编，上海教育出版社出版）；

（6）《校本课程的理念与实施》（刘旭东主编，首都师范大学出版社出版）；

（7）《校本课程论》（王斌华，上海：上海教育出版社，2000.12）；

（8）《个性化：校本课程开发的价值追求》（吴惠清，《教育发展研究》，2001.1）；

（9）《浅谈校本课程开发》（王彦，《教育发展研究》，2000.4）；

（10）《论新课程条件下的教师角色转换》（周驯英）；

（11）《校本课程开发：概念解读》（徐玉珍，《课程教材教法》2001年第4期）；

（12）《课程权力再分配：校本课程政策解读》（沈兰，《教育发展研究》，1999年9月）。

2. 问题研修

为了能有效地使用上述搜集到的文献资料，使教师都能正确掌握课程开发需要准备的知识和技能，该校规定了一些必读篇目和选读篇目，并布置了研修任务，即每位教师必须通过学校所提供的文献资料，弄清下列17个问题，有的学校对于其中重点问题还安排了导读活动和知识考查，完成自主研修的任务者（参看学习笔记）均可获得相应的继续教育学分。

（1）什么是校本课程？什么是校本课程开发？

（2）校本课程开发的目的、意义是什么？

（3）校本课程开发有哪些特点？应具备什么条件？

（4）校本课程有没有一个可供参照的开发流程？

（5）校本课程有哪些开发模式？

（6）校本课程有哪些具体的开发活动方式？

（7）校本课程没有"蓝本"，开设什么课程内容？

（8）怎样确定课程目标？

（9）如何挖掘和利用有效的课程资源？

（10）校本课程该怎样备课？

（11）以什么方式呈现给学生所选课程内容？

（12）如何评价学生学习课程内容的情况？

（13）如何使开发的课程能持续下去？

（14）校本课程开发对教师、学校、学生甚至家长而言有什么价值？

（15）校长、教师在校本课程开发中的地位与作用、职责与素养分别是什么？

（16）校本课程开发将给教师带来哪些机遇和挑战？

（17）校本课程将给学生的学习方式、生活态度等带来哪些改变？

3. 编制尝试性课程纲要

为了更直观更深入地了解校本课程开发，增进教师对相关技能的了解，有的学校先后学习了国内外一些学校的典型案例、教师的课程开发案例及其他一些课程开发产品。并让教师尝试编制课程纲要，初步从实践中体会和运用所学的知识和技能。因为课程纲要是教师赖以实施的最直接最重要的文本，它涉及到怎么确定课程名称，怎么确定课程目标，怎样选择和组织课程内容，怎样选择教学方式，怎样开发与利用课程资源，怎样评价学生的学业成绩等诸多方面。通过编制尝试性课程纲要，从而使教师知道在实践开发中可能会出现的问题。

4. 分析与归纳

校本课程开发使教师的角色发生转变，它将教师定位于"课程决策者"上。校本课程开发追求教师专业成长，促进教师知识结构的完整。概括起来，作为一个校本课程开发的教师应该具备三类知识、四种意识、五项技术，作为一个初次参与校本课程的教师，在各类学习和培训活动中，不妨就从这些方面着手准备：

（1）教师应具备三类知识。三类知识就知识角度而言，教师的知识一般可以分为三大类：本体性知识、条件性知识、实践性知识。从知识方面看，实践性知识的获得是教师专业发展的重要标准。因为对一个受过高等教育的教师来说，本体性知识与条件性知识并不是太缺乏，其发展主要是指获得更多的实践性知识，这一项还要等待教师在实践中去反思和总结。

（2）教师应具备的四种意识：课程意识、资源意识、问题意识、研究意识。

① 课程意识：课程不仅是一种结果，更是一种过程，是一门需要民主、合作、创新的艺术。校本课程开发要求教师自己确定课程目标、课程内容，负责课程实施、课程评估，而不仅仅是实施课程。因而必然有助于教师提高课程开发能力（包括制订课程目标的能力、确定课程内容的能力、实施课程的能力、评估课程的能力四个方面）的全面提高。由于校本课程是基于学校而开发的，因而没有外来现存的经验可供参考，教师必须自己根据实际情况制订评价方案并实施评价。

② 资源意识：课程资源是课程与教学信息的来源，或者指一切对课程和教学有用的物质和人力。课程资源包括校内资源、校外资源和网络化资源。校内资源主要包括本校教师、学生、学校图书馆、实验室、专用教室、动植物标本、矿物标本、教学挂图、模型、录像片、投影片、幻灯片、电影片、录音带、电脑软件、教科书、参考书、练习册，以及其他各类教学设施和实践基地等；校外资源主要指公共图书馆、博物馆、展览馆、科技馆、家长、校外学科专家、上级教研部门、大学设施、研究机构、有关政府部门、其他学校的设施、学术团体、野外、工厂、农村、商场、企业、公司、科技活动中心、少年宫、社区组织、电视、广播、报纸杂志等广泛的社会资源及丰富的自然资源；网络化资源主要指多媒体化、网络化、交互化的以网络技术为载体开发的校内外资源。资源可以说是无处不有，教师要善于挖掘和利用有效的课程资源。

③ 问题意识：教师能够在纷繁复杂的教育实例中发现一些有价值的问题，并对此采取一些针对性的做法以求有所改善。

④ 研究意识：校本课程的开发本身就是一个教师参与科研的过程，它要求教师承担起"研究者"的任务，这对于教师研究能力的提高大有裨益。在校本课程开发中，教师不仅要研究学校、学生、自己，还要研究课程制度、课程理论、课程开发的方法等；不仅要研究问题的解决，还要研究交往、协调的方法等等。

（3）教师应掌握的五项技术：制订课程目标技术、确定课程内容技术、协调与沟通技术、课程评价技术、需要评估技术。此外，教师参与课程开发也可以提高教师的学科教学能力。校本课程开发强调以学生为本，因而教师在进行教学设计时会更多地考虑学生的现实，使教学效果处于最佳状态。教师的态度决定校本课程开发的质量与水平，观念影响自身能力的发挥。

（三）成效与反思

1. 研究效果

由于有了对课程的准备和研究，有的教师在后来的开发当中，觉得校本课程并不难，反而能激发大家的创新精神。许多教师一致认为，课程知识和技能方面的准备工作做得好，产生了实效。

（1）认同和理解了校本课程的目的和意义。

（2）该问题的研究使教师在校本课程的开发中才有足够的思想准备应对不断出现的各种问题和疑难，因为在课程准备时就对可能出现的问题进行了预期防范与解决，让大家有信心，相信自己一定能行，即使发现了新的问题，也能尝试使用行动研究法去主动研究。

（3）由于有了事先的准备，许多教师完成了不少学校在开发过程中才进行的培训工作，因而降低了课程开发的难度。每位教师都要有条不紊地按照学校校本课程规划方案去实施。

（4）给每位教师从容展示自己潜能的机会，校园内形成一种人人参与、不甘落后的氛围，不论是年轻的还是年长的教师，没有一人退缩和逃避。

（5）教师的勤奋引来了学生、社区人士、专家的积极参与，使校内形成合作、民主、开放的新型课程文化。

有的学校虽然规模比较小，但却由于校本课程而带动所有新课程的发展，走在了课程改革的前列。学校校长还被评为"明星校长"，校本课程案例也刊登在了一些教育类的报刊、杂志上。

2. 实践反思

（1）作为课程开发的主体，应该以一种主动接纳、热情投入、满怀信心的态度去做好课程开发的准备，从课程知识和专业技能方面充实和武装自己，这样才能登上课程开发的"制高点"。

（2）如果教师的课程知识和技能的准备充分，能增进他们对学校课程乃至整个学校的归属感，可以提高教师的士气，提高教师的工作满足感和责任感，使教师对教学工作有更多的投入。

（3）有些课程知识，如实践性知识；与有些课程技能，如课程评价的技能，是需要教师在课程实施的过程中才能进一步习得的。

第二节　如何设计综合实践活动课程的目标

《综合实践活动课程指导纲要》就综合实践活动课程的总目标进行了设计，与此同时，还分学段、分活动项目设计了综合实践活动的目标。然而，在具体实施过程中，如何根据综合实践活动课程的特点将综合实践活动的总目标具体细化成可操作性的目标；如何对不同的活动主题或活动项目的目标进行具体化，是我们必须关注的问题。目前，我国中小学综合实践活动目标分类一般按照知识、能力、情感三维目标分类。需要强调的是，综合实践活动课程的认知目标主要包括如下几个方面：①经验性知识：是指通过直接经验产生的主观感受和意识，通过日常经验而获得；②综合性知识：随着当代科学的发展，人们越来越认识到科学作为一个系统，不仅仅存在于某个单一的学科。因此，综合运用学科知识已经成为综合实践活动课程目标之一。综合实践活动通过主题活动方式来使学生掌握、运用跨学科知识，这些知识都是综合性的知识；③方法性知识：综合实践活动实施过程中，立足于现实生活纷繁复杂的生活问题，使学生在解决问题的过程中要掌握各种方法。如信息处理的方法、访问调查的方法、测量统计的方法、观察实验的方法等。因此，掌握方法性知识也是综合实践活动的知识性目标。

综合实践活动的课程目标一般存在于不同的项目与不同的方式中，不同的活动类型与项目有不同的课程目标的侧重点。在进行综合实践活动具体目标设计时，先按照活动方式分类，然后再根据活动类型的特点，有侧重地进行三维目标的具体化设计，是比较科学的将综合实践活动目标具体化的方法。下面主要阐述如何根据活动类型，将综合实践活动目标具体化。

一、课题探究的研究性学习活动具体目标设计

课题探究的研究性学习活动的核心是课题研究，要求学生模仿或遵循科学研究的一般过程，选择一定的课题，通过调查、测量、文献资料等手段，收集大量的研究资料或事实资料，运用实验、实证等研究方法，对课题展开研究，解决问题、撰写研究报告或论文。根据课题探究的研究性学习活动的特点，教师在进行三维目标设计时要侧重如下相关目标要素。

1. 情感目标

在主题探究的研究性学习的情感目标设计具体化过程中，可考虑如下方面：

（1）认识和理解我国的基本国情、了解我国优秀文化遗产，具有环保意识、国家意识、合作意识以及强烈的社会责任感；

（2）学生通过经历科学探究的过程，培养科学精神和科学道德；

（3）学生能在探究的过程中大胆质疑，敢于提出新的设想与思路，体验研究乐趣；

（4）在交流与分享成果时，学会赞美、理解与宽容。

2. 知识目标

在主题探究的研究性学习的知识目标设计具体化过程中，可考虑如下方面：①方法性知识：调查方法、观察方法、文献检索与收集、实验研究的方法、数据统计，学会撰写调查报告、研究小论文、观察报告、实验报告；②经验性知识：与他人、机构联系的交往性活动，资料收集、保存的基本活动；③综合性知识：经历社会调查研究、实验研究的基本过程，能通过与其他同学进行交流，报告研究的过程和体会；能运用所学知识，主动从现实生活中发现问题，提出有价值和有意义的问题或研究课题。

3. 能力目标

在主题探究能力目标设计具体化过程中，可考虑如下方面：

（1）分析与解决问题的能力：学会自主提出问题、制订解决问题的方案，并依据方案开展活动、进行自主探究，体验探究过程、制订活动评价的标准、评价自己制订方案的有效性；

（2）收集处理信息的能力：学会运用多种方法收集信息、客观思考和辩证地分析信息；

（3）表达与交流：运用口头方式报告研究的成果，学会运用辩论、编刊物、制作网页等方式表达研究成果。

二、实际应用的设计学习活动的具体目标设计

实际应用的设计学习活动也是综合实践活动的基本活动方式。该活动类型要求学生在运用所学的知识技能的基础上，进行问题解决的实际操作。设计学习与应用学习是问题解决的基本形式。

项目与应用设计即以解决一个比较复杂的操作问题为主要目的。包括社会性活动的设计、制作应用设计等类型。社会性活动的设计，如一次社区宣传活动策划、一次环境保护的设计；制作应用设计，如改进某一设备、设计某一产品等。

1. 情感目标

实际应用的设计学习活动的情感目标具体化时，可考虑如下目标：

（1）学生通过组织一项活动，能对活动的整个过程负责，形成负责任的态度；

（2）关注身边的技术问题，形成亲近技术的情感，具有初步的技术意识；

（3）能够安全而有责任心地参加技术活动，初步具有与他人进行技术方面合作与交流的能力；

（4）通过体验和探究，学会进行简单的技术学习，初步形成科学的态度及技术创新的意识，具有初步的技术探究能力；

（5）初步形成与技术相联系的经济意识、质量意识、环保意识、安全意识、伦理意识、审美意识以及关心当地经济建设的意识。

2. 知识目标

实际应用的设计学习活动的知识目标具体化时，可考虑如下目标：

（1）方法性知识：会写活动提案；写求助信；会编写制造指南和活动记录；

（2）经验性知识：认识日常生活和周围环境中的常见资源，学会使用一些基本的工具；通过简单的工艺品或技术作品的设计与制作实践，了解设计、制作及评价的一般过程和简单方法；

（3）综合性知识：了解原有产品、服务设施或系统的性能；了解社会大众的某种新的需求，进而通过设计某种新产品、新的服务设施或系统来满足大众的这种需求；确定生活中的某种产品服务设施或系统存在的问题，并提出解决产品服务设施或系统缺陷的方法和途径。

3. 能力目标

实际应用的设计学习活动能力目标具体化时，可考虑如下目标：（1）学生在针对具体问题解决的过程中提高创造能力，在本类活动中，创造能力主要包括作品制作的能力与信息运用的能力；（2）学生通过对某一活动进行设计等训练，培养学生规划、领导的能力；（3）培养综合解决实际问题的能力；（4）充分利用人力、时间、财力、物力和工具等资源的能力；（5）能自己评价新产品、新的服务设施或系统成功的标准；根据标准评价创意的质量。

三、以社会考察为主的体验性学习具体目标设计

社会考察为主的体验性学习活动内容，一般涉及本地区的历史文化遗迹、现实的社会和生产方式。通过此类活动的开展，学生能进入社会情境，接触社会现实，参与各种社会活动，可积累丰富的社会生活经验。根据社会考察为主的体验性学习活动这一类型的特点，教师在进行三维目标设计时要侧重如下相关目标要素。

1. 情感目标

社会考察为主的体验性学习活动的情感具体目标设计，可考虑如下几个方面：（1）理解社会规范的意义，能自觉遵守、维护社会公德；（2）在社会实践活动中增进法制观念、民主意识，发展社会参与能力，形成参与意识与公民意识；（3）懂得科学技术与日常生活、社会发展的关系，形成

正确的科学观；（4）懂得理解、尊重、欣赏世界多元文化。

2. 知识目标

社会考察为主的体验性学习活动的知识具体目标设计，可考虑如下几个方面：（1）方法性知识：会写访问提纲、访问记录、参观、考察记录、参观报告、访问报告、考察报告，学会统计方法的运用、统计图表的制作；（2）综合性知识：进行社会宣传的知识准备以及对考察、访问、采访对象相关背景方面的知识准备；（3）经验性知识：社会考察与宣传法的基本方法等。如"我们一起走进首义园"活动主题目标设计中，有关的知识目标有：①了解首义园的基本布局及建筑特色；②了解首义园的特色小吃、湖北名菜；知道首义园的小吃可以做到品种多、价格便宜、营养又健康；③了解首义园优雅的环境，知道首义园的历史以及浓厚的文化底蕴；向社会推荐首义园，宣传首义园；④学习设计简单的访问、统计、调查等表格四个方面。其中，"a. 了解首义园的基本布局及建筑特色；b. 了解首义园的特色小吃、湖北名菜；知道首义园的小吃可以做到品种多、价格便宜、营养又健康；c. 了解首义园优雅的环境，知道首义园的历史以及浓厚的文化底蕴；向社会推荐首义园，宣传首义园"属于与主题有关的综合性知识；"d. 学习设计简单的访问、统计、调查。"属于方法性知识。

3. 能力目标

社会考察为主的体验性学习活动的能力具体目标设计，可考虑如下几个方面：（1）在考察活动中，通过对自然现象、社会现象的观察记录、观察结果、抽样结果分析等活动形式，培养学生的观察力、记忆力、分析力；（2）在参观、考察活动中，通过自主地进行研究设计、实施、计算、统计、评价、资料收集、分析等活动形式，培养学生的调查研究能力；（3）通过人与人，信息与信息之间的交流活动，培养学生的交往与交流能力。下面仍以"我们一起走进首义园"活动主题目标设计为例，其能力目标有如下两点：①通过走进首义园，对首义园的考察、研究，增强与社会的交往沟通能力；②在研究首义园的活动过程中，学生形成发现问题、思考问题、积极主动地去获取知识的意识，初步具有独立、合作研究能力以及创新与实践能力，多渠道收集和处理信息的能力。

四、社会参与的实践性学习的具体目标设计

社会参与的实践性学习使学生通过一般性实践，获得对他人、对社会的价值实现感。此类活动方式更注重对学生社会适应能力、社会参与意识、社会实践能力及社会责任感的培养。根据社会参与的实践性学习活动这一活动类型的特点，教师在进行三维目标设计时要侧重如下相关目标要素。

1. 情感目标

社会参与的实践性学习的情感具体目标设计，可考虑如下几个方面：（1）学会理解他人的生活习惯、个性特点、职业情况，懂得尊重人、理解人；（2）通过体验个人与群体的互动关系，懂得他人与社会群体在个人生存发展方面的重要性，体验被关怀的温暖；（3）经常留意身边需要关怀的人，对他人富有爱心，并从关心、帮助他人的过程中获得深远意义的体验与满足；（4）不断增强参与社会实践的积极态度与情感体验；（5）了解、认识现代生产劳动技术，形成良好的劳动习惯。

2. 知识目标

社会参与的实践性学习的知识具体目标设计，可考虑如下几个方面：（1）方法性知识：运用基本工具、设备、材料、产品以及相关的程序与方法；（2）经验性知识：社会公益活动、服务活动、劳动技术活动、商业经济活动、政策宣传活动的规划、管理、组织、协调方法；（3）综合性知识：主要涉及生活常识与交往中的知识两个方面的知识。

3. 能力目标

社会参与的实践性学习的能力具体目标设计，可考虑如下几个方面：（1）能留意、捕捉社区中人们关注的问题，并能灵活地运用学过的知识加以解决；（2）掌握生活服务、家政服务、社区管理服务的基本技能；（3）熟悉简单的手工劳动、田间劳动，掌握简单的手工技术操作与田间劳动技术操作，并将观察、调查、探究活动结合开展；（4）提高学生的社会交往能力、社会活动的组织能力、自我管理能力与自我教育能力。

综合实践活动每一个具体活动，都要有其具体目标。这些目标都是基于总目标的可操作性的目标。需要强调的是，这些目标也随时根据学生活动主题的不断生成而不断调整。活动阶段不同，活动主题目标也随之变

化。因为综合实践活动的课程形态，决定其更为详细具体的课程目标是在学生活动过程中逐渐建构的。在活动主题目标设计过程中，要关注如下几个方面：

（1）要设计阶段目标

由于学生每个活动阶段的活动方式不同，活动目标也就有差异。如活动主题确定阶段的目标设计，更多地关注问题意识、收集信息等方面的目标。活动实施阶段则比较关注解决问题的能力、合作精神等目标，活动总结交流阶段则关注成果呈现方式的多样性、学生自我反思能力等方面的目标。

（2）要将知识技能目标细化为可操作性目标

如学会撰写小组活动计划、学会调查取样和数据统计的基本方法等。

（3）要注意目标设计语言的表述方式

首先，要注意目标表述时的行为主体，目标的表述要注意以学生为主体。

其次，综合实践活动具体目标的设计通常使用"经历"、"体验"、"运用"、"了解"、"接触"、"参与"等行为动词；使用"形成……态度、情感、意识"等词语来表述具体的情感、态度和价值方面的具体目标。

第三节　如何体现综合实践活动的德育功能

一、问题的提出

对于教师来讲，"教书育人"是一个教师全部工作的重心，一般人认为教书和育人是两码事。教书是传授给学生书本知识，是可以通过考试的形式检测成果的。而育人大多是平时有意识的或在学生出现问题时采取的措施，两者之间关联性、相互作用性不大。在平时的教学中时常听到教师抱怨：同学天资聪慧、成绩优秀但对班级事情或关心他人明显不感兴趣；自私、以自我为中心的现象突出；家庭观念、亲情意识淡薄。对于他们自己来讲，只要成绩好就代表着现在或将来会成功，根本没有看到这些现象所隐藏的风险。对于教师来讲，因工作的感情较偏爱成绩好的学生，因工作的需要还是以学生的成绩为重，同时要改变学生中存在的以上现象也非短时间内能奏效的，教师平时能做的就是与学生促膝谈心，用面对面的方式来解决，但收效甚微。

作为一位综合实践教师，就是要培养学生良好的个性心理品质。在平时的教学中能深深地体会到学生对此项活动课程所开展的内容很感兴趣，学生乐意与综合实践课程共成长。正如"成长"是一个综合的概念，综合实践能否在学生学习知识、技能的同时对学生的性格、品德和情感进行塑造，从而使他们在不知不觉中获取一种精神力量。"寓教于乐"是一种好的教学方法，能否移植成"寓品于综合实践"呢？

二、问题剖析

其实像上面这样的学生几乎每个班都有，所以很多教师认为现在的学生真是越来越难教了。究其原因首先应从对学校、班级的评价入手，受中考指挥棒的导向，一所学校评价一位班主任或一位任课教师，始终是把知识目标摆在首位，学校更多的精力放在提高学生的成绩和培养学生的能力等方面，对应的班主任、任课教师在制订班级目标、学科目标时工作重心就围绕此展开。他们通常的态度是把课程教好了，学生成绩优异，教学目标就超额实现了。班主任其次考虑的是如何评上"优秀班级"。评选的要求通常是流动红旗得多少次、成绩的年级排名、参与学校活动获奖的情况，这样势必使班主任把主要精力放在这些活动上面。而一位班主任既要完成自身的教学任务又要将精力放在"优秀班级"的评比上，他哪还有更多的时间来真正关注学生的德育目标。班主任事情很杂，要处理的日常事物多，要想面面俱到不大可能。德育工作虽然在开展，但较多的停留在事后处理，即使有它的地位和最终所起的作用也是可想而知的。当德育工作出现时，很难深层次去塑造学生的性格。任课教师也较普遍地认为自己的主要工作是关注学科目标。在他们的眼里，德育工作主要是班主任和德育部门的事，只要不给自身的课堂带来过多的妨碍即可，即使处理也是附带性的，所起的说教作用也很有限。至于课余所发生的，要么报告给班主任要么置之不理，此种现象较普遍存在。

除了以上原因外，所处的社会环境、家长的看法及做法对教师的行为也会产生一定的影响，从平时家长的言谈及对教师的要求中我们可以感受到一些带有倾向性的想法：即现在家庭一般只有一个孩子，经济条件也不错，孩子在家庭中的地位很重要。因此，有些家长认为子女只要不出大问题，在学校偶尔犯些小错误是很正常的，如果教师为了这些事而打电话甚至请家长未免小题大做。而受升学的影响，家长们更看重的是分数等一些看得见的事物。德育培养是一项投入长、见效慢的工作，与大多数家长的功利性思想有所不同，正因为有诸多想法，最终导致子女在家长、教师面前表现得更加放肆。有位教师曾经遇到过这样一个学生，在学校表现得非常懒散，要他打扫卫生都要打折扣。有一次从他邻居口中得知，以前在小学搞大扫除时，他甚至叫他的爷爷来代替，在家里他也是经常的对父母指手画脚。面对这样的学生与家长，做老师的心里很难受，教育工作很难展开，最终势必会使该学生产生父母都如此做教师的又能如何的念头。

综合以上现象和原因不难看出，教师在操作中制订具体目标的时候，容易把德育目标摆在不显眼的位置或可有可无的状态，致使德育目标处于一种喊起来很重要做起来成效不显著的尴尬中。如何使德育目标尽快的走出此困境，作为综合实践教师我们尝试着通过开展综合实践课程，在活动的探究中来渗透、培养学生的德育功能。

三、相关策略

综合实践活动是基于学生的直接经验、密切联系学生自身生活和社会生活体现对知识综合运用的课程形态，活动具有整体性、实践性、开放性、生成性、自主性的特点，因此在构思具体主题时我们在寻求着既体现课程的本质目标又能很好地展现对学生的德育目标培养的平衡点，以此来拓宽、开辟学生德育目标的新渠道。

在新课程综合实践的探索中，教师要以综合实践活动为载体，让学生亲历亲为，注重在过程中培养学生的性格、品行，让学生发自内心地认识、纠正性格、品行，希望通过教育方式的转型能更好地缓解此现象，摸索出一些值得推广的经验。

（一）分工协作

为确保活动的顺利开展，有的班主任从人力资源的最优利用和便于学生自我管理的角度进行了仔细的分工。

班主任的主要职责：了解活动的进展，组织学生积极参与主题活动，深入学生的行动中，伴随研究过程做好相应的品德教育，落实活动中的情感目标。

指导教师的主要职责：参与学生的活动过程，对学生的活动环节进行全面的指导，为学生提供所需的工具或资料，解决活动中产生的矛盾，总之，教师应定位于一个指导者、服务者。

（二）教学实践

通过一段时间的调查、采访，同学们对网络有了一个新的、较清晰的认识，在进行成果交流时同学们的反响很积极。某学校的一名同学汇报了这个小组的调查结果：通过对本年级调查发现，青少年上网的人群中男生比女生多，高年级比低年级多，成绩差的比成绩好的多。其中有一个班经常光顾网吧的人数高达30％，上网的主要目的以玩游戏、聊天居多，只有极少数同学利用网络帮助学习。他的调查情况引起了不小的轰动，有人说："是否我们班也有这么多人上网？他们经常上网对学习有影响吗？"负责"网络利与弊"小组的同学通过收集的令人深思事例向同学们敲响了警钟：

一篇名为《母亲向社会哭诉：谁能帮我救救女儿》的文章讲述了一个真实的故事。武汉市新洲区的一位学生初中毕业后进入了武汉市最著名的重点中学。当时，她豪情万丈，家人也非常自豪。然而，她进入高中后，因为不适应新的环境，逐渐迷恋上了网络游戏，学习成绩越来越差，并且学习上越失败，她就越依恋网络。她的母亲为了帮助她，专门在学校附近租房陪读，并多次尝试和她进行交流沟通。有一次连续谈了4天4夜，但她仍然无动于衷。然后母亲又尝试了很多办法，比如，每天跟踪接送女儿、切断女儿的经济来源、报警威吓、求她的网友劝说她、找亲戚朋友和记者劝导她，甚至计划找社会上的人打骂恐吓她，但是都没起到任何作用。在万般无奈之下，她只好求助于社会。

类似的材料给学生们带来了很深的触动，对网络也有了较清晰的认识，能辩证的看待网络。网络对青少年负面的影响比正面影响更加突出和尖锐。作为一个新生事物，它对青少年来讲具有很强的诱惑力，它拓宽了学生的视野，有利于信息的交流、沟通，给学生带来了新的娱乐空间。然而过分的迷恋网络不仅影响了学生正常的学习，同时还给老师、父母、学校、家庭带来了伤害，甚至耽误了青少年的美好前程。

作为教师来讲，不能采用"一刀切"的方式完全禁止学生的这种行为，毕竟事物具有它的两面性，我们一方面努力提高学生对网络的意识，加强他们的免疫力；另一方面要加强对学生的文化建设，使网络成为青少年学习知识和了解信息的新窗口。教师只有加强了管理才能让网络成为学生学习的工具，而不是让他们成为网络的奴隶。

（三）注意事项

综合实践活动课程是一门与其他学科课程有着本质区别的新课程领域，它表现在课程形式的多样化、自主性，开展课程的形式较灵活，正是这些独特的优势决定着它给学生带来的影响是其他课程所不能比拟的，在此过程中给学生带来的变化也是不能取代的。学生能通过社会生活的交往过程这种载体来有意识的修补、调整、提升自己的素质与修养。

在综合实践中如何去落实对学生的德育目标？可以从以下几个方面入手：

1. 选题时必须注重个人、社会、自然的内在整合

综合实践的活动具有整体性，人的个性也具有整体性。而学科中文化的构成——科学、艺术、道德也是彼此交融的。个性发展不是不同学科知识杂烩的结果，而是通过对知识的综合运用不断探索的结果。因此在对综合实践主题体现德育功能的选题时必须体现个人、社会、自然的内在整合，体现科学、艺术、道德的内在整和，最终才能立足于每一个学生的全面发展。

2. 与班主任密切配合，针对学生中普遍存在的问题进行教育

既然是德育工作就不能脱离班级目标，不能脱离班主任，这样才能取得好的效果。在与班主任的合作中，应明确学生中普遍存在的问题是什么？急需给学生补充的营养又是什么？这样才能选取相关的主题，制订对应的方案。

3. 德育目标的开展也应该注意因材施教

不同的学生存在着不同的问题，不同问题的解决又讲究不同的方法。

"细节决定成败"，应把综合实践的过程进行细分，从小节中得到更好的落实。

四、初步成效

在第一个主题的探究过程中，有的教师认为，与班主任一起在主题活动中开展学生的德育工作是德育教育的突破和延伸，有着较强的现实意义。任务完成后，又对活动前的一些情况和活动后的一些情况进行了对比，结果发现在做了"关于青少年上网问题的研究"后，上网的同学有所减少，较为明显的是同学们无论对上网的时间、上网的目的都有了新的改变和认识。而且对于他们上网态度而言，绝大多数同学都能全面、辩证的看待这个问题，盲目的意识在大大的减少。某班上本来有一个深度迷恋网络的学生，在班主任和同学们的帮助下，与他的家长取得了有效的沟通，同学们给他设计了一份科学的学习计划，最终使他的学习目标重新回归课堂。

学生们也从这次活动中得到另类的收获：敢于尝试一些新的事物；学会了与父母进行沟通，融洽了家庭关系；深刻地认识到家庭对自己产生着很强的作用，需要平时主动地来修补、维护这种行为；为自己将来能履行好为人父、为人母的角色积累了经验。学生从活动中认识到单纯文化学习并不是学生的全部，一个人的健康成长需要好的家庭环境来熏陶，我们不只是被动地接受家庭氛围，还应该去主动地改变它，让它为自己的未来服务。

学生学会了从多元的角度正确看待学习、生活和人生。不再单纯地局限于某个领域，他们的视野在拓宽，丰富着成功的内涵，而这种无形的力量将使他们今后更健康地成长。

第四节　如何培养学生的问题意识

一、问题的提出

相信大家都知道这么一件事：中日两国的小朋友曾经开展过一次夏令营的联谊活动。在活动过程中，日本的小朋友表现出了较高的生活自理能力、动手能力，而中国所选出的小朋友则在这些方面表现欠佳。

为什么会出现这种现象？中国的学生为什么在面对实际问题时就无所适从？这不能不引起我们对传统的教育体制和教学方法的思考。我们对与学生成长息息相关的课堂教学做一个调查即可发现一些东西。以某校六年级学生为例，在读一二年级时，每个学生上课都很活跃，会问许多他们感兴趣的问题。到了中年级，由于教师的权威和纪律的约束，问题越来越少，即使有问题的同学也不敢问，或者是不想问，课堂气氛越来越沉闷，课堂的大部分空间被教师占领着。到了六年级，基本上很难听到学生的提问了，更不用说问题意识的培养。

综合实践活动课程作为一门开放的实践性课程应运而生，培养并发展学生的问题意识就成为了综合实践活动的目标要素。但是，即使在综合实践活动课堂内外，培养学生的问题意识也面临着一系列具体的问题：

（1）由于教师权威的长期存在，学生对教师有着一种天生的畏惧感，许多学生不知道从哪方面进行提问，也不敢提问，害怕万一不合教师的胃口而受到责骂。可以说，这一现象在每个学科的课堂教学中都是长期存在的。只要学生的提问被教师批评了一次，从今以后就很难再听到这个学生的声音了。

（2）学生提出的问题过于凌乱，针对性不强，不能紧扣主题活动来提问。

（3）问题的提出过于空泛，提不出具体的、有价值的问题。不利于活动的进一步开展。

（4）小学生的兴趣具有短暂性，难于持久的特点。即使提出了有价值的问题，如果教师没有及时引导、深入探究，学生也很难自己独立将探究活动持续下去。

（5）活动进行到一定阶段后，学生容易产生厌倦感，也就难以产生问题了。

二、问题剖析

结合我们的教学和学生的具体表现来看，我们可以找到产生这些现象的原因，它们来源于学校、教师和学生三个方面。

（一）教师方面

1. 师生关系缺乏平等

虽然教学改革在轰轰烈烈地进行，可是许多教师都舍不得放下自己的架子，总想保持着自己在学生心中的绝对权威，维持"正常"的教学秩序，学生稍有异议就进行压制，更谈不上民主与平等了。在这样的氛围中，可以说学生连质疑的权力都没有了，学生只能接受再接受，于是课堂上便只剩下教师的声音，根本谈不上培养学生的问题意识。

2. 教师自身的问题意识有待提高

许多教师认为自己的工作就是不断地重复，不想当一名研究型、专家型、学者型的教师。对于教学中存在和发现的问题不善于及时总结，及时解决，认为这是增加自己的工作负担，久而久之，也就"没有"问题了。

（二）学校方面

许多学校对于这一课程的认识还不够深刻，没有专职的综合实践教师，对于综合实践教师的工作评价和考核欠妥，所以许多教师缺少工作积极性，对于在活动中学生提出的有价值的问题如果要自己承担风险，又需要大量的时间进行的，就不会引导学生去进一步探究了。

（三）学生方面

1. 小学生的思维存在着短暂性、跳跃性，很难对某一问题进行持久的探究。从而导致问题的针对性不强，要不就是一些无实际价值的问题。

2. 学生之间的个性差异较大，性格内向的学生即使有问题也不善于表达，教师也就无从知晓。

3. 现在的学生大部分都是独生子女，依赖性较强，性格偏激，承受能力差。同时以自我为中心，总认为只有自己说的是对的，一旦自己的说法被教师或同学否定，要么一蹶不振，要么就会和教师同学之间拉开距离，使得无法将活动进一步开展下去。

4. 学生对身边的事物不善于观察、研究，很难从社会生活实践中发现问题，没有发现和提出问题的敏感和习惯。

三、相关策略

找到了产生这些现象的原因后，有的教师查阅了许多相关书籍，如

《综合实践活动的设计与实施》、《综合实践课程的理念》、《走进新课程》、《综合实践活动案例的专家点评》，还有的教师听过留美博士对中美教育的比较。要培养学生的问题意识，首先必须明白什么是问题意识。问题意识指学生在认识活动中意识到一些难以解决的、疑惑的实际问题或理论问题时产生的一种怀疑、困惑、焦虑、探究的心理状态，这种心理状态驱使学生积极思考，不断提出问题和解决问题。青少年思想活跃、求知欲旺盛，对事物有着强烈的好奇心，这就是问题意识的种子。然而，这颗种子能否萌芽，取决于是否有一个适宜的环境和气氛。在原来的课堂教学中，许多学生还是习惯于依赖教师提出问题，即使有疑问也不敢向教师提问。造成这种现象的原因，很大程度上是我们教师没有真正转变教育观念。综合实践活动课程正是适应这一需要产生的。活动以学生的需要、动机和兴趣为核心地位，教师和学校要为他们的个性充分发展创造空间。在综合实践活动的总目标中指出：要引导和帮助学生从日常的生活世界中选择感兴趣的主题和内容，开展丰富多彩的探究性学习活动，帮助学生学会发现，学会探究，形成发现问题与解决问题的能力。

弄清了一些基本的理念，明白了学生问题的来源之后，如何进行问题意识的培养呢？在综合实践活动的总目标中指出：要形成从自己的生活中主动地发现问题并独立地解决问题的态度和能力。由于综合实践活动课程的特殊性，它更加强调师生之间关系的和谐，强调教师观念的转变，否则活动便无从开展。因此，培养学生的问题意识还必须先完成教师自身观念的转变。

（一）完成教师自身观念的转变

1. 努力激活教师的课程意识

教育课程改革强烈呼吁教师的课程意识，而综合实践活动课程的性质及其价值决定了它更加强调教师课程意识的重要性。只有教师积极主动地参与课程开发和利用，才能有效地保障课程的实施，促进学生的发展，教师才能在辛勤的探索实践中感受到专业发展的快乐。教师要学会从学生的学科学习、校园生活、社区环境中捕捉课程的发生点，把生活中司空见惯的资源与发展学生的综合素质整合起来，形成发现和探究问题的敏感和习惯，努力创设有利于学生获得亲身体验、产生问题的实践情境。

　　某农村学校有一个不小的植物园，有一块专门供学生劳动实践的土地。秋天到了，学校"红领巾"植物园的甘薯渐渐成熟了，在一次参观植物园的活动中，这片绿色植物引起了三年级同学的极大好奇，甚至有学生私自挖起来看一看。甘薯与学生的生活比较贴近，他们常常可以在街道、市场看到烘甘薯、生甘薯、甘薯粉丝等出售；许多家长、教师对甘薯比较熟悉，能为学生的实践活动提供广泛的支持与有效的指导。以甘薯为综合实践活动的主题，有利于调动学生动手、动脑、观察、访谈、计算、合作等方面的综合能力，有利于学生在实践中体验、尝试、总结。由此，他们决定利用身边的甘薯开展综合实践活动。这一活动主要包括这样几个步骤：

　　(1) 调动兴趣，劳动体验——挖甘薯。全体学生热情高涨地参与了这一活动，植物园内响彻着同学们的欢声笑语，许多同学还在家长的指导下获得了更深层次的体验。

　　(2) 趁热打铁，实践制作——学做甘薯食品。将甘薯的处置全权交给学生，鼓励学生继续动手尝试，回家之后聘请家长作指导老师，利用一周的时间，在家长的指导下制作自己感兴趣的甘薯食品，如烘甘薯、甘薯汤、烤甘薯、蒸甘薯、甘薯粉丝等。让学生在实践中充分探索、体验，联系生活实际提出想要探究的有关问题。

　　(3) 参观访谈——体验劳动的价值。带领学生参观甘薯加工厂，让学生了解利用甘薯制作淀粉、粉丝、薯片的方法与过程；把学生带进甘薯种植园，对农民进行访谈，了解自己感兴趣的问题。

　　(4) 小组协作——研究感兴趣的话题。汇集学生在实践中产生的问题，进行整理、归类。学生选取自己感兴趣的问题，自由组成探究合作小组，如甘薯的营养价值、甘薯的由来、甘薯的常见食用方法、甘薯的种植、甘薯的种类、种植甘薯的收益、甘薯从种植到收获的过程等。每组选择一两个子课题进行重点研究。

　　(5) 整理交流——甘薯研究活动展示。在小组自主活动两周后，教师指导学生对自己的资料进行整理，鼓励他们采取自己喜欢的方式（绘画、实物展示、文字介绍、小实验等）就某一两个方面进行综合。同学们有的整理收集来的甘薯各部分的标本、绘制甘薯生长示意图，有的介绍甘薯的种类和特征，有的准备做实验验证淀粉的特性，也有同学通过访谈计算向大家介绍种植甘薯的经济价值。

（6）活动延伸——小种植。随着活动的深入，同学们提出了不少新想法：如果甘薯能长成西瓜那样表面光滑的该多好啊，这样就容易清洗了；现在的甘薯都是棕色的，颜色十分单调，如果甘薯能变成五颜六色的，那一定会非常好看；是不是泥土越松软，甘薯就长得越大呢？让甘薯的茎和叶像丝瓜一样爬到支撑物上，是不是可以种得更多呢……这样，由甘薯研究又自然地生成了许多话题，如是什么让植物生长的呢？植物生长为什么有快有慢？什么叫绿色食品？同学们都迫不及待地想尝试种植，因此生成了综合实践活动的另一个主题——"小种植"。他们把试验田留给学生，让同学们一起来感受种植的辛苦和快乐，体验丰收的喜悦。

2. 教师要成为学生活动中的特殊"导演"与忠实听众

综合实践活动课程的突出特征之一是实践性与自主性，从一个课题的提出到活动方案的设计到实施活动方案乃至成果汇总及评价，都是学生自主参与以及实施的过程。在这一过程中，学生必然会生成一些他们以前在学习与生活中没有体验过的认知与情感体验。因此，教师必须学会欣赏与倾听，在学生获得一定成果的时候，给予热情的赞扬；在学生遇到挫折时，给予鼓励与真诚的帮助；在学生完成活动计划时给予肯定和掌声。教育心理学理论告诉我们，人都有被肯定的需要，我们只有学会做一名称职的观众，才能让学生在活动中体验成功的喜悦，敢于也愿意去发现新的问题并且解决问题。

某教师带领学生开展以"走近青竹湖"为主题的综合实践活动时，有一次带领学生外出到青竹湖大道去开展实践活动，学生都将自己独特的体验写在了日记中。有个平时调皮的学生设计了一个多功能垃圾箱。教师感到很奇怪，问他为什么设计这个。原来他是感觉到在道路上扫地的清洁工很辛苦，希望帮助他们。他设计的多功能垃圾箱下面装有方向轮，可以来回移动。最有特色的是两只自动拾垃圾的手，可以伸缩，而且可识别垃圾类型，将拾到的垃圾分类迟到垃圾箱的两层中。上面为可回收垃圾，下面的为不可回收垃圾。这样，清洁工以后就不用拿扫把扫地了。如果再在下面装一个吸尘器，清洁工扫地就更加简单方便了。尽管他的设计不很完美，但教师还是在班上表扬了他。从此以后他就喜欢上了自己动手制作东西。在今年的区航模比赛中，他自己制作的飞机还获得了一等奖。

由于受到自身认知发展水平的限制，学生往往发现不了可以纵深发展的问题，忽略对活动收获进行反思。教师因而要设计一些易于引发学生深思的交流活动，让学生边"汇演"自己的成果，边在教师特殊的导演中发现新问题、解决新问题。这同时也是促进学生互动学习的需要。

3. 教师在活动中要与学生平等"对话"

综合实践活动为学生提供了一种特殊的交往活动，借助一系列的课题，围绕与教师之间信息的交流，情感的交融和思想的碰撞展开。这种交往活动与学科教学中的交往有相同之处，也有不同之处。相同的是，二者都需要师生平等对话。不同之处主要体现在活动课题展开阶段中的交流活动中。此时，学生将活动实施中遇到的一系列问题提出来与教师及同伴进行交流，这种交流不像学科课程那样有较统一的教材，教师预设性较强。这种交流更大程度上是以学生需要什么为出发点，教师以一种辅助解决问题的姿态与学生进行"对话"。这种交流表面上看教师更为被动，跟着学生的研究思路及体验走。而事实上，老师必须对学生研究的问题有全面的认知，并认真关注。只有对学生的活动"了如指掌"，方能很好地实现"对话"。

（二）培养学生的问题意识

在完成了教师角色的转变后，作为综合实践活动的参与者、引导者、组织者、实施者，教师应想方设法为培养学生的问题意识铺桥搭路。在综合实践活动的各个阶段如何培养学生的问题意识？学生的问题从何而来？对于一门开放型的课程来说，如何整合学生提出的各类问题？是否每一个问题都需要而且能够解决？……解决这一系列问题，可以从以下几个方面着手：

（1）加强教师自身的问题意识的培养，努力发现教学中存在的各种问题，并及时进行反思，力争解决问题

指导学生开展综合实践活动时，在主题确定阶段，可以先让每个同学

都提几个自己感兴趣的问题，然后由教师收集整理。要引导学生对提出的问题进行选择。使学生明白那些能够简单回答出来的知识性问题以及那些虚无缥缈的问题都不能作为主题的研究对象。比如"游泳的方式有哪几种？人死后会变成鬼吗？"等。应选择那些有一定深度的、有着丰富内涵的、和生活贴近的、自己感兴趣的、可操作的问题来确定主题。如"多彩的节日"、"水稻知多少"等。由于是学生自己感兴趣的问题，探究欲望较强，于是，主题得以确定，活动也得以进一步开展。

（2）鼓励学生多观察生活，做日常生活的有心人

在综合实践的总目标中指出，要养成从自己的生活中主动地发现问题并独立地解决问题的习惯。因此，学生的问题首先来源于学生的生活实际。只有学生有兴趣的、看得见摸得着的话题他们才想谈，才有东西谈。于是，在平时的教学中，要经常引导学生留心观察周围的事物，充分激发他们的好奇心和求知欲，多问几个为什么，写好观察日记。同时让他们每人准备一个问题记录本，随时记录下自己的问题，做一个日常生活的有心人。这样，在平常的学科学习中，在学生的游戏活动中，在与其他人的交谈中，在参与班级学校组织的活动中，在参与社会活动、进一步认识社会中，在家庭生活中，在与大自然的对话中，学生都会产生许多问题。在综合实践的主题确定阶段，就不愁学生无问题可问了。

（3）将课堂延伸至社会，鼓励学生多开展社会调查实践，在实践中培养学生的问题意识

实践是获取真理的唯一途径。要培养学生的问题意识，还必须鼓励学生大胆实践。布置学生开展自己感兴趣的社会调查，在实践中发现问题，提出问题。让学生开展社会调查，了解社会，是产生问题意识的有效途径。在进行社会调查中，学生可发现使自己好奇的现象，发现不良的社会问题，发现自己不明白的问题，并往往能从中引发出综合实践活动主题。

有位教师开展了一次"下海活动"，即让学生根据自己感兴趣的问题到社会中去进行调查。通过一段时间的社会调查活动，学生发现了许多问题。如不规范运用汉字问题、不文明经商问题、某些街上的流浪狗问题、交通线路不便的问题等社会不良现象以及肯德基为什么那么火暴、超市的

伊利牛奶为什么那样畅销等现象。学生根据自己发现的问题，选择开展综合实践活动。

当然，学生生活的地区不同，所参加的实践活动也不同，并且存在着明显的地区差异。在实践中，学生会遇到各种意想不到的情况，产生许多的问题，从而启发他们积极思考，获得新的知识，将活动进一步延伸拓展下去。

（4）为学生产生问题意识创设问题情境

苏霍姆林斯基说："任何一种教育现象，孩子们越少感到教育者的意图，它的教育效果就越大。"要使学生产生问题意识，教师应利用语言、设备、环境、活动等各种手段，制造一种符合小学生需要的情境。由于实践活动课所重视的不是问题解决的结果，而是学生探究问题、解决问题的过程以及过程中产生的丰富多彩的、活生生的体验。所以教师的指导其实是要创设一个学生发现问题的情境，引导学生从问题情境中选择适合自己探究的问题，帮助学生找到适合自己的学习方式和探究方式，与学生共同展开探究过程。如某小学袁老师的案例"橘子红了"，这一问题最先是学生发现的，教师在与学生的对话中觉得内容很不错，学生都很熟悉，而且也很感兴趣，于是组织学生一起讨论，最终确定了这一题目。然后组织学生再讨论如何根据自己提出的问题开展这一课题的研究。就这样，一个活生生的案例便展现在我们面前。因此，有的教师认为，只有努力创设情境，摒弃传统的"师道尊严"观念，做到教学民主，和学生融成一片，拉近师生之间心灵的距离，创造一个宽松、和谐的民主的氛围，才能使学生敞开问题意识之门。

（5）教给学生提问的技能

提问，是探究性问题的语放言表达形式，是教师或学生试图引出对方言语反应的信号，是学生积极思考的一种表现方式。教师应及时鼓励，并教给学生关于如何产生问题意识的思维方法，形成提问技能。为使学生提问具有明确的目的性、科学性、针对性问题，教师要让学生明了提问的种类，如低级认知提问（知识提问、理解提问、应用提问）和高级认知提问（分析提问、综合提问、评价提问）及其内涵与要求，结合具体的教学内容，学生的特点，在活动前、活动中和活动后的学习中分别提出要求，使学生产生不同水平、不同种类的问题意识，并加以引导训练，使学生的问题意识逐步由模糊变为明晰，培养学生的问题意识应成为教学的一个重要环节。但是，如何正确引导学生提出问题呢？要让学生提出问题，关键是要学会观察、思考。要让学生在观察、实践和阅读思考中发现和提出问题。

对于小学生在实践、观察、阅读等活动中提出的问题属于初始疑问的范畴，这些问题不一定能找到答案。其中的许多问题在成人看来显得很幼稚，不能称之为问题，但从儿童的眼光来看确实是充满童心童趣的问题，很有探究的价值。

（6）教师对待学生的提问或回答应有正确的态度，应多给予学生成功的体验

教师与学生之间达成一种民主、平等、和谐的关系是问题意识产生的良好条件，而教师对待学生的提问与回答的正确态度更能强化学生的问题意识。也就是说：①教师对于学生的发问要以和悦的态度去倾听，鼓励学生与教师就某一问题进行探讨；②教师对学生提出的不明确的问题，应采用和学生一起思考的方式加以引导，帮助学生理清问题的思路，抓住关键处提问；③学生提问出现问题或错误，教师不宜加以嘲笑，应肯定其大胆的行为，发现发光点；④教师应帮助学生养成发问的习惯；⑤对于学生提出的简单的、复杂的、重要的、次要的问题，教师都要及时作出回答，即使不回答，也应作出合理的说明；⑥教师要面向全体学生，注意每一个同学问题意识的培养。

（7）加强和学校领导和家长的沟通，力争获得全方位的支持

必须关注来自于校长、教师观念方面的研究阻力，由此可见，转变教师观念是根本。综合实践课程作为一门新型的课程，涉及面非常广，它对学生的影响是全面而深刻的。但由于长期的应试教育的影响，这一课程还没有引起人们的足够重视。学校也不认为它是一门主课，对它的开展不大"热心"。怕影响正常的教学秩序，采取观望态度；没弄清课程的实质，流于形式上的"包装"应付；怕影响学科教学质量等。因此，有的教师经常和家长以及学校领导沟通，力争转变他们的观念，为综合实践课程的实施从资金、时间、学校考核与评价方面获得全方位的支持。

当然，培养学生的问题意识并不是一朝一夕的事情。在具体的课堂教学中，要真正体现以"学生为本"，给学生留下主动提问的时间和空间，同时要处理好"放"与"收"、"提问"与"释疑"的关系。只有这样，才能有效地培养学生质疑问难的能力，为学生主动创新打下坚实的基础。

四、初步成效

自从确定对这一问题进行探讨后，某校教师就带领学生不断地进行实践。随着认识的不断加深，教师惊喜地发现，不但学生学习兴趣浓了，连教师自己也在教育教学方面也发生了较大的改变。

（一）学生方面

大部分学生习惯于让教师提出一个个问题，而自己丝毫不敢越雷池一步，惧怕教师的权威，对世界的强烈的好奇心随着年龄的增长而减弱。在开展综合实践活动中，由于教师角色的转变，学生和教师之间的关系更加和谐。因此，学生的胆子越来越大了，不再畏首畏尾，总是有问不完的问题；他们对周围的世界充满了好奇，从而引发他们不断的探究；活动的开展拉近了他们和社会之间的距离，拥有了一定的社会交往能力。学生们在他们独特的思考中渐渐成长起来。他们以自己的理解来看待身边的事物，不再视学习为一种负担，而是怀着浓厚的兴趣去主动的探究。自主学习，合作学习的意识明显增强。有的教师曾对学生的变化（主要是问题意识培养方面的）做过统计，原来在课堂上只有那么三四个学生爱举手答问，也不敢对教师的说法进行质疑，对教师有种盲从心理。随着综合实践活动的开展，上课答问的同学在 70% 和 90% 之间徘徊，即使是成绩最差的同学也敢举手。更可喜的是，不管是在课堂中还是课堂外，每天都有学生提出他们感到疑惑的问题。当教师在上课时，所传授的知识如果他们感到有疑惑，有的同学会当面提出来，有的则会自己去查找资料，找到答案后再告诉教师。

（二）教师方面

随着对这一问题探究的加深，有的教师对教师的角色、地位、权威有了一个新的认识，接受了一种全新的教育理念。为了培养学生的问题意识，就要打破教师的权威，在课内外营造了一种宽松、自由的教学氛围，和学生建立了平等、民主的师生关系，鼓励学生大胆质疑、提问，鼓励学生求新求异，正确对待学生的提问，不讥讽、不嘲弄，挖掘其可贵之处。还特别鼓励学生自己发现问题、提出问题。在教学中尽量做到"少一些不准，多一些允许"，让学生在课堂上能够"自由地呼吸"，敢想、敢说、敢做，充分发表自己的见解。通过教学实践，有的教师深深感受到了教学互长的魅力。从学生的提问中，从他们的探究活动中，教师也学到了许多新的知识，也迫使教师不断地对自己进行充电。有的教师心中由衷地赞叹：原来我的学生是如此优秀！

综合实践活动只有牢牢的致力于生活世界，结合实际，注重实践，才会有深厚的基础和强大的生命力，学生的问题意识、学生的个性、学生的创新意识、创新精神和创新能力才会得以长足的发展。才会真正适应素质教育的要求。

对于一门实践性和开放性很强的课程来说，它对教师的要求更大，更具有挑战性。它要求教师彻底转变教育观念，和学生之间实现零距离的沟通，努力创造一个民主、和谐的氛围。在课程实施中，由于没有固定的教材和固定的模式，因此，教师自身的问题意识也有待提高。当然，在整体推进这一课程实施时肯定还会有许多困难，还会有更多的问题需要探讨，我们的教师应共同前进，为问题意识这颗种子的生长提供充足的阳光、水分和适宜的土壤。

第五节　如何培养学生良好的个性心理品质

一、问题的提出

事例一：

2002 年上学期，我们学校组织学生去"海底世界"等地方游玩，每人大概要花费 60 元左右。临行前一天，我发现我所收的三年级的钱少了 60 元。也怪我，最后收的几人没写名字。到班上一问，都说交了。是不是我自己弄错了呢？不会呀，我个人的钱和学校的钱一直都分开了，从没挪用过。于是,我找来最后几个人,开始一个一个地询问。一问,都交了,而且都有证人看见了。这一下,连许多老师都认为可能是我弄错了,农村的这么小的孩子还没那么大胆子骗老师。但我记得很清楚,确实是少了60元。我再次开始询问,问他们当时办公室有哪几位老师。终于有个男孩子露出了破绽,说错了一位老师,他才承认自己没交。原来他也很想去玩,但父母不肯出钱,所以就来欺骗老师说他交了钱。这事使我深深地震惊:一个三年级的学生竟能编造如此完美的谎言!时间、地点、证人都让他找齐了。真是想起都有些后怕。

事例二:

在开展综合实践活动时,我发现一个奇怪的现象。有个小组的一个同学不论是出去调查也好,还是整理资料、课堂答问也好,从不和小组的其他成员交流,总是单独行动。于是,我找他们小组成员个别谈话,才弄清楚原因。原来他的成绩不好,有时还喜欢骂人,因此其他人都不愿和他一起调查,他也只好一个人单独行动了。

……

相信上述所列举的事例有的教师也曾碰到过,我们不由自主地感叹:现在的孩子怎么啦?说谎的、在家乱拿爸妈钱的、老师批评一回就装病不来上课的、动不动就使小性子和同学闹翻的……

唐老师作为综合实践活动的指导老师,在综合实践活动的实施过程中,他发现他们学校的学生不同程度地存在着种种心理问题,如有些学生虽然学习成绩优异、遵守校规校纪,可他们心理很脆弱,承受能力很差,在活动进行中稍有失败或遇到不顺心的事就垂头丧气、萎靡不振;还有的学生性格非常内向、人际交往能力很差,内心充满了孤独感,采访活动经常失败;有的学生特别任性、好强、霸道,经常与同学争执、打斗,甚至无故欺负他人。小燃就是这样一个学生。他个子矮小,身体瘦弱,可随时都显出"霸气"的样子——上课时,他专门找听讲专心的同学说话,别人不理他,他就拿别人的文具盒,故意引发同学间的争执;外出调查时,他不是拍拍这个的脑袋,就是打打那个的后背,要么就摘了别人的帽子扔着玩,导致同学们在开展活动时都不愿和他一组。有的学生逆反心理很严重,不接受家长、老师的教育,更不接受同学的意见,在表述自己的观点时，常常做出一副盛气凌人的样子……

这些问题严重阻碍了综合实践活动的顺利实施和开展，也影响着学生的健康成长。但是，为什么会存在这些现象呢？

二、问题剖析

综合学生的表现和各方面的情况来看，导致学生形成这些不良个性品质的原因主要包括以下几个方面：

（一）家庭和社会的影响

1. 现在的学生中，独生子女居多。他们可以说是家中的"太上皇"，要什么有什么，从小被宠惯了，只有自己说的是对的。遇到了一些问题或困难，马上会有几个人来帮着解决。久而久之，有的学生在活动中遇到了实际问题就会无所适从，产生挫折感，甚至一蹶不振；有的就会自以为是，个人中心主义严重，听不进别人的意见，霸气十足。

2. 家长的"言传身教"。部分家长自身就有着一些不良的品质和习惯，子女看在眼里，记在心里，不知不觉就受到了"熏陶"。

3. 随着社会的发展，科学技术的进步，我国已进入了一个经济飞速发展和社会快速变革的时期。工业化社会中，生活方式和价值观念急剧变化，导致普遍存在的独生子女的学习、就业竞争压力增大，致使儿童、青少年在成长过程中，时常因不适应学校、家庭和社会环境而遇到许多挫折和困扰，以致产生紧张、焦虑、恐惧等心理问题，严重影响着青少年的和谐发展和健康成长。

（二）学校和教师的责任

1. 部分学校只知道抓好学校硬件建设，抓好学生学习成绩，而忽视了学生的心理健康教育。班队会流于形式，心理健康课和综合实践课有名无实。"三好学生"的评价也主要依据学习成绩的好坏，思想品德的评价也没有落到实处。

2. 学校，尤其是农村学校班主任一般都是兼职的综合实践指导教师，工作量相当的大。以某校为例，6个教学班，8个在职教师，有的教师一周多达24节课，还要当班主任。因此，当学生之间闹矛盾或有异常表现时，许多教师都是应付了事，只要不出大问题即可，更谈不上去花时间去改进学生的不良个性品质了。

3. 在开展综合实践活动时，教师受传统观念的影响，将任务的完成和知识技能的获得作为活动的主要目的，从而忽视了学生的情感目标的实现。

三、相关策略

（一）理论学习

有的教师带着这一系列的问题来到了图书馆，查阅了相关教育学、心理学方面的书籍，以及相关的综合实践方面的书籍。多数教师深深地体会到学生良好的个性心理品质培养的重要性。

首先，在综合实践活动的总目标中要指出：要密切学生与生活的联系，推进学生对自然、社会和自我之间内在联系的整体认识与体验，发展学生的创新能力、实践能力，养成合作、分享、积极进取等良好的个性品质。在内容的选择与组织上以学生为核心，主要围绕学生与自然的关系、学生与他人和社会的关系、学生与自我的关系三条线索进行。通过不断地学习，增进学校与社会的密切联系，不断提升学生的精神境界、道德意识和能力，使学生人格臻于完善。由此可见，培养学生良好的个性心理品质在综合实践活动课程目标要素中占有十分重要的地位。它是在学生与社会的不断接触中，在教师的指导下、家长的协助下不断完善的。

记得苏霍姆林斯基曾说过，要小心翼翼地去触及每一个儿童的心灵。有的教师认为，无论是作为一位综合实践的指导老师，还是一位其他学科的教师，教师和学生都处于一个平等、民主的关系中。这就要求教师树立正确的学生观。正确的学生观有利于学生人格的健全形成，有利于学生个性的发展。每一个人的个性都是由不同的特征构成的，而且往往是矛盾的结合体。回头看看我们传统的教学，它单纯地指向知识，所培养出来的优秀生成绩虽好，但不是性格怪异，就是心理承受能力差，容易轻言放弃。新学生观要充分认识到学生个性的重要性，充分尊重学生，使其在学习中各显个性本色，让他们在自由、快乐和轻松的氛围中愉快地学习和成长。

其次，在进行具体的综合实践活动的指导时，除了要注重学生个性发展，还要注意团队精神的培养。现在的孩子，独生子女居多，他们不但是家中的"小皇帝"，还是"小祖宗"，过惯了呼风唤雨的日子，自以为是，不愿意和别人合作、分享。这些都不利于活动的进一步开展。因此，教师在带领学生开展综合实践活动时，既要强调学生的亲身体验，使他们从中获得有个性化的知识经验；也应注重培养与人交往合作的团队精神，培养对他人、对社会的责任感，引导学生形成良好的道德行为规范，学会与他人交往和共同生活的能力。

（二）具体做法

在学习了一系列理论知识和参加了许多的案例研讨后，有的教师也不断地在教学实践中摸索培养学生良好个性心理品质的方法，具体做法如下：

（1）充分关注每一个学生的细微变化。通过细致地观察学生在参与活动过程中的言行举止，了解学生的个性特征、心理品质等，发现问题及时进行教育、引导。这就要求我们不但在课堂上要注意观察、在活动中注意观察，而且还要在学生交往中注意观察、在调查采访时注意观察，及时发现和了解学生的身心状态，动态地处理形形色色、个性分层的问题，以欣赏、赞叹和发展的眼光看待每一个学生。

（2）对于学生在生活实践中产生的有矛盾的问题就以开展辩论会的形式进行解决，这样能够促进学生良好行为习惯的养成。小学生是非感不强，对于生活中自己初次接触的事物难于辨别，不知道是对是错。如"小学生追星"、"小学生上网"、"过生日请客"、"吃零食"、"用零花钱"、"当班干部"、"男女生交往"、"老师请家长"、"打小报告"以及"隐私权"等问题，有的教师就能及时引导学生就此作为综合实践活动的主题，自己去寻找答案，然后在班上以辩论会的形式一起来探讨，帮助学生走出困境。通过学生的辩论和教师的循循诱导，使学生达到了自我教育的目的。

（3）加强学科的整合，将培养学生良好的个性品质渗透于学校教育的全过程，融入在学科教学、学校教育活动和班主任工作、少先队工作和家庭教育等多项工作中，使学校的整个教育过程得到优化。

在这方面有的教师有着一定的优势。有的教师是综合实践指导教师兼班主任，有的还是学校的大队辅导员。这样就可以充分利用学校的广播站、宣传栏、黑板报等进行宣传教育。还可以在开展班队活动、大队活动时将培养学生良好的个性品质作为一项目标来抓，在进行思想品德评价时将目标细化，并将其与对学生期末的综合评定相联系，力争促进每一个学生健康全面的发展。

（4）在制订计划时关注情感目标，在阶段性的评价时采用多种手段，进一步促进学生良好的个性心理品质的形成。

在带领学生开展综合实践主题活动的过程中，经常会出现这些问题，学生之间常因一点小毛病闹矛盾，容不下别人的一点小缺点。为了让学生进一步认识自己和他人，以一种宽容、欣赏的眼光看待身边的人，同时也为了尽量让学生发现并改正自己的一些不良习惯和品质，调动其参与活动的积极性，使其保持较长久的兴趣，有位教师设计了成长乐园作为对学生参加活动的过程性评价。

在成长乐园的每一次记录，教师都及时地奖励一个小五角星贴入每个人的相应位置，每月总结一次获得五角星的数目，评出每月最佳表现奖。就这样，学生参与活动的积极性充分地调动起来了，不良品质也逐步地得到了改变。

（5）让学生在与大自然的零距离接触中锻炼身体，增强意志。"体者，载知识之车也。"体魄健康，才能产生旺盛的精力，才能有足够的体力、耐力和敏捷的运动技能，这是人得以生存和发展的最基本条件。现在的小学生普遍都是独生子女，娇生惯养，身体素质弱，生活自理能力差。为了锻炼他们的身体，培养他们的自理能力，增强他们战胜困难的意志，可有意识地带领学生开展一些需要进行户外调查的主题活动，让他们在丰富多彩的室外活动中觉得新鲜有趣，忘记疲劳；在充实愉快的集体活动中锻炼自己的生活自理能力；在与大自然零距离的接触中，锻炼身体、增强意志、开阔视野，学到书本上学不到的知识。

（6）培养学生良好的学习习惯。小学生的可塑性强，模仿性强，是各种习惯形成的关键时期，由于儿童的生理、心理特点，他们的惰性强、持久性差。这就要求教师在指导活动的开展中，时时刻刻注重培养学生良好的学习习惯。例如，对于活动中的各种现象甚至教师的权威，要养成敢于提问、敢于质疑的习惯，遇到难题主动探究、共同讨论的习惯，在进行活动或学习前制订计划的习惯，在活动后进行总结反思的习惯……在习惯的形成过程中，教师要采用不同的方法，不同的形式激励学生逐渐地养成好习惯。例如，在以"走近青竹湖"为主题的活动中有很多次的采访活动。教师在活动前就引导他们制订采访计划，在采访后进行反思，分析其成功或失败的地方，从而获得一定的采访经验，为下一次成功的采访打下基础。

（7）在活动中让学生获得成功的体验，树立信心。课堂中需要学生探索的问题既给学生提供了成功的可能性，也存在失败的可能。由于能力强弱、努力程度、任务难度的影响，有些学生的探究活动往往达不到教师预期的目的。如果这时学生不能得到有助于纠正错误的信息，今后从事探究的积极性就会大大降低。这就要求我们无论进行哪种主题的探究活动，都要考虑到各种探究的可能后果，采取适当措施，消除各种不良影响，不断给予成功的反馈，让其在探究中获得成功的体验，增强和树立对探究的信心，激发学生的好奇心和求知欲，要使他们感受到自己的努力是有效的。

（8）激励差生，帮助他们成功。教师要千方百计地调动差生参与探究活动的积极性，帮助差生获得成功，增强他们的信心，鼓励差生敢于质疑。因此，要建立一套师生共同遵循的自主探究活动的原则和制度：如在探究活动过程中，让他们把话说完，虚心听取他们的意见，不讽刺、嘲笑以及欢迎学生在任何时候发表意见等。只有这样，才能切实维护每一个学生尤其是差生的自尊心，使他们能勇敢地站起来，自豪地坐下去，使探究活动的体系充满组织的活力。

（9）反馈及时、评价整体化。评价整体化是指对学生进行评价时，注意将其今天的表现同原来相比，如果他原来是一个不敢举手提问的学生，而今天他举起了小手提了一个很简单的问题，我们就应该表扬他，使他从敢于提问中获得自信。反馈及时，是指教师的评价一定要及时、迅速，尽快地给学生一个欣喜的信息，激励他们不断追求成功的意念。

（10）建立丰富多彩的成长记录袋，展示个性空间，完善对学生的综合评价。孩子成长的足迹淹没在时间的岁月里，教师必须把一粒粒珍珠似的成长足迹串联起来，构成一幅美丽成长画卷，建立"学生成长记录袋"是最佳载体。根据学生年龄、生理、心理特点及思想实际，我们进行精心的、充满教育艺术的评价设计和创意的新的评价载体——"成长记录袋"，真正为孩子喜爱和接受，进而走进学生心灵，展示个性空间，促进学生发展。

"成长记录袋"内容分三大板块：即反映个人自然情况及成长环境的"成长空间"；反映在学会做人、学会健身、学会求知、学会审美、学会生存等诸方面发展的"成长足迹"，包括"月份评价"、"专题评价"以及老师、同学、家长给学生的寄语，还有学生的自我评价，为突出学生之间的个体差异，学生自行要求的"希望评价"；反映在各方面发展进步的"成长果实"，包括"'荣誉栏"、"最佳作业"、"最佳收藏"等。"成长记录袋"的创设，必将更进一步地架起一座通向学生心灵的五彩桥，为学生的健康成长和不断发展铺就更加宽广的道路。

总之，学生良好的个性心理品质的形成，不是一朝一夕、一蹴而就的事。它贯穿于综合实践活动的全过程，也贯穿于其他学科的学习或生活中。我们只有在平时的教育教学中，在日常生活中，加强学生的个性心理品质的培养，使其养成良好的个性心理品质，才能在探究活动中使学生真正地成为探究活动的主体。

四、初步成效

（一）学生方面

在整个活动的开展过程中，应该始终把培养学生良好的个性心理品质放在一个比较突出的位置。跟他们谈心，交朋友。在没教综合实践课程之前，有的教师承认和学生之间还保持着比较大的距离，这种距离主要是指心灵之间的距离，总感觉自己是高高在上的，老是一副严肃的面孔。正是由于这种距离的存在，从而导致班上的许多同学见到教师就怕，更不用说讲真心话了。随着认识的提高，有的教师在班级之间、教师和学生之间创造了一种民主和谐的氛围，听到了许多平常听不到的声音。每一个学生和以前相比，都有了较大的变化。

（二）教师方面

对于学生，我们应少一些责备，多一些宽容；应该用一种发展的眼光来对待学生的每一个细小的变化。教师是他们幼小心灵的呵护者，要尊重并欣赏每一个学生，给其创造一个自由而广阔的舞台，让他们在原有的水平上得到应有的发展，培养一个个充满自信，有着丰富而独特内涵的人。要实现这一目标，我们就必须学会多思考，做一个专家型、研究型、学习型的教师。同时，尽快改变现在的评价机制，强化过程性评价，淡化结果性评价，在终结性评价中充分考虑到综合实践课程的综合性，立足于促进每一个学生的健全完善的发展。

第二章 综合实践活动课程 开发策略

第一节 如何保证课程开发的持续性和系统性

一、问题的提出

(一)问题现象

教育课程改革让某学校的杨老师认识了"校本课程",并走进了"校本课程"。他一直担任学校校本课程必修课《心理健康教育》课程的开发与研究工作,同时担任校本课程教研组的组长,和教师们一起进行校本课程的探索与研究。他曾经说过,第一学年的课程开展是比较顺利的,不管是教师还是学生都沉浸在新鲜与愉悦中,可是到第二学年刚开学就碰上了很棘手的问题。有的教师说:"怎么还让我上校本课程呀,去年我已经把所有感兴趣的内容上完了,今年能上什么呀?"也有的说:"这个课程去年是其他老师上的,我哪知道她制订的目标达到了一个什么样的阶段,上了一些什么内容?又是怎么上的呀?"于是,他们就选择了放弃原有的课程重新再开发。而其他教师在课堂里也出现了不同的状况,在《动画王国》课程的开展中,有学生向老师建议:"真无聊,上个学期我在《卡通世界》就已经看过了,怎么都上一样的内容呀?"《电脑设计艺术》课程里的李老师很是烦恼,说:"今年我设置的课程目标比去年的有所提高,可是新来的学生又跟不上。结果在课堂里出现两种状况,一会儿忙着指导老生创作作品,一会儿又要给新生介绍软件的使用,学习效果很一般。"

最头痛的还是杨老师自己,从一年级到六年级都是开《心理健康教育》这一门相同的课程,他自己也记不清楚在哪个年级上过了哪个主题,结果在课堂上经常出现了这种尴尬的场面:"杨老师,你讲的这个概念是什么意思呀,不明白,你好像没有讲过。"又或者是"杨老师,这节课好像上过。"还有在孩子们的来信里经常反映一些相同的问题,"爸爸妈妈不理解我;和朋友相处有点难……"他已经被弄晕了,这些问题上课的时候他讲过呀,而且回信的时候也说得很清楚了,现在又让他回信,难道要他写一模一样的信给他们吗?后来,才知道在这个班的学生他还没有讲过,还有很多类似这种知识衔接不上,或者出现重复的情况发生,怎么会这样呢?面对这种情况,校本课程教研组的教师坐在了一起,把这个问题当作研究的小课题,一起探讨如何构建不同年级阶段的课程目标,根据课程目标确定相应的课程内容,从而保证课程开发的持续性和系统性。

(二) 问题思考

为什么要保证课程开发的系统性和持续性?学科课程的系统性指学科知识内在逻辑的系统性。活动课程的系统性表现为整体活动目标的系统性。校本课程里既有符合学科课程特色的相同课程,也有符合活动课程特点的不同课程。不同年龄阶段学生的心理发展状况不一样,因此每一阶段课程的目标要求一致但程度不一样,随着年龄的增加,活动的内容、形式、水平会逐步加深和提高。就是同一年龄不同的内容也呈现出活动之间的系统性。校本课程的开发是学校一项具有持续性的专业活动,它需要有一种理性民主科学决策的过程,需要制订相应的制度才能保证校本课程开发的持续性和创新性。

在构建不同年级课程目标时是因为什么状况影响了课程开发的持续性和系统性?

校本课程教研组全体教师反思了自己制订《课程纲要》时的情况,通过分析与研究,总结出以下几点:

1. 缺乏相应的专家指导,制订目标的时候没能形成体系。

2. 没有考虑到更多年龄层次学生的特点和需求,仅仅考虑的是自己所教年级的学生,忽视了课程可持续性的特点。

3. 教师之间缺乏相应的对话与交流,没有将课程目标及课程内容进行综合,就出现了不衔接或重复的情况。

4. 忽视了课程特点,没能稳定学生生源,给课程的开展带来了困难,不能形成较好的课程系统。

二、问题的研究

（一）专业学习

1. 理论学习

课程目标指课程本身要实现的具体目标和意图。它规定了某一教育阶段的学生通过课程学习以后，在发展品质、智力、体质等方面期望实现的程度，是确定课程内容、教学目标和教学方法的基础。课程目标必须与教育目的和教育目标保持一致。因此，对于课程目标，我们可大致理解为：在学校教师指导下，学生某种学习活动的具体的行为变化表现和阶段性、特殊性的学习结果。

课程目标具有以下的特征：

①整体性：各级各类的课程目标是相互关联的，而不是彼此孤立的。②阶段性：课程目标是一个多层次的和全方位的系统，如小学课程目标、初中课程目标、高中课程目标。③连续性：高年级的课程目标是低年级的课程目标的延续和深化。④层次性：课程目标可以逐步分解为总目标和从属目标。⑤积累性：低年级课程目标是高年级课程目标的基础。没有低年级的课程目标的积累，就难以达到高年级的课程目标。⑥时间性：随着时间的推移，课程目标会有相应的调整。

学科课程强调的系统性，是指学科知识内在的逻辑的系统性。这是在由各门学科到不同学科的选择、组织、编排过程中所必须遵循的一个重要原则，其核心即知识的系统性和逻辑性。校本课程常以活动形式呈现，它强调的系统性，主要表现在两个方面。其一，不同年级的学生参加同一类型的活动，就表现在随年级水平的提高，活动内容及水平的逐步加深和提高。其二，同一年级的学生所选择的活动类型不同，这些活动也应体现出系统性。只有注意到这两方面的系统性，才能使零散的活动序列化形成体系，才能保证活动课程育人功能的实现。校本课程作为学校课程的一个重要组成部分，其开发在坚持以学生发展为本、以教师专业发展为本、以学校可持续发展为本的基本原则的基础上，才能有他的生命力。

2. 他山之石

课程目标的确定是课程改革的关键，它引导课程改革的方向，并在相当程度上决定课程改革的可接受程度和成败。课程目标既要遵循学生的个性差异，又要确保均衡性，促进学生全面的发展，这样可以保证课程的系统性；另一方面，立足现实，保证课程的有效开展，使适合学生的课程持续发展。长沙市开福区某小学将《广泛阅读崇德尚美》系列课程的总体目标确定如下，然后再根据课程特点和学生年龄特点设置课程目标：

培养学生有一定的阅读兴趣和阅读能力（对语言文字的理解能力、想象能力、创造能力），而且懂得我们祖国悠久的历史、丰富的文化、优美的语言文字。

学生知道勤俭节约、尊老爱幼、扶弱济贫、勤劳致富是中华民族的传统美德。要懂得热爱生活。体验到生活是美好的，从小就向往做一个追求美、发现美、创造美的，热爱生活的人。还要做一个乐学、好学，追求本领的人。世界是广大的，知识的海洋是无边的，不但可以从课内学到知识，还可以从课外学到更多的知识；上学的时候要学，不上学的时候同样也要学。

着眼于每一个学生的发展。既满足了已有的阅读兴趣和爱好，又培养和发展了表演能力、鉴赏能力、口语交际能力、语言表达能力、创新能力等。

（二）教学实践

根据小学生的年龄特点，学校可以开展《心理健康教育》，以自我心理、学习心理、人际心理、生活心理为主要内容的心理辅导活动，培养学生的心理素质，发展学生的能力，调适学生的心理。以下摘录的是《课程纲要》中一至六年级在"自我心理"方面要达到的不同的目标。

心理健康教育的总目标是：提高全体学生的心理素质，充分开发他们的潜能，培养学生乐观、向上的心理品质，促进学生人格的健全发展。

心理健康教育的具体目标是：学生不断正确认识自我，增强调控自我、承受挫折、适应环境的能力；学生逐步形成健全的人格和良好的个性心理品质；少数有心理困扰或心理障碍的学生，能获得科学有效的心理咨询和辅导，尽快摆脱障碍，调节自我，提高心理健康水平，增强自我教育能力。

1. 一年级

自我心理旨在形成正确的自我感觉，对自己机体及其状态的认识，为发展自我评价、自我控制能力奠定基础。

认知：培养从反映外部的、具体的、有明确参照系统的自我特点到反映内部的、不能直接观察的、抽象的、参照系模糊的自我特点，形成正确的自我感觉。

情感：学生乐于介绍自我的想法、意愿，为自己感到自豪。

意志与行动：掌握介绍自己的基本方法与技能。在相互交流中，形成正确、积极的自我概念和不断完善自我的意识。

2. 二年级

自我心理随着生理的不断发育和心理的不断发展，儿童自我认识的水平在不断提高，但他们仍然以注重对自己的外在评价为主。在成人的指导下，他们能够逐步转向发现自己内在的、实质的变化，使得对自我的评价更加客观、全面。

认知：意识到自己已经长大了，不仅从外表的变化发现自己的长大，更重要的是能够从自己内在的转变来发现。

情感：以自己的长处而自豪，又能发现自己的不足，发展自我、完善自我。

意识与行动：尝试取长补短，完善自我，能够喜爱自己，悦纳自己。

3. 三年级

自我心理强化学生的自我意识和自我感受，使学生能够认识自己，学会初步评价自己。

认知：让学生细致观察身体的每一部分，发现自身的优点，使学生在自我体验中悦纳自己，并承认自己外表的不足之处。

情感：自知，悦纳自己，培养学生乐观向上的心理品质。

意志：做到准确认识自己，初步评价自己。

行为：进行自我观察和自我评价（这种评价应该是积极的、上进的）。

4. 四年级

自我心理自我评价受个人的动机和认识水平的制约，具有主观性。注意全方位地自我了解，自我评价。

认知：从性格、情绪、能力、兴趣多方面了解自己，加深自我认识。

情感：正确对待评价。

意志与行为：全面客观评价自己的行为。

5. 五年级

自我心理学生产生强烈的自我体验，悦纳自己，认识自己。

认知：使学生从情绪、情感的角度认识自我。

情感：体验愉快是建立在帮助别人、得到别人的基础上。

意志：发现自己的不足，并努力去改正它，勇于面对不足。

行为：接纳自己的某些不足，并改善自己的不足。

6. 六年级

自我心理明确想要做一个什么样的人，树立近期目标与远大目标，为进行自我管理、自我激励做准备。

认知：明确自己想要做一个什么样的人，树立近期目标与远大理想。

情感：使学生对自己的未来充满信心。

意志与行动：调动学生的自我意识，主动进行自我分析、自我体验，提出自我追求的目标并为之努力。

（三）策略研究

1. 寻求专业引领

学校教师间同一层级的相互支持是一种横向的互动，这种互动必须有纵向的研究人员的引领，否则，只能是一些经验总结，甚至是盲目的互动。教研员的工作就带有专业引领的成分，但绝不是唯一的。还可以借助许多教研活动聘请了大学、市级科研单位专家进行指导教育。在他们的指导下才完成对课程的设置，为教师进行课程目标构建上的指导，同时还可给我们的校本课程带来了专业的技术指导与帮助，让校本课程的开发与开展更规范、更系统。

2. 对话与交流

教师同行、同类型课程教师之间加强对话与交流，组成研究小组。可以将不同年级担任同一课程的教师组成研究小组，一起制订课程总目标，然后再根据自己所教课程和所教年级制订从属目标。这样既可以保证课程的系统性，也可以根据学生特点完善整个课程，让所开展的课程更符合学生需求，成为学校的可持续课程。

3. 完善课程管理制度

由于校本课程中的选修课是由学生自由选择，学生将根据自己的兴趣来选择自己喜欢的课程，但是有的课程所学的课时是二学年甚至是更长的时间，比如，小百灵合唱团、篮球乐园、电脑设计艺术等。如果这些课程的学生不固定的话，将直接影响到课程的效果，于是教师将不得不重新进行课程目标的制订，这样原来设计好的目标体系也将受一定的影响。所以在课程管理制度中应对这些特殊课程有特殊的规定，进而保证授课对象相对稳定，保证课程的系统性。

4. 筛选法

这是美国北加州大学课程开发中心研制的方法，多年来被许多教育机构仿效。首先预定若干项课程目标，涉及课程的各个方面，如"培养阅读、协作、说、听的技能"、"培养健康的性格和自尊心"。书面征求有关人员对预定的课程目标的意见，允许他们补充其他的课程目标。然后把原定预定的课程目标和补充的其他课程目标汇总在一起，请有关人员根据汇总的课程目标，依次选出若干项最重要的课程目标。再根据统计结果，确定名次靠前的若干项课程目标。

5. 参照法

在确定课程目标的过程中，参考过去的课程目标和其他地区、学校的课程目标，根据本校的具体情况，制订符合本校情况的课程目标。如所确定课程目标应该涵盖预期的结果；确定时，应力求实现特定学生群体的个人目标与课程目标的融合，符合学生所处的社会环境和区域特点，如果所确定的劳动技能课程的目标要求城市里的学生掌握捕鱼技术，那就不符合现实要求，寄宿制学生也难实现；学生群体、班级和年级学校地区之间存在差异，如高年级与低年级之间、寄宿与非寄宿之间，都存在差异。课程目标一方面要体现共性，一方面应体现各自的特殊性。

三、成效与反思

（一）研究效果

在教学中，教师们试着把自己的研究用在其中，教师们在校本课程的目标制订中更注重交流，更科学。不少教师都感到课程的操作要轻松得多，教学中很少出现知识重复或者衔接不上的情况；学生也没有对课程设置方面提出质疑。教师和学生的精力都集中在课程的开展中，课程开展更加顺利。我们专门针对课程的开展情况在学生和教师中进行了问卷调查。在心理课程的满意度调查中，参与调查的有 496 人，表示对心理课程非常喜欢的占 88.6%，一般喜欢的占 11.2%，不喜欢的仅占 0.2%。由此可见，我们心理课程的开展是非常受欢迎的，也可以看出课程目标的改革也是有效果的。同时在课程目标如何构建的研究中，教师们参加了各种教研活动，学习了更多的专业知识，也增加了合作与交流机会，使学校校本课程蓬勃开展起来。教师们总结了课程开展的经验，撰写了不少优秀论文和典型案例，供兄弟学校和同行教师借鉴。

（二）实践反思

在课程的开展中，发现有些问题是有待解决的。如在设置课程目标的时候注意与各学科教学之间的横向联系存有一定的难度；另外，校本课程中包含的学科多而杂，还要同时兼顾多种学科间的联系。制订课程目标并不是一件容易的事情，这些都需要更进一步的研究和完善。

第二节　如何选择和组织适合学生发展 需要的课程内容

一、问题的提出

（一）问题现象

德国有一位科学家估计：今天一个科学家，即使夜以继日地工作，也只能阅览有关他自己这个专业的世界上全部出版物的 5%。所以，在知识爆炸的信息社会，要搜集到相应的课程内容是极其容易的。然而，学生所要掌握的学科门类和各学科的内容却又是有限的，所以教师遇到的最关键的问题不是没有课程内容，而是对课程内容如何进行严格地、精心地选择和组织。在校本课程的开发中，课程内容的选择与组织是一项重要的工作，直接关系到一门课程实施的质量。然而，在实践中，有些教师往往存在以下几种情况：一是在制订课程纲要时没有经过认真收集、筛选、整理和组织，仅凭自己狭隘的经验或个人意识来罗列和组织内容，略知皮毛，便仓促上阵，导致课程开发质量不高；二是教师选择一些现成的课程，完全依赖于既定教材，倾其所有将一些或高深或粗浅的内容倒给学生，也不管学生是否接受；三是将从各种渠道获得的一些信息素材进行简单地拼凑，没有按照一定的逻辑顺序进行加工和整理，便形成一门课程的内容。针对这些现象，有些教师在学校开展了基于问题解决的校本行动研究。

（二）问题思考

课程内容是实现课程目标的重要载体，它直接指向"教什么"的问题。学会科学合理地选择和组织课程内容是校本课程教师必须掌握的一门技巧。在实施这一项工作之前，我们不禁会要问：

• 什么是课程内容？没有教材，课程内容来自于哪里？

• 对于已经搜集和准备的课程内容，怎样去伪存真、去粗取精地进行筛选？

• 什么样的内容最适合学生的发展需要？

• 什么样的知识最有价值？

• 组织课程内容的原则是什么？

• 课程内容的编排顺序有哪些？

二、问题的研究

（一）专业学习

为了弄清上述问题，有的教师系统地学习了施良方著的《课程理论——课程的基础、原理与问题》一书，增强了对课程内容及选择与组织课程内容原则的认识和理解。他认为，课程内容是指各门学科中特定的事实、观点、原理和问题，以及处理它们的方式。因此，在选择课程内容时要考虑到学生和教学方面，及学科知识价值的问题和知识与能力的关系问题等因素，一般来说，选择课程内容时要注意以下几项基本准则：一是要注意课程内容的基础性，传授给学生作为社会中一名合格公民所必备的基础知识和基本技能，同时也要包括学生以后继续学习所必需的技能和能力，注意内容的广度与深度之间的平衡；二是课程内容应贴近社会生活，要考虑到让学生了解社会、接触社会，掌握一些解决社会问题的基本技能；三是课程内容要与学生和学校教育的特点相适应，要考虑到学生的兴趣、需要和能力，并尽可能与之相适应，这不仅有助于学生更好地掌握科学文化知识，而且还有助于他们对学校学习形成良好的态度。

关于课程内容的组织，施良方认为，要正确理解和处理好几对关系，即纵向组织与横向组织的关系，纵向组织按照某些准则以先后顺序排列课程内容，如从易到难，从已知到未知，从具体到抽象。横向组织即打破学科的界限和传统的知识体系，以便让学生有机会更好地探索社会和个人最关心的问题；逻辑顺序与心理顺序。逻辑顺序，即指根据学科本身的系统和内在的联系来组织课程内容；心理顺序即按照学生心理发展的特点来组织课程内容；直线式与螺旋式，直线式是把一门课程的内容组织成一条在逻辑上前后联系的直线；螺旋式是在不同阶段使课程内容重复出现，但逐渐扩大范围和加深程度。

泰勒也曾多次论述过选择课程内容的原则，他是基于课程即学习经验的价值取向的角度提出来的，他认为选择学习经验的 10 条原则是：

1. 学生必须具有使他有机会实践目标所蕴含的那种行为的经验；

2. 学习经验必须使学生由于实践目标所蕴含的那种行为而获得满足感；

3. 使学生具有积极投入的动机；

4. 使学生看到自己以往反应方式的不当之处，以便激励他去尝试新的反应方式；

5. 学生在尝试学习新的行为时，应该得到某种指导；

6. 学生应该有从事这种活动的足够的和适当的材料；

7. 学生应该有时间学习和实践这种行为，直到成为他全部技能中的一部分为止；

8. 学生应该有机会循序渐进地从事大量实践活动，而不止是简单重复；

9. 要为每个学生制订超出他原有水平但又能达到的标准；

10. 使学生在没有教师的指导下也能继续学习，即要让学生掌握判断自己成绩的手段，从而能够知道自己做得如何。

关于课程内容的组织，泰勒提出三个基本准则，即连续性、顺序性和整合性。连续性是指直线式地陈述主要的课程要素；顺序性是强调每一后继内容要以前面的内容为基础，同时又对有关部门内容加以深入、广泛地展开；整合性是指各种课程内容之间横向联系，以便有助于学生获得一种统一的观点，并把自己的行为与所学的课程内容统一起来。

学习了国内外一些课程理论知识，我们又拜读了关于校本课程开发方面的一些书籍，使我们对课程内容的选择和组织有了更深入的了解，同时也感觉到：前人和理论工作者提供的一些基本原则我们要遵循，而许多方法性的东西还需要我们在实践中去领会、运用和完善。

（二）策略提炼

根据专业学习和开展的实践研究，概括起来，我们认为校本课程内容的选择和组织可以把握以下几条策略：

1. 生活与社会是课程内容的源头活水

根据我国的国情，"校本课程开发应该定位在非学术性课程"。教师们在传授知识或组织活动的过程中，既要充分挖掘教师的潜力，贡献教师的经验和智慧，同时也要紧密联系学生的生活实际和社会实际，把学生所处的现实生活和社会情境视作课程内容的重要来源。

课程内容来自于学生生活世界。杜威认为：课程内容和学习过程应该是一对统一的整体，学科知识仅仅是学生探索问题的一种工具。因此，教师不能把课程内容孤立起来，要善于从儿童的生活世界中挖掘可利用的资源作为课程内容，并将课程内容与学习过程统一，提高学生的学习兴趣，促进学生的发展。

来自于教师自身经验和可能习得的知识技能。有的教师本身已有比较充足的知识储备和较完善的知识结构体系，并且有相当丰富的实践经验，可以直接提炼为课程内容；也有些课程必须靠教师的继续学习丰富自己的知识体系和实践技能，教师要获得与课程相关的知识和技能，需要收集许多资料，收集的途径有许多，一种是教师自己收集，如从网上下载、从电视、报刊、图书、音像市场等获得；也可以发动学生收集。

来自于社会生活和人类面临的社会问题。社会是本大教科书，教师要学会将动态变化着的社会现象、问题和有关知识通过适宜的教学方式转化为学生所能接受和理解的课程内容，使学生通过了解社会、参与社会来获得许多直接经验，增强社会责任感，增强创新意识和实践能力。

2. 学生发展需求是选择课程内容的重要标准

校本课程的内容选择必须与学校教育哲学一致，必须符合学习理论和教学理论的要求，但最重要的还是要符合学生的发展需要。

　　首先，要分析学生的所缺和所需，选择最有价值的课程内容。通过调查和访谈，了解学生已经具备和尚须具备关于这一课程领域的哪些事实、原理、概念、技能、情感、态度、价值观等；哪些内容已经陈旧、需要更新，哪些内容与社会发展相适应；根据学校总体目标和课程目标的要求，学生应该具备哪些知识、技能和素质；再根据学生的年龄心理特征能使其最大限度地获取哪些知识、习得哪些行为、改变哪些观念，重点需要强化哪些方面；社会发展对现在学生的要求与现有发展状态之间的差距，对社会生产有用和社会生活有利的是哪些内容，同时还要考虑课程内容必须是在教师自己的能力范围之内，学校能提供相应的条件实施。

　　其次，要弄清学生的兴趣之所在。只有选择那些学生感兴趣的和关注的内容才是提高学习效率的关键，才能激发学生的学习内驱力，才能主动地去适应、学习；那些枯燥乏味的内容，只会引起学生的厌学情绪。教师切不可以自己的主观愿望来确定课程内容，最好是能主动征求学生的意见和建议，在学什么和怎样学的问题上与学生展开对话，让学生在课程研制中发挥更为积极的作用，尽管学生的作用在审议中受到限制，但可以培养他们的责任意识，增强他们学习的兴趣。当然，也不能为了一味地追求趣味性，而忽视了知识性、有效性，要将两者有机结合。随着对课程的深入开发，教师应随学生发展与适应状况合理地调整或增减课程内容，尤其要注意校本课程的内容不要重复国家课程的内容，必要时可以与国家课程进行整合、拓展、延伸，因此，教师也要关注和了解与开发内容相关的国家课程。

　　3."纵横观看"是组织课程内容的有效方法

　　一般来说，课程内容组织必须要遵循两个原则，即两个"结合"、两个"统一"。两个"结合"是学科性的内容与非学科性内容相结合，间接经验与直接经验相结合；两个"统一"是逻辑顺序与心理顺序的统一，横向组织和纵向组织相统一。对于一线教师来说，不可能像由专家主持开发的课程那样专业和规范。因此，我们建议采用"纵横观看"的办法来组织课程内容。以课程目标为线索组织内容，横向看知识与技能、过程与方法、情感态度与价值观三维目标的培养，以及基础性发展目标的培养；纵向看学生的个性发展与进步情况。以知识体系为线索组织内容，横向看本课程与有关国家课程之间的联系；纵向看课程本身的由易到难、由浅入深、由一般到具体的发展体系。在此基础上再根据课程特点各有侧重。

当然，不同的课程开发活动方式，在课程内容的选择与组织方面会有所不同，如采用课程选择的方式，就不需要过多地在这个方面下工夫。

三、成效与反思

（一）研究成效

通过开展对如何选择和组织课程内容的研究，取得了一定的成效，具体表现在：

教师的专业个人主义意识减弱，能主动吸纳多方面的经验和意见。研究前，教师大都凭自己的经验和有限的资料组织课程内容，至于什么样的内容最适合学生，教师心中没有一个标准，甚至根本没有考虑学生的发展需求。且大多数教师都缺乏与他人合作和向外界寻求支持的愿望，闭门造车导致问题层出不穷，给自己平添许多烦恼，影响课程的开发质量。

教师在把握课程内容方面有了一定的方向性和原则性，选择和组织课程内容的能力增强。在研究中，教师逐步明确校本课程内容选择的原则、组织内容的方法，从而增强开发工作的有效性和科学性。目前，参与研究的校本课程教师选择和组织课程内容的能力普遍要强于没有参与研究的教师，具体表现在搜集教学材料的渠道拓宽、课程资源意识增强、教学内容更富有趣味性和连续性等诸多方面。

校本课程实施过程中出现的问题和矛盾减少。由于在选择课程内容时，对学生的各种情况进行了调查和分析，考虑了课程目标的多个维度，分析了课程所属领域的知识体系和基于教育学、心理学、学校教育哲学多个方面的因素，因而课程内容大都适应学生的年龄特征和实际发展需要，没有出现像有的教师那样没有课程内容可上了，或者内容过深、过浅、过繁等情况。

学生的学习兴趣增强，在参与课程开发中具有一定的地位。课程内容的选择和组织因为把学生摆在了中心的位置，因而处处考虑学生的理解能力、接受能力、兴趣程度、认知水平、可发展潜力、未来社会适应性等方面，学生可以给教师提出意见、提供资源，参与课程设计和教学评价，学生的主体地位得到尊重，学生的学习兴趣也日渐浓厚。根据在三所规模不同的城乡学校调查显示，81％的学生喜欢上校本课程，原因是可以学到以前所学不到的知识，可以参与多项实践活动增强动手实践能力，可以发展兴趣爱好、培养个性特长，能锻炼身体，学习更有精力，可以提高自身的综合素养等。

（二）实践反思

在课程内容的选择与组织方面并不是一蹴而就的，它需要在课程实施的过程中不断地修正和完善。

校本课程涉及到的知识领域非常广泛，有时光靠教师个人的智慧是难以做到十分科学地选择和组织课程内容的，教师期待有学科专家的指导。

学校一方在对课程纲要进行审议时，就应对课程内容进行重点地审阅，发现问题及时反馈，不要走向要么全部通过，要么"一棍子打死"的极端，最好是课程审议委员会的人员能综合学校各个学科领域的骨干教师的才能，提出有针对性的意见。

第三节 如何充分利用学校特色和社区课程资源

一、问题的提出

作为综合实践活动的实验教师，虽然都知道综合实践活动的课程资源应该由参与实验的教师自主开发和利用，但由于教师缺乏对课程资源的识别、开发和运用能力，使教师面对新课程时感觉无从入手。特别是在利用学校特色和社区资源开发主题时，往往是教师预设的主题，没有给学生机会自己去挖掘主题，使得学生在活动中兴致不高，有的根本没有兴趣参加；而如果从学生兴趣出发，由他们自主选择主题，要研究的主题内容、种类过多，范围过大，有的课题虚无缥缈，脱离实际，如果教师不及时地加以引导，就可能使学生的探究走入误区；有的主题内容很好，但在活动中由于出现预料不到的困难，使得活动无法继续开展，只能前功尽弃。那么，如何在充分利用学校特色和社区资源的同时又尊重学生的兴趣就成为了实验教师面临的两难问题。

二、问题剖析

通过反思，教师在活动中发生这样两难局面的原因很多：

首先，教师在制订活动目标时，没有能够根据学生的年龄特点、知识能力水平、已有社会经验等设计具体的、有针对性的目标；没有从学生的生活出发，学生没有自主权，体现不出活动课动手、动脑等特征，造成学生的被动参与活动。

其次，教师在活动中的指导过于宽泛，针对性不强，缺乏具体的指导行为和指导规范，没有考虑到学生的主体作用，教师还没有适应角色的转变，还是按照传统的教学理念，使得学生参与的热情受到明显压制。

再次，在学校特色开发时，仅仅注重了文字性资源的开发和利用，却忽视了实物性、情境性资源的开发和利用，使得学生觉得活动单调无趣，每组重复资料过多，没有新意。

另外，在社区资源开发的过程中，没有让学生自己去挖掘社区的物力资源与人力资源。教师缺乏正确的指导策略，从当前教师的整体素质来看，要自主进行课程资源的开发与利用还存在很大的困难，这要求教师必须提高自身的素质和水平。

最后，由于学校自身条件的限制（如没有计算机资料室、图书馆书籍的缺乏等），也使得在利用学校特色与社区资源开发的活动时，在资料方面明显短缺，不利于活动的继续开展，间接影响了学生的参与兴趣。

总之，综合实践活动不仅是校内的课程资源的开发和利用，周围的社区资源更需要开发和利用。只有充分挖掘校外的课程资源，发挥校外各种课程资源的育人作用，才能真正达到建立新的学习方式，密切学生与自然和社会的联系，培养创新精神和实践能力，发展良好的情感、态度和价值观的课程目标。

三、相关策略

（一）理论学习

某学校的谭老师针对在活动主题开发中存在的问题，先后翻阅了不少相关书籍，在网上查阅了大量的相关资料，从中了解到综合实践活动主题开发可以从这几个方面入手：①综合实践活动主题开发，应体现每一所学校的特色；②综合实践活动主题开发应从学校所处的社区环境出发，设计与社区生活和文化相关的主题；③从学生的兴趣出发，联系学生的生活，设计主题；

④联系社会发展、现代科学技术问题设计主题。爱因斯坦曾经说过：提出一个问题往往比解决一个问题更重要。如何培养学生根据社区环境与学校特色来设计有价值的主题呢？这也是教师所面对的又一难题。许多学生面对现实生活，不留意，缺乏思考，一些很有意义的社会、生活现象、现代科技问题都成为过眼云烟。生活中处处有科学、处处有创新。教师要有意识地引导学生从生活中的问题出发，结合现代科技挖掘相关的主题；有目的、有重点地带领学生观察社会、观察生活，抓住那些有意义、学生感兴趣而又符合其身心发展规律的生活难点、社会热点和区域特点，去发掘、捕捉和培养学生的问题意识；教师要有意将这些相关的信息集中展示给学生，自然就会引发学生的问题思考，从而开发出关于外来物种的调查的主题。

（二）教学实践

1. 设计活动主题应遵循的原则

（1）教育性、趣味性原则

在利用学校特色与社区资源开发主题活动时，要针对学生身心特点、兴趣爱好，寓教于乐，力求形象、具体、生动、活泼。如有的学校开展"走进科技，了解社区"活动前，教师利用学校每年11月份的科技活动月，在班上请学生以"讲讲我生活的社区"为题分组展开了讨论。学生们你一言我一语地讲开了，"我知道银河计算机，因为我爸爸在那里上班，听爸爸讲它的计算速度可快了；我知道磁悬浮列车，我还去坐过呢；我知道双足步行机器人，它可以走路，很好玩的；我知道记忆合金，它可以在变形后凭记忆恢复原状……"学生们在讨论中都争着抢着发言，通过这种有效的激发学生兴趣的手段，在学生全员参与的同时，活动的主题也在学生们的讨论中诞生了。

（2）创新性、实践性原则

创新精神和实践能力是素质教育的核心。《综合实践活动》课程是实践性很强的课程，重在创新精神和实践能力的培养。学生要在实践中动手动脑，取得对事物的亲身体验，掌握发现问题和解决问题的方法。在活动课程的主题设计中，要注意发挥学生的创造性，使他们勇于独立思考，标新立异，掌握从不同角度观察、思考和解决问题的办法，起到启发学生创新意识的作用。在小学五年级开展的"学会发明与创造"活动中，包含四个内容：一是科学家的故事；二是发明创造的技法讲座；三是了解知识产权；四是探究发明创造的方法；五是初步学会发明技法，制作一件小发明作品。学生在了解古今中外勇于创新、坚持走自己探索之路的典范人物及其业绩和贡献后，激发了创新精神。安排学生进行各种创作活动等等，给学生提供较多的探究与创新思维的空间和机会。

（3）导向性、自主性原则

在《综合实践活动》课程主题设计中，必须明确学生是主体，教师的主要任务是组织和指导。因此，在确立活动课程的内容和形式上，要克服主观性、盲目性和随意性。在学生有计划、有步骤地开展活动时，能给予学生较多的选择活动和自己设计、组织、主持开展活动的机会，发挥他们的自主性，在活动中能学有所乐，学有所得，锻炼能力。

（4）综合性、开放性原则

《综合实践活动》课程活动内容、目标要求综合；活动课程具有多样化的特点，需要经常不断地改进和丰富活动的内容和形式；活动课堂范围很大，不局限在学校教室，要课内课外、校内校外相结合。根据这些情况，我们在进行主题设计时应充分利用社会教育、家庭教育的资源和优势，使学生广泛接触社会，贴近生活、生产实际，从中获取知识和教益，体现综合性、开放性原则。

2. 活动主题开发的方法

开发活动主题，使《综合实践活动》课程发挥更大的育人功能，促进学生的全面发展，是活动课程总设计中的核心问题。我们认为，《综合实践活动》课程应围绕主题核心，鲜明而突出地提出要解决的重点问题；活动应该运用多方面知识、多种能力、多种方法手段指向问题解决，使活动过程时空交错、充满立体感，发挥整体效应。我们对活动主题开发有如下做法：

（1）立足学校特色，根据学生兴趣组合研究小组，合力策划活动计划方案

综合实践活动的主题开发应从本校实际出发，充分开发和利用校内其他教育资源，充分利用现有物质条件和无形资源，创出学校的特色，形成崭新的校园文化氛围。综合实践活动内容的选择都应立足于每一所学校的特色，引导学生提出他们感兴趣的活动主题，合理地组织和利用各类课程资源来实施综合实践活动。为此，我们教师应充分考虑到学生的身心特点

和条件，尊重学生的兴趣和愿望，给予学生必要的选题自由。教师首先以讲解案例的形式，给学生作了一系列的案例讲座，使学生对综合实践活动的内容、形式、实施与评价等有了初步的认识。当学生听完他们的同龄人开展综合实践活动的事例后，就会产生了一定的兴趣，急于想研究一些问题。于是，教师组织学生观察周围，观察社区，让学生把发现的问题、感兴趣的问题、想研究的问题记在纸条上。学生的问题很多，涉及的范围也很广泛。为了更有效地指导，教师根据实际情况，引导学生根据自己学校的特色确定一个总的核心主题，根据学生的兴趣分成若干小主题，再由学生自己进行主题的策划。

（2）充分利用学校特色与社区资源，开展主题活动

综合实践活动主题设计要充分体现学校特色，其学校所在的社区特色是学校特色形成的基础。综合实践活动要善于挖掘社区蕴藏的课程资源和研究课题，使学生在了解、关注社区过程中健康成长；这就要求我们教师首先自己要对社区的社会资源、社区的生活和生产方式等方面的状况事先进行考察和研究，对校内外各种课程资源进行必要的统筹规划和安排，以明确各年级指导教师的课程资源开发和利用范围、要求，以及各相关部门的配合和协作关系，才能更好地利用社区的人力、物力资源开发综合实践活动的主题；利用这些社区周围的校外课程资源来弥补校内课程资源的不足，我们要把社区周围的这些课程资源纳入课程视野。

（3）利用学生兴趣，善于发现新主题

著名的心理学家皮亚杰提出："儿童是有主动性的人，他们的活动受兴趣和需要的支配，一切有成效的活动必须以某种兴趣做为先决条件。"因此，激发学生浓厚的兴趣是综合实践活动实施的首要条件。当一个活动主题接近尾声时，往往是学生兴趣正浓的时候，作为指导教师就应该利用学生的兴趣，根据主题的核心，善于引导学生去发现新的研究主题。这样，综合实践活动的生成性的特点也自然地展现出来，活动的效果是不能低估的。

让有的综合实践活动的指导教师感觉最深的是，在综合实践活动的课程实施中，凡能促进课程内容与现代社会、科技发展和学生生活的紧密联系，给学生提供主动参与、探究发现、交流合作且能增长知识、开发智

力、培养能力、陶冶情操的一切可用的课程资源，都应是我们可以开发利用的资源。只有这样，才能使社区资源和学校特色有效地融为一体，更好地发挥课程资源的作用。总之，教师在开发活动主题时要能根据实际条件和学生特点，善于利用学校特色和社区资源进行开发与利用，并在实践中不断提高自己课程开发的技能。

（三）行动策略

有的教师通过几年来在综合实践活动中的实验与探究，总结了一些综合实践活动的主题开发的推进策略。

1. 以校为本，与学校各项活动整合开发活动主题

综合实践活动没有教材，要求学校自主开发，正是考虑到不同地区学校资源状况的差异性，让学校能按自己的资源状况进行课程的开发，体现的是对学校条件性资源差异的尊重，应该是更有利于不同资源状况学校的实施。如果想在实施中照搬照套其他学校的模式，由于资源状况的不同，当然就行不通了。所以，在主题开发过程中，我们提倡学校有什么样的条件就做什么样的事。

（1）与学校的传统特色活动和德育活动结合，开发活动主题

有些学校在开发综合实践活动主题的过程中，把活动与学校的德育活动、传统特色活动、班队会活动分河而治。一方面将很多好的传统特色活动的主题白白抛弃，另一方面却是综合实践活动主题开发找不到课程资源，实施过程难以开展。而综合实践活动是在继承了以往学校的特色活动经验的基础上发展起来的。在实施综合实践活动前，其实学校就组织了许多活动，如春（秋）游活动、校运动会、夏令营活动、军训活动、科技节活动、读书月活动以及有丰富内容的班队会活动等，这些传统特色活动早就植根于学校了，我们每个学校可以根据自身的资源进行开发和利用，这些资源无论从活动内容还是组织形式上，都为综合实践活动的实施积累了大量的经验。

综合实践活动主题在开发和利用的过程中，应继承学校传统特色活动、德育活动等在组织形式、内容上的好经验，用它来丰富综合实践活动主题的内容，同时也为各类活动的课程提供了良好的操作平台。我们教师只需以综合实践活动的基本理念去组织学校的各类活动，就能提高学生在

活动中的自主性，有效地防止学生"走过场"地开展活动的现象；利用学校各项活动整合开发主题，就成为了我们解决如何利用学校特色开发活动主题的有效策略。

（2）直接将学校的各类活动作为主题

如学校的"六一"活动、"秋季运动会"等，是许多学校共有的传统活动内容，也可以作为综合实践活动的主题来开发利用。根据综合实践活动设计的自主性、开放性、实践性的原则，在内容与组织形式上、在原来的传统特色活动的基础上有所发展。在以往活动中，我们的学生仅仅是活动中被动的参与者，活动项目的设计、报名及整个活动的实施过程，都是由教师来完成的。虽然，对于小学中低年级学生来说，因为受能力限制只能参与，但是高年级的学生具有历年来参与这些活动的经历，他们的实践能力又是在不断地增强的，学生完全可以在教师的引导下自主设计与实施这些活动，可以作为综合实践活动实际运用性设计活动的一个主题，在设计时我们可以打破年级、班级界限进行。

（3）将全校性的活动分解成各班的主题活动

如学校的德育活动中的"安全自护"的内容，各班可以根据各自不同的班情，设计开发出不同的符合综合实践活动课程原则的主题活动，如"生活小自护"、"与陌生人交往"、"学生安全意识的调查"、"标志与生活"等，主题活动的设计可以由各班独立完成，又都是学校整体活动的一部分。

（4）把学校的各类德育及传统特色活动作为活动主题开发的一部分

如主题活动"节约与科技"中有学生分组合作设计节约创新方案和制作节约类小发明作品的活动，它就可以同学校科技节活动同时进行。又如将春游活动作为"生活中的浪费现象"的调查的一个部分，集中调查访问春游过程中学生的浪费现象。

（5）在学校的各种活动中延伸出新的活动主题

如在学校争创绿色校园活动时设计的"绿色环保我能行"主题活动；又如在学校学生体检后生成的活动主题"关于肥胖儿童的饮食调查"、"小学生饮食习惯调查"等；由学校传统的读书月活动中延伸出的以读书、捐书、创办图书角为主要内容的"小小图书角"的主题活动。

综合实践活动的主题开发与设计不可孤立于学校各类活动之外,它与学校各类活动是有机结合的,假如我们在实施过程中分裂了二者的整合关系,那么一方面会增加教师的工作量,另一方面也会造成了学生活动的频繁、肤浅与低效,使得综合实践活动在实施过程中遇到课程资源贫乏的困难。因此,我们建议教师在主题开发与设计时要考虑全局,与学校各类特色活动有机结合,从而保障主题活动实施的有效性,避免有价值的课程资源的闲置和浪费。

2. 利用和挖掘社区的教育资源开发主题活动

由于小学生受年龄的局限,为了活动的安全,范围有所限制,我们教师可以根据实际情况,将低年级、中年级、高年级的活动的地域范围适当调整,低年级可以在校园区域开展活动,中高年级的活动范围可以扩大到以社区为主的区域,可结合学校周边的社区实际开发主题,因此教师在进行主题策划时,要善于挖掘利用社区人力、物力资源开展活动。

利用社区的环境特色开发主题,如清水塘小学周围有许多文物古玩店,这里社区环境很有特色,他们就开展了"走进文物一条街"的主题活动。

利用社区的人文环境开发主题,如湖南有许多历史文化名人,学校可以开发"湖南名人知多少"、"伟人的足迹"、"寻访身边名人"等主题活动。

利用社区的自然环境开发主题,如"湘江段水质污染状况调查"、"长沙市空气质量的忧患"、"我是湖南小导游"等主题活动。

利用社区的人力资源状况开发主题,如国防科大附属小学充分利用了国防科大人力资源的优势,在国防科大环境检测站的专家的指导下进行了豆腐坊污水的检验和豆浆质量的检验,提出了针对开福区小型"绿色豆腐坊"的污水处理和质量监控的建议,进行了以"开福区绿色豆腐坊现状调查与分析"为主题的活动;他们还充分利用社区高科技人才居多的人力资源优势,先后进行了"探索高科技"、"走近磁悬浮"等活动。

3. 以生为本,与学生兴趣结合开发主题的策略

综合实践活动的纲要指出:"综合实践活动尊重学生的兴趣、爱好,注重发挥学生的自主性。学生自己选择学习的目标、内容、方式及指导教师,自己决定活动结果呈现的形式,指导教师只对其进行必要的指导,不

包揽学生的活动。"因此,教师在综合实践活动的主题开发时,应以学生为本,从学生的兴趣出发设计活动主题。

(1)关注学生共同的兴趣,引导生成主题

俗话说"兴趣是最好的老师",兴趣还是学习的动力,如果学生没有兴趣,学习将会变成枯燥乏味的事情而难以维持下去,更谈不上收到良好的效果。如果选择好了合适的课题,学生的参与热情就会空前的高涨,综合实践活动将会收到事半功倍的效果。教师在主题开发的过程中,要善于激发学生的兴趣,这是寻找主题、开发资源的关键所在。

(2)带领学生观察社会、认识生活,培养学生兴趣,生成活动主题

经常组织学生参观、考察、访问、交流、讨论,根据学生学习需要举办一些讲座、报告,针对社会问题开辟宣传栏、设计班级板报等,让学生通过多种途径了解社会,认识生活,有意识地培养学生的兴趣。比如,一位教师为了让学生留心身边的生活,让学生注意观察生活中遇到的实际问题,从而生成"生活中的发现与创新"这个主题;再比如,将校园内的突发安全问题事件作为班级的探讨话题,生成主题"科学自护我能行",等等。

(3)深入学生生活,发现学生的兴趣

现在学生的生活是丰富多彩的,与我们教师的生活有所差异。因此,教师在活动主题的开发过程中,要尊重学生的兴趣,要善于倾听学生平时谈话主题,了解学生平时的兴趣,在此基础上来设计开发活动主题。例如,一位教师因为在走廊走过的瞬间听见了学生在激烈讨论着中央电视台的"异想天开"中的动手发明活动,他就以此为引线引导学生设计了"小小发明家"的主题活动。

4.根据个性化的兴趣,建立学生的"主题超市"

学生自主意识在综合实践活动中会不断增强,会出现兴趣的分化,而且经过几年的综合实践活动课程的实施,对活动的规律与方法有了一定的了解。教师在以班级和学校为主要组织形式的同时,也要为学生个性化的研究和选题提供空间,根据学生个性化的兴趣,由学生自主选择活动主题,把学生选择的活动主题构建成"主题超市",满足学生个性发展的需要。

这样的活动主题，可以让学生在教师的引导下独立完成，也可以根据学生的居住社区环境跨校、跨年级组成小组完成。如"设计环保垃圾箱"主题，就是让学生根据自己所在的社区，把各年级学生整合在一起完成主题，他们通过调查发现了所在小区由于垃圾箱的设计不合理，而造成垃圾满地的问题而生成的主题。还可以在学期中与学校、班级的各类主题活动并行完成，如"湖南名人知多少"活动，就是学生在大队部组织的"畅游湖南"的大型主题活动中生成的小组主题活动；同时充分利用假期时间进行主题活动的开发也是很好的办法，学生假期大都与同学、朋友结伴外出旅游，在旅游的过程中，学生也可能会发现一些感兴趣的个性化主题，利用这些主题可以与同游的伙伴一起完成，如"旅游景点乱收费现象调查"、"北京名胜古迹"，等等。

总之，教师在实施综合实践活动的过程中，只要学会合理利用和开发学校资源和社区教育资源，从学生的兴趣出发，就一定可以开发出丰富多彩的活动主题，让我们的学生在自由的空间中翱翔。

四、初步成效

（一）利用学校特色和社区环境开发出了一系列科技类综合实践活动，学生主体性在活动中得到了充分体现

"为了每一个学生的发展"是新一轮课程改革的灵魂。课程本身所具有的整体性、实践性、开放性、生成性和自主性的特征，为学生主体性的发挥提供了条件。学生的活动领域从校内走向校外，活动内容由教材拓展到社会。研究的课题由教师指定发展到学生自主选择，学生主体性得到了充分体现。同时，我们发现这次活动对于学生们的世界观的培养、道德品质的熏陶、科学精神的磨砺、知识领域的扩展、远大理想的树立都有着不可替代的作用。活动可以从现代科技出发，利用我们所依托的国防科大的良好社区环境和家长的良好社会关系，让学生去了解身边社区的科技成果，知道了科学研究并不是高不可攀的，只要自己善于思考、勤于动手，同样可以成为小科学家、小发明家。在活动中，学生们了解了国内外科技的研究和发展现状，对国防科大三个学院的重点实验项目有了更深入地认识和体验；知道了发展科技对祖国建设发展起着不可忽视的作用。通过活

动可以提高学生们的写作能力，调查研究与分析问题的能力和查阅、搜集、整理资料、设计科技小报的能力，自主创新和发明创造的能力；培养了学生科学严谨的工作作风，增强了学生的自信心。同时，在实践活动中，也培养了学生的组织能力、社会交往能力，使学生养成了主动探索、自主创新的良好习惯；树立了自主探索创新的意识，培养了他们小组合作的精神，使他们学会互相帮助、互相学习、团结合作、共同进步。

（二）在活动的开展过程中积累了一定的经验和过程性资料

综合实践活动课程实验本身具有探索性和开创性。因此，许多学校重视过程性资料的积累和整理，如活动实施方案、计划、教师的方案设计、活动纪要、活动中的反思，学生的观察日记、调查报告、科学小论文、小制作和小发明作品等。它既呈现着教师、学生与新课程共同成长的足迹，又为监控、反思为进一步推进综合实践活动课程的实施积累了宝贵的经验和过程性资料。

（三）通过这一系列的活动主题，促进了我们实验教师的专业成长

综合实践活动课程不像学科课程那样有相应的《课程标准》、教材和专业教师，它具有超越严密的知识体系、超越分门别类的学科界限、超越封闭的课堂，着眼于学生的整体发展，需要学生和教师共同参与的特点。这就对教师的教育理念、知识结构、教学方法、科研能力等提出了更高的挑战。实验教师在活动中积极参加各种培训，在活动实施过程中采用自修——反思的模式不断学习，充实自己，课程意识有了明显的提高，促进了专业成长。

第四节　如何指导学生学会分解综合实践活动主题

一、问题的提出

作为一名年轻的教师，某学校的刘老师自认为是很民主的，他喜欢和学生们交流彼此的看法。如这个活动主题好不好、对活动的开展有哪些好的建议等。从学生那里他能得到很多第一手资料，从而帮助其他教师不断的改进教学方式、课堂结构，在这个过程中其他教师也捕捉到了很多有意

义的主题资源。

刘老师曾经在七年级学生中做了一个设计活动，按照惯例询问学生对此活动的看法。其中有几个学生向刘老师反映了同样的问题："老师，下次的活动能不能让我们自己来安排，自己来设计呢？因为以前的活动都是老师定好了主题，按照老师的意思提出问题，然后让我们寻找资料。其实有些问题我们根本不感兴趣，但我们又不敢说。"

学生的话让刘老师做了深刻的反省：实施新课程以后，学生的思维是活跃多了，在他们这些小脑袋中时常跳跃着一些富有创意的想法。他们很想将这些想法付诸实施，关键是需要教师解放思想，尽量让他们的这些想法得以实践。总之，让学生试试是很有必要的，行不行做了才算。于是刘老师打算让他们参与到活动的整个环节中，在过程中赋予学生更多的权力，让学生在过程中去酝酿精彩，而不单单做指令性的事。

二、问题剖析

学生之所以会对教师提出这样的意见和看法，原因之一是教师低估了学生的能力。就教师个人而言，单纯"教"综合实践活动课是工作的重心，怕教学任务不能完成，怕学生的资料收集不够充分、丰富，从而影响到测评结果。正因为有诸多的"怕"在制约着教师的思维，导致我们在开展综合实践的时候，往往会预先设计好各种环节，在降低了难度后再让学生按部就班地去完成这些任务。至于在这个过程中产生的一些其他问题，教师也只是轻轻带过，怕在这上面花费太多的时间和精力而影响到活动的过程和结果。"简单就是美"的观念在一定程度上"指导"着多数教师。

产生这种的看法是另一个原因是，教师对学生的指导也不到位、不彻底。特别是在活动开展的初始阶段，教师希望能顺利地完成活动，所以，在确定主题及结构时很少让学生真正全程参与，更不要说放手让学生去开展活动。这样确定下来的主题及由主题衍生出来的任务势必使学生有一种被强迫执行的感觉，想让学生能在此过程中在轻松的环境下产生好的想法和措施来推动活动的开展，实在有些勉为其难，有时还会产生抵触情绪。

对于原因之一，教师随着观念的改变可慢慢提高。对于原因之二，需要教师在教学策略与管理，在具体的主题中来突破。而一个大的综合实践主题好比是一颗大树的主干，要使大树枝繁叶茂必须使它生出许多枝干。因此，如何上活综合实践课程，尊重学生的兴趣与主动性是必不可少的。围绕一个大主题让学生比较独立的建立分主题，尝试"教师放手，学生分解主题"的方式来激活活动课程是我们正在努力的方向。

三、相关策略

（一）从主题的规划入手，指导学生学会分解主题

考虑到学生以前很少参与对主题的分解，教师在训练他们分解主题的时候，首先想到的是找一个较为简单便于从生活中寻找资料的主题来做。什么类型的活动符合这个条件呢？有的教师认为社会实践类的活动很适合。在指导学生学会分解主题的初级阶段，教师让学生先观察当地的实际情况确定初步的主题。在交流阶段有一个小组定下了参观、访问"明园蜂业园"的主题，考虑到此主题的对象在当地有一定的影响，教师就以这个小组为例让全班同学讨论，讨论的问题是"你对明园蜂业园了解吗？如果不了解，你最想知道关于它的哪些知识？"经过同学们的激烈讨论后，教师让学生按顺序将他们想了解的问题写在黑板上，然后让这个小组根据同学们想知道的问题拟定好一份计划书，在下节课全班一起来研究。教师认为学生在列出计划的同时就已经对主题进行分解了，只是担心学生们的计划书到底做得怎么样。

明园蜂业园参观、访问实践活动计划

实践的内容及步骤：

1. 参观"明园"基地，了解其基本状况及工作流程。

2. 采访有经验的养殖工人，询问与蜜蜂有关的知识。

3. 采访"明园"的管理层，了解公司的建立和今后的发展前景。

4. 组织一次成果展示活动，解答同学们在此方面存在的困惑。

这是教师从他们这组所节选的部分内容，整个计划书还包括参观访问的目的、活动的准备、人员的安排等。他们把这份计划公布后，教师要求其他同学思考：如果你参加这次活动，你认为还有哪些活动可开展？全班

同学马上思考起来，最后给本组增加了一个新的实践内容：根据采访所得到的经验，自己也试着养一次蜂或利用假日与养蜂工人一起工作。

计划已制订，这个组马上按步骤开始行动，我们则静候佳音。两周后在这位教师在课堂上让他们谈谈这段时间的进展情况，有个同学说"我至少懂得了一个道理，做任何事情都要付出代价"，教师很好奇：只让他们去参观访问啊，而且这又是他们自己选好的课题，应该不会发生其他事吧！他继续说："本来我以为我们的采访会很顺利，因为我们以前也做过，没出什么问题，况且这一次我们准备得相当充分。到了那里我们几个看到一位养蜂老人，便马上跑过去向他询问，可是他却不理睬我们，无论我们怎么说他都无动于衷。我们想要放弃，但一想到这是我们自己要求做的事，没有做好很没面子，而老人家好像也表现出不耐烦的样子，于是我们紧跟着他，他去除草我们也跟着他去除草；他去采蜂我们就帮他提工具。等事情做完后，老人笑了笑说："算我怕了你们啦！有什么问题赶快问吧！"听他这么一说，我们都高兴得跳起来。

活动如期结束后，很多同学都谈到了从这次活动中学到了不少知识。这位教师总结这次活动能取得成功的关键就在于让学生参与到了活动的决策过程，使他们成了课程的真正主人，从而调动了他们的积极性。此次活动对教师来说，学会了从学生的角度群策群力来为主题降低难度，从而保证整个活动开展的有效性。

（二）从目标入手，指导学生学会分解主题

综合实践主题的分解在初级阶段取得了成功，由于综合实践研究的范围很广，如何在其他领域、其他阶段指导学生学会分解主题呢？在平时的学科教学中，每位任课教师都会制订一些具体的教学目标，然后根据教学目标来设计教学步骤，学生们在分解主题的时候是不是也可以从活动目标入手呢？对于这种指导分解主题的方法，有位教师在两个班同时开展，两个班同样的主题相同，但活动目标却不一样。这样教师想通过这种方式看看两个班的学生分别会提出哪些和主题有关的问题。

只有那些从学生的自身生活和社会生活中选择出来的问题，才容易转化为学生感兴趣的课题。因此在研究性学习中，教师应做的第一件事就是如何将学生感兴趣的问题转化为可以让学生易操作的课题。这位教师的活动主题来自于邓小丽编写的《研究性学习指导手册》中有关于"电池寿命"的研究，但是我将这个研究制订成两个不同的目标：一个是像邓小丽老师一样将它划入自然科学领域，其目的是了解基本的科学方法；一个是把它纳入社会人文科学里，其目的是为了培养学生的创新精神，延长电池的寿命。下面看看两个班所做的比较吧！

首先我用同样的故事引出"关于电池寿命"的主题，然后在 A 班我对他们提出的要求是"希望同学们在研究了电池寿命之后了解一些基本的科学方法"，问题抛出来之后同学们交流着如何解决问题，在同学们的讨论中最后确定了他们的活动步骤：

1. 先做市场调查，找出人们心目中寿命最长的几种品牌电池。

2. 将收集到的相关电池类型用同种方法来测试它的使用寿命（为防止实验的片面性，我们对同种牌子的电池至少用 5 对来进行实验，然后取其平均值）。

3. 通过实验的记录，得出哪种电池使用寿命最长。

4. 通过收集的资料，了解怎样使用电池才能延长它的寿命。

5. 在适当的范围、通过有效的方式，向人们宣传科学使用电池的方法。

这是 A 班的计划，接下来再看看在 B 班如何开展此主题的。我说"让大家做这个活动的目的不只是要让你们找出哪种电池的寿命最长，而是想让大家尝试着发挥自己的想象思维来创造性的延长电池的寿命"。B 班的同学经过商讨后同样写出了一份计划书，活动步骤如下：

1. 一个小组进行实验，了解在平时的电池使用中哪种电池使用寿命最长。

2. 一个小组负责进行调查，了解平时人们习惯怎样使用电池，这样使用后的结果如何。

3. 一个小组负责查找资料，收集一些科学、实用的方法来延长电池的使用寿命。

4. 总结交流阶段，比一比哪组的活动开展得最有价值、最成功。

"比较才能看到差距"，目标指导行动，在两种不同的教学方式中我们能很明显的感受到：同样或类似的综合实践主题，教师的目标导向不同，学生的活动结构、活动步骤就完全不一样了。看来具有开放性、差异性课程特点的综合实践课程，在指导学生学会分解主题的时候，教师从活动的目标出发深入启发、拓展学生的课程意识、主题思维，未尝不是一种有意义的尝试。

（三）通过情景法来指导学生学会分解主题

利用情景来引入课题是许多教师普遍采用的一种导入法，其实我们在进行综合实践主题分解时如果有一个好的情景，就会使学生的思维快速的活跃起来，对主题进行分解就是一个自然而然的事了！如《研究性学习案例解析》一书就介绍了美国小学教师艾伯克的一个案例，她的主题是"鞋的世界"，对象是小学四年级，内容包括：鞋的世界、鞋的探寻、鞋的展览，从他人的实施经验中我们能得到一些感悟。

1999年2月1日，艾伯克教师用一个简单的发生在她身上的关于鞋的故事引出了"鞋"的主题。她一边讲述着"鞋"的故事，一边将鞋脱下并高高地举起。故事说到一半的时候，这位女老师发现一些孩子也将他们的鞋脱了下来，这预示着孩子们对"鞋的研究"发生了兴趣。待老师讲完故事后，问是否有人愿意向大家讲述自己的鞋的故事时，大约有一半以上的学生举起了手，孩子们说了许多关于鞋的有趣、好笑的故事：

玛丽亚谈了她是如何学会系鞋带的，她的妈妈每天教她，可她还是不会。一天她回到自己房间，突然发现会系鞋带了。说到这里时，她脸上露出快乐的笑容。

大卫谈了他穿的另一种类型的鞋。他描绘了鞋的皮革，说想把它带到教室让所有的人看看这双与众不同的鞋。我们都说：妙极了！

瑞恩说了一个他被妈妈罚的故事，那时因为穿溜冰鞋在家里溜冰，把妈妈心爱的花瓶敲坏了。

朱丽亚说她的鞋因一次意外的大火都被烧了，说着说着就哭了，我们大家都安慰她。

西贝尔说她想要买一双"辣妹"演唱组成员穿的鞋，她想它想得发狂。

孩子们说了许多关于鞋的故事。接着，教师举起一双古代的皮鞋告诉学生："我想知道关于这双鞋的两件事。第一，我想知道谁穿这样的鞋；

第二，我想知道是谁做的这双鞋。"然后问学生，你们想知道什么？让他们写在纸上。学生的答案很丰富：马赛尔想知道他是否适合穿这双鞋；马肯想知道以前的人穿上这双鞋是什么感觉；詹妮想了解这双鞋的历史有多久；凯迪想知道这双鞋值多少钱；歇尔比想知道能在哪儿弄到它；大卫想知道它是由什么材料做成的……

在教师让学生收集关于鞋的故事的过程中，有一位学生产生了一个非常有趣的想法：让每一位来他家做客的客人告诉他一个鞋的故事。在孩子们获取了丰富的资料后，老师又给他们布置了一道回家作业：让他们的家长在他们的故事书上写一个关于鞋的故事。同时希望家长帮助孩子准备一些不同种类的鞋供全班即将举行的鞋展用。当大量有趣的鞋的故事和真正的鞋不断出现在教室时，全班为此欢呼，孩子们从中获得了无穷的乐趣。当鞋的故事收集完毕后，教师要求学生为他们的书设计一个封面，互相交流关于故事书的感慨。最后教师制作了一张很大的表格，让所有的学生将收集到的关于鞋的故事都张贴在上面。学生们收集的故事是如此之丰富与精彩，着实让老师惊讶。

为了保持孩子们的兴趣，帮助他们进一步思考主题，获取对于他们今后学习和生活中有用的技能，教师安排了一些走出去的活动：如参观一个鞋展、滑一次雪、浏览一个关于鞋的网站。这些活动给孩子们以新的体验，让孩子们学到了新的知识。大量的活动给予孩子们展现他们各种本领的机会，以及探索和学习新知识的方法。学生们在画中体现他们的所见所闻，用他们的语言记录下有趣的经历，他们还带回了雪鞋和大量的照片。孩子们还就一些问题查阅了书和报纸，还拆开鞋研究鞋的结构。网络也给学生极大的帮助，让学生知道了许多关于鞋的种类、历史、制作工艺等，教师让学生汇集学生资料，和他们一起编写有漂亮图案和故事的书。

当老师将举办"鞋的世界开放日"的想法告诉学生时，他们听后非常激动。然后一起讨论该如何安排这样一个日子。邀请信很快写好，并发了出去。当这一天终于来临时，有的学生拉着家长的手说："你看，这是我做的，你看，那是我画的。""瞧，我穿着一双木鞋。""读读我的故事，看看我编的小册子吧！""你看，那是我们和老师一起做的鞋，她把一双鞋切成两半，让我们了解了鞋的结构。"家长们给予这项学习很高的评价，并赞扬孩子们具有创意的工作。

对于"鞋的世界"这个主题活动来说，正是从学生较熟悉的事物入手，让学生倍感亲切，从而能迅速的步入正题，牵引住学生的兴趣，激发他们的创新思维。假如把题目换成"鞋的历史及文化"让小学生来做，孩子们会做得那样欢畅吗？因此就同一个主题而言，可以从不同的侧面设计出适合不同学生的研究性学习课题。问题不在于主题是什么，而在于教师和学生如何来设计、延伸。

通过系列的探究与实践，对于在综合实践课程中如何指导学生分解主题的做法我们认为首先在于教师观念的改变与更新，观念改变了，做起来就没有思想的顾虑，同时教师要有敢于尝试的勇气和大胆放手让学生做的胆识，不要老是被"怕"字所困扰，否则有再好的想法也成不了事。教师不要包办一切的想法，要相信学生的能力和创造精神，对于活动课程而言，教师如果包办得太多，结果是教师教得累，学生学得累。为什么？因为这种教育观念束缚住了孩子们的思维和手脚。在帮助学生分解主题时，作为教师并不是任学生发展或随意让学生将主题朝哪方面牵引，教师的作用体现在尊重学生的选择权、尊重学生的创造能力，同时能从大的方面改进学生的计划或步骤，从而修补学生产生的漏洞，帮助学生的计划向更健康的方向发展。在实施中并不见得所有的综合实践主题都适合用分解的方法，只有那些条件具备、学生兴趣比较强、分解后能从生活中快速的找到素材的主题才比较合适。

任何事物的进展都不是一帆风顺的，对综合实践学生分解主题来说也不例外，毕竟具有挑战精神的学生只是一部分，如何让这部分学生带动其他学生并产生应有的效果，在实践中也需要不断的摸索、积累。对于农村师生来讲，在农村中蕴藏着丰富的课程资源，如何在主题分解过程中引领学生去挖掘课程资源形成一种构成主题的途径与渠道，也是教学中面临的新责任。

四、初步成效

在确定综合实践的主题后，教师再尝试着指导学生对主题进行分解，这种新型的教学方式使师生都从中受益，取得了双赢的教学效果。

教师从习惯于以前的"大一统"教学思维中走出来，在宏观管理的前提下，将部分课程设计、开展的权力放心地交给学生，教师应有一种开阔的胸怀来为课程作规划。一些较具体、细节、延伸的问题让学生来充当主角，同时教师还应有为这种情景的形成创设条件的意识。正因为教师在重新对课程、对自身所承担的使命有了更深层次的认识、突破的基础上，教师的作用与价值才得以实现。课程的决定、实施的步骤、拓宽的领域、延伸的环节不再局限于教师单个人的思维或狭隘的领域，使主题的诞生、活动的开展等变得科学、民主、富有成效。教师也能从具体的事物中抽身而出，从更高的层次、角度来指导学生，更好的与学生融合在一起。

学生不再是被动的执行者，不再是简单的服从老师的指令。他们对于课程的选定、课程的结构有自己的看法和发言权，他们可以无所顾忌的与老师畅谈与交流，而这种形式的改变将直接促使学生的兴趣、创新激情的产生，学生将从内心深处将自己看作是课程的主人，会有更好的责任心、会从更好的角度来要求自己。对活动课程而言，学生决定的越多、参与的程度越深越能冲淡教师的成人化色彩，降低教师想当然的因素。相反，课程应具有的过程性、非预设性、延伸性能真实的体现出来，学生的原汁原味将更浓。

第五节　如何处理好预设与生成的关系

一、问题的提出

综合实践活动课程是一种基于学生的直接经验，密切联系学生自身生活和社会实践。体现对知识整合运用的课程形态，当前，全国绝大部分小学都开设综合实践课程，出现了一系列可喜的成果，但暴露出的许多现象值得教师深刻反思。其中综合实践活动主题确定过程中预设与生成的关系处理存在一些问题，主要表现如下：

（一）教师对"预设性教材"的依赖性太强

通过调查发现，目前全国各地开发了综合实践活动的各类"资源包"或"学习手册"，据有关资料统计表明，此类"资源包"达 27 种之多。有的是由省、地市教研部门组织编写，有的是由研究机构或社会人员组织编写的，而且质量与内容参差不齐，有的甚至就是把以前编写的活动课的教材改头换面通过行政手段推向学校。在教学实践中，长沙某中学的张老师发现有许多教师将综合实践活动课程内容学科化、教材化，与学生围绕"资源包"在教室里"讲"或"教"综合实践活动课程。主题完全依据教材预设，教师按照教师指导用书照本宣科，全然不讲究引导学生"生成"主题的艺术，如此教学导致的后果是：学生的学习枯燥无味，缺乏对这门课程的兴趣。例如，某些综合实践活动资源包中的案例，在城市开展很合适，到农村就不适用了；反之在农村适用的，对城市学生就不适用。学生没有感性认识，没有生活经验的积累，无法对相应的活动产生兴趣。教师仍按部就班空讲，照样一本书、一支笔、一张口，满堂讲，学生如听天书。又如在城市学校组织"种植农作物"的活动，显然没有活动场所；而某农村学校组织名为"洋快餐为何这样热"的综合实践活动，预设的教学目标之一是：研究了有关洋快餐的资料后，议一议，得出结论，写一份调查报告。由于学生对农村中刚萌生的洋快餐这样一种新生事物趋之若鹜，不仅没有得出洋快餐是垃圾食品的共识，反而让许多未吃过洋快餐的学生产生了认识上的误区：洋快餐好吃，我也要爸爸妈妈带我去吃。违背了教学的初衷。

（二）活动主题预设过多

在活动主题的确定方面，给予性活动主题占学生活动主题的 87％以上，由于教师帮助学生选择主题的现象严重，活动主题完全依赖教师预设，导致学生研究的主题过分社会化和成人化。真正由学生自主设计的活动主题所占的比例过低，学生不喜欢上综合实践活动课，认为这门课程不开展自己所喜爱的活动，且布置大量作业，加重了自己的负担。

（三）自主活动放任自流

综合实践活动是以学生的直接经验为基础而对学科知识的综合运用，在课程的开发与实施过程中，要鼓励学习者的自主选择，引导学生开展丰富多彩的探究性学习活动，帮助学生学会发现，学会探究，形成发现问题和解决问题的能力。但很多小学在综合实践活动课中的自主活动都是"放鸭子"式的放任自流。

如一位教师在上了语文课《宇宙生命之谜》之后，决定由这篇课文生发实践活动的探究主题。教师问：读了这篇课文你想通过综合实践活动课解决你心中的哪些疑问？你想研究什么？你喜欢研究什么？教师以为这样一来可以充分发挥学生的主导作用，但由于缺少学情调查，学生提出的问题千奇百怪，诸如人类可以移民到其他星球吗？地球有多长的寿命？做宇航员要具备哪些条件？学生的问题意识和创新精神可嘉，但教师既没有在学生疑问中提炼出有价值和可操作的活动主题，又缺乏具体的指导，教师放任自流，学生如无头苍蝇，结果什么收获都没有。

综合实践活动主题预设和生成关系如果处理不当，还会产生很多负面影响，因此，在综合实践活动主题确定过程中如何处理好预设与生成的关系，成了一个亟待解决的问题。

二、问题剖析

（一）教育行政部门方面的问题

由于教师帮助学生选择主题的现象严重，活动主题完全依赖教师预设，导致学生研究的主题过分社会化和成人化。全国大部分地区没有及时建立综合实践活动课程教师政策，如明确综合实践活动课程指导教师的职称评定方式与程序，确定综合实践活动教师工作量计算的基本标准等。教研部门的问题，主要表现在部分教研员不能及时转变职能，参与综合实践活动的研究，扎扎实实地扎根学校进行基于具体问题解决的研究，缺乏对学校、教师进行专业引领的能力；缺乏对该课程教师进行比较宽泛而不失系统的方法进行系列指导的机会。

（二）指导教师层面的问题

1. 穿新鞋，走旧路

传统教育观的"教材就是圣经"、"师道尊严"束缚了教师的思维，传统的教学方法根深蒂固影响着教师的教学行为。表面上尊重学生，骨子里还是不放心学生，事必躬亲；虽然参加课改，做法还是老一套：强调预设。总想方设法把学生扯到自己设定的活动主题上来。

2. 缺乏反思、观察和研讨

教师之间缺乏研讨活动，没有就有关问题进行反思和有针对性的研讨和设计。因此对综合实践活动课程的理念把握不准，加之指导教师对学生活动过程观察、了解不够，没有及时提供方法引导和指导，导致学生在实施过程中出现偏差。如有的以学科课程的实施方式在教室"教"综合实践活动课程，有的则放任自流，缺乏具体指导和行为规范，使综合实践活动实施流于形式，造成其在促使学生转变学习方式、综合运用学科知识，在实践中发现、提出、解决问题，在实践中获得丰富的情感与体验等方面的指导策略的缺失。

三、相关策略

（一）理论学习

综合实践活动特征之一就是生成性。对此，在课标中有很好地解释：综合实践活动注重发挥在活动过程中自主建构和动态生成的作用，处理好课程的预设性与生成性之间的关系。一般来说，学生的活动主题、课题或活动项目产生于对生活中现象的观察和问题的分析，随着实践活动的不断展开，学生的认识和体验不断丰富和深化，新的活动目标和活动主题将不断生成，综合实践活动的课程形态随之不断完善。

对"生成性"，我们可以这样理解：教师要主动地从大自然和社会中提炼有积极意义，与学生生活紧密相关的综合实践活动主题，经过巧妙"预设"，让学生在活动中"生成"。综合实践活动主题的确定，应当考虑学生的需要；活动项目的生成来自于学生，但教师对活动意向应当有所预想，教师应当为学生创设一种问题情境，在学生融入这个情境后产生的种种问题由学生用研究性学习方式去解决，在这个过程中教师可以指导学生用什么方法解决问题，去哪里找资料解决问题。所以，主题的"预设"就是创造一种能让学生产生问题的情境；主题的生成就是学生在这个情境中生成的种种问题。总之，活动的主题生成或项目的生成是源于学生感兴趣的问题，也就是说，活动的主题应生成于学生。

（二）教学实践

让生成在活动中"画龙点睛"。

1. 尊重"生成"张扬学生的活动主权

在综合实践活动教学中，师生之间是一种平等互动的关系。因此，作为教师，理应"以生为本"，充分发挥学生的活动主权，尊重并支持学生不断变化的学习需要，并把它作为推进课堂进程的重要资源。只要有利于加深学生对文本的理解和感悟，教师就要灵活地调整，使精心"预设"与即时"生成"和谐统一。

苏霍姆林斯基认为，教育的技巧并不在于能预见到课的有关细节，而在于根据当时的具体情况，巧妙地在学生不知不觉中作出相应的变动。将"预设"和"生成"结合起来不仅是一种教育的科学，更是一种教育的艺术。对于学生在活动中的新想法，我们应该给予尊重，如果太过背离主题，则耐心解释；如果能深化主题，那么为什么不让学生去研究呢？学生始终是活动的主体，教师多些宽容，多些机智，往往会有意料不到的收获。

2. 引导"生成"实现资源的有效价值

由于小学生的年龄特征和知识水平，决定了主题生成难免存在一定的偏颇、缺陷乃至失误。因此，对待主题的"生成"教师决不能仅仅限于尊重，而应适度发挥主导作用，给予学生有效的价值引导和人文点化。

教育不在于告诉学生一个真理，而在于教会学生怎样去发现真理。在这个案例中，面对学生的"节外生枝"，教师顺势而导，为学生搭建了一个充分展示自我的平台，学生在激烈争论和教师的引导下，激发学生深层思考的能力，对生命的理解也逐渐清晰，主题也自然生成。

3. 拓展"生成"丰富活动的内涵

为了实现长沙"一年一个样，三年大变样"的城市建设规划，长沙市城市建设的步伐不断加快，道路拓宽，棚户区改造工程成为市政建设的重点，随之而来的就是房屋拆迁的话题。某校所在的社区是老城区，属于拆迁改造区，学校、班级中很多学生家都面临拆迁。高年级的学生，有一定的活动能力和分析能力，他们对拆迁工作很感兴趣，主动提出想了解拆迁的有关政策，为拆迁做一些工作。该校的王老师在学生自发生成主题的过程中，发现他们忽视了一个问题："同学们讨论得很热烈，小主题也设立得很好。但是只完成了一部分活动任务，想想看还有什么可以研究的呢？"孩子们陷入了沉思。"开福区是个老城区，有很多地名是有典故的，谁能说一说呢？"有个学生汇报了"营盘街"的来历，王老师满怀赞赏地说："你真了不起，知识很丰富。记得以后要告诉你的孩子哦！"马上有学生兴致勃勃地说："开福区古地名很多，我们可以把这些名称记录下来，也可以去问问一些老人们这些名称的来历，以后就可以站在新城区向别人介绍历史了。"

多好的想法啊，王老师不禁热烈鼓掌。面对富有价值的这些资源，教师不应拘泥于预设的教学主题，而应独具慧眼，将"弹性灵活的成分、始料未及的信息"等生成性资源及时捕捉并理智地纳入活动主题临场设计的范围之中，抓住资源，丰富活动的内涵。这一次引导，深化了活动主题，提高了学生文化意识，弘扬了古城传统文化。也许千百年后，后人走过繁华的长沙街道，还能清楚地了解：这里曾经是一个怎样的地方，这个地方发生过哪些故事，它的名称从何而来？

学生的发展是在不断的生成过程中得以实现的。教师应该以灵活的教育机制，及时"变奏"教学流程，超越学生，链接生活，激发学生积极的体验能力生活。这样的活动，才能既促进学生发展，又有益于社会。

（三）策略研究

1. 尊重学生的选择

以往的教学方式，都是有教材，教师照本宣科就行。但综合实践活动课的要求却不相同，教师必须做有心人，和学生一起，观察生活，灵活随机地选择对学生成长有利的主题。有位教师和学生一起开发了"远离犯罪，健康成长"、"社区小医生""关于拆迁的话题"等主题，这些主题活动紧跟时代步伐，符合学生年龄特色，学生很喜欢，效果也很不错。

"学生是活动的主人！"大人的经历和心理，思考问题的方式，往往与学生大不相同。通常我们考虑的是用怎样的方式让学生接受，而这方式中，已经包含成人的思维。因此，每次活动前，教师都要充分尊重学生，专门用一到两堂课的时间，让他们提出自己最喜欢的主题，设计活动开展的方式，把选择的权利交给班里的每一名学生。

2. 灵活处理"教材"

每学期开学的第一堂课，教师要组织学生根据自己的兴趣取舍活动主题。由于教师的教学时间和学生的活动时间有限，一学期可以选择开展一两个活动单元主题，也可以把这些活动变成主题单元的系列活动。这样，巧妙地利用教材生成主题。

3. 帮助学生生成主题

在综合实践活动中，不是你在教学生什么，而是看学生需要什么。现在是信息社会，有的学生的电脑水平是很多做老师的所望尘莫及的；很多孩子的科技制作的想法是出人意料的。在传统教育里，这些孩子的天赋很可能被埋没了。综合实践活动课程就为这些孩子开辟了广阔的创造空间，也为众多孩子潜能的开发创造了教育的条件。那么，在综合实践活动课里，教师要做什么呢？教师的作用是指导者、引导者、组织者和影响者。所谓影响者，就是你的才艺可能让学生羡慕而产生兴趣。指导、引导、组织、参与就是教师在综合实践活动中的角色和身份。具体来说，就是在活动开始阶段，帮助学生生成问题（主题生成）。

那么，活动的主题是否可以预设呢？对刚实施这门课程的阶段，低年级的学生，在你教我学模式的影响下，问题意识比较淡薄。教师应当有活动意向的预设，这就是创设问题情景，创设一个能让学生产生问题的情景。因此，教师对活动项目不必预设，但对活动意向要有所设想。

4. 由扶到放

在综合实践活动起步阶段，低年级的学生，年纪尚小。如果一开始就放手，学生势必会在活动中遇到许多困难，如得不到教师的适当指导，他们会因为这些困难而对活动心生畏惧。对于以后的活动，他们会失去兴趣。因此，教师在设定主题时，要引导学生一道开发那些富有童趣、难度不大的主题活动。对于活动要达到的目的，要引导学生完全理解。

第三章 综合实践活动课程 教师指导策略

第一节 教师如何撰写指导方案

一、问题的提出

有经验的综合实践活动指导教师都知道，要开展好综合实践活动必须进行有效的指导，但同时要注意教师指导并不是盲目的。任何一门学科的教学，教师在教学前都应备好课，把握好教学任务中的重点、难点，综合实践活动的教师指导也是如此。因此，在活动中，教师应根据学生在活动中的具体问题给予及时有效的指导，这样学生才会养成自主解决各类问题的习惯。学科教学需要备课，综合实践活动也需要撰写指导方案。指导方案类似于教案，但它们两者却又不完全相似。综合实践活动教师指导方案的撰写既无一成不变的模式，又无章可循。如何撰写综合实践活动指导方案成为教师们普遍关心的问题。

二、问题剖析

传统的教学理念认为，教材是教学内容传播的载体，知识教授的唯一途径，学生的"学"、教师的"教"全都是通过"教材"这一教学活动中介来完成的。而综合实践这门课程恰恰打破了这一传统概念，它没有了传统意义上的教材，只有"活动资源包"，受传统教学观念的影响，指导教师自然就以资源包为教材，将资源包上列举的案例作为教师指导方案。在活动实施过程中仍采用传统的教学方式，找出每个案例中的重点、难点，预设各种问题让学生一一解答。这门本来具备全新理念的课程，却仍以传统的教学方式来实施，其结果可想而知：学生根本体验不到课程的优势所在，也因教学方式的陈旧让他们产生了厌倦感，更别说什么兴趣所在了。面对这些问题，很多教师都犯了难，但又不知怎样去改变这种现状，只能是"置若罔闻"。

　　所以，我们常常会看到很多教师抱怨没有教案，不知道如何备课；教师们在上综合实践课时，把资源包作为教材，将资源包上的案例一一讲述一遍，使得本应很活跃的课堂变得十分沉闷。生动有趣的综合实践活动课，变成了学生视野里枯燥无味的"说教课"。导致这些现象的根本原因就是指导教师错误地认为"资源包"就是这门课程的教材。资源包其实只是一种指导途径，上面所列举的案例也只能部分参考，并不能完全将它看成是课程的教材，将上面的案例当作指导方案，生搬硬套，这是完全不可取的。

　　也有部分教师尝试克服困难，但由于对这门课程不是很了解，也走入了一些误区：有些教师将资源包作为教材，将资源包上的案例依葫芦画瓢的指导学生完成每一个活动，结果却让学生误认为综合实践活动就像做科学实验一样。而指导老师也因为受资源包的影响，自己都犯糊涂了：综合实践活动到底是一门怎样的课程？还有部分教师认真地研读了课程纲要，了解了综合实践活动实施的真正目的：强调学生通过实践，增强探究和创新意识，学习科学研究的方法，发展综合运用知识的能力，增进学校与社会的联系，培养学生的社会责任感。但由于缺乏实践经验，只能走一步算一步，在具体活动的实施过程中只好实施一步再想下一步活动。该如何有条理地进行活动，指导教师自己心中也没有完整的指导方案；还有些教师干脆一手包办，从主题确定到活动成果展示，全由指导教师预设好，学生照着教师的安排一步步进行活动，虽然活动很成功，也达到了指导纲要的要求。但这样的活动却不是学生自主进行的活动，学生自然不感兴趣。面对这些问题，很多教师再一次地感到茫然和困惑：该怎样指导学生活动呢？既不能完全地代替学生，又要有效地引导学生，这个矛盾该如何解决呢？

　　要解决这一矛盾，进行有效的教师指导才是行之有效的办法。所谓的教师指导就是在活动开展过程中，教师根据活动的需要，有目的、有意识的培养学生相关能力，教师将这些指导过程写下来，就是教师的指导方案了。

三、相关策略

(一) 理论学习

综合实践活动的开设有何重要意义？《基础教育课程改革纲要（试行）》中明确提出："从小学到高中设置综合实践活动并作为必修课程，其重要内容包括信息技术教育、研究性学习、社区服务与社会实践以及劳动与技术教育，强调学生通过实践增强探究和创新意识，学习科学研究的方法，发展综合运用知识的能力。在课程实施过程中，加强信息技术教育，培养学生利用信息技术的意识和能力，了解必要的通用技术和职业分工，形成初步技术能力。"因此，综合实践活动与其他学科课程领域有着本质的区别，它是与学生的直接经验，密切联系学生自身生活和社会生活，体现对知识的综合运用有关的新的课程形式。

认真解读了纲要，有的教师还是存在很多的疑惑，例如，教师指导方案就是引导学生开展综合实践活动的唯一途径吗？综合实践活动到底是由教师指定活动主题，还是完全由学生自主的探究活动主题？教师的指导策略是侧重于学生开展活动的指导，还是侧重于对学生的各种技能的指导？教师在指导过程中应对学生进行怎样的指导才是有效的教师指导？教师对综合实践活动的四种类型的指导方法能否采用同一种模式？带着这一系列的问题，有的教师查阅了很多综合实践活动的研究资料以及专著，参看了近百个国内外优秀的活动案例，认真解读了课程指导纲要，拜读了多位课程专家的专著，并与有经验的教师进行深入地探讨。最后终于明白了，教师指导方案是开展综合实践活动最有效的指导工具。

综上所述，教师指导方案的撰写的立足点应该放在引导学生在活动中解决问题，发展学生的实践能力和创新能力的基础上。关注学生在活动过程中所产生的各种情感及亲身体验和个性化的创造性表现。同时还要通过各种有效的教师指导策略来培养学生综合运用各种学科知识和经验，重点加强信息技术教育，以达到课程纲要中所提出的要求。只要指导方案关注到了以上几点，教师就不必再为没有"教材"而烦恼，也不会再有是代替学生还是引导学生而矛盾了。综合实践活动再也不会成为教师心中的"包袱"，它将真正发挥这门课程独特的功能和价值，成为真正意义上的独立课程。

（二）教学实践

有的教师为了证明教师指导方案的有效性，进行了一番尝试，将一个活动案例的各个阶段分别进行了相应的教师指导，撰写好了指导方案。下面以某学校教师的"噪音的危害"为例说明。

1. 主题确定阶段

为了解决以往在综合实践活动课中最常见的，也是矛盾的焦点问题——综合实践活动到底是由老师指定活动主题，还是完全由学生自主的探究活动主题？有位教师做了如下尝试：

本学期班级开展了"噪音的危害"主题综合实践活动。在确定本主题活动之前，这位教师首先引导学生联系生活实际寻找合适的活动主题。学生在一番热烈的探讨之后提出了一些主题。如调查生活垃圾，但类似这样的主题活动学生似乎都不感兴趣，也有的同学提议开展"学雷锋"活动，问其原因是因为看到学校大队部也要开展这种活动。看来学生显然不清楚如何确定主题，主题活动的切入点也未能贴近学生的生活实际，贴近他们的是学习生活，主题活动的内容也很片面。因此，在主题确定阶段对学生进行主题确定的指导是很有必要的。

为了让学生学会如何自主地寻找主题的途径，有的教师结合学生的生活环境、能力目标等诸多因素，引导学生有目的地开展系列活动，并从中发现主题。在课时安排上，有的教师将课外、课内知识相结合，课堂上主要引用一些成功的活动案例，让学生分析这些案例的共同点，让学生受到启发，然后利用课外时间去寻找主题。这种借鉴案例的方法生动、具体，是行之有效的方法。

一个好的活动主题，除了准备工作充分以外，还要注意听取他们正确的意见，并及时修改自己的主题，而且要以书面形式进行汇报，这样才能有条理、完整的阐述自己的主题构想。

从学生的课堂表现和汇报自己的成果的情况中可以看出，学生都做了大量的工作，但有些学生并没有有效地过滤自己的成果，汇报起来既无重点又费时间。因此，在听完部分学生汇报之后，教师便针对这一现象，又进行了资料内容如何有效记录的指导，学生便将自己的资料内容重新进行了有效地过滤，接下来汇报的内容就好多了。教师在主题确定阶段关注学生层面的问题主要有四个方面：其一，学生对身边存在的问题是否关注；其二，学生能否了解自己生活中的特色资源（如社区特色资源等），并从中积累素材，从而发现活动主题；其三，学生能否将自己的活动主题构想完整的采用书面和口头等各种形式表述出来；其四，学生是否具备对外界信息的接受能力。

主题的确定既不能由教师一手包办，也不是完全不加引导由学生盲目地制定活动主题。教师要找准引导的点、把握引导的度，同时依据学生的能力差异，采用有效的方法进行指导。教师可以引用其他有代表性的案例让学生学会如何发现主题的方法。采用这种方法能让学生自主的发现问题，而不是教师指定的主题，发现的问题也自然是学生感兴趣的问题。

2. 活动策划阶段

活动策划阶段是整个活动的过渡阶段，也是引导学生如何开展活动的行动指南，更是学生在接下来的具体活动中开展得成败与否的关键步骤，同时解答了"教师的指导策略是侧重学生开展活动的指导，还是侧重于对学生的各种技能的指导"这一问题。

活动策划阶段是活动具体的实施过程，也是整个活动的主体部分。这一阶段的研究成果将影响整个活动的效果。从主题确定阶段学生的表现来看，很多学生都是独自完成活动任务的，并没有合作的概念。如果在本阶段学生不能很好的合作的话，那很难将活动继续下去。因此，在教学目标的设计中，有的教师将小组合作作为指导目标，重点培养学生小组合作的能力，学会撰写活动计划及方案，这样活动就能有条不紊地开展了。而且这个阶段的活动汇报全都在课堂内完成。下面，我们来看看活动策划阶段的指导方案是如何撰写的。

活动策划指导方案

教学目的：

明确小组合作与分工的目的和意义。

懂得小组合作应讲究效率，小组成员应分工明确，各尽其责，发挥各自的特长。

懂得小组活动前应准备充分，撰写好活动计划能提高活动效率，才能有条不紊的活动。

学会案例的撰写格式。

小组间的互相交流计划应认真听取，及时提出有建设性的建议，做到资源共享，才能提高效率。

教学准备：

教师：案例若干份，指定文章一篇。

学生：小组活动计划。

教学课时：

课内：两课时

教学过程：

第一课时（课内）

一、谈话导入，活动激趣

1. 师：同学们，今天老师想请你们帮我完成一些事情，你们愿意吗？不过老师有个小小的要求，就是在五分钟内完成全部的任务。你们有信心吗？

2. 师出示活动任务。

阅读指定文章，找出文中 10 个不理解的词语，并结合解释这些词语，说出文章的主要内容。再给课文分段，找出 5 句文中含义深刻的句子，写下自己的体会。

师提示：这些任务如果一个人不能完成可以和其他同学一起完成。

3. 学生在规定的时间完成任务。

4. 生汇报完成的情况。

师当场调查统计任务全部完成的人数、完成了 3 项的人数、完成了 2 项的人数、只完成了 1 项的人数。

生根据统计结果谈体会。

师小结：这些任务虽然比较多，一个人在五分钟内根本不可能完成。但如果几个同学组成一个合作小组，分工合作完成，这些任务就可以在规定的时间内完成了。由刚才的活动，我们知道了小组合作完成能加快活动速度，提高工作效率。因此，我们在进行综合实践活动时，应采用小组合作的方式，这样可以提高活动效率。

二、讲述案例，明确小组分工合作的合理性

案例1. 国庆小学"中巴出城，关注交通"

案例2. 七中"校园暴力"

讲述各案例的分组情况：

"中巴出城，关注交通"

a. 设计公交线路。

b. 调查公车线路进社区的情况。

c. 调查公车拥挤情况。

d. 中巴出城后长沙公交的应对措施。

"校园暴力"

a. 师生暴力组。

b. 校园打架事件组。

c. 索取钱财事物组。

d. 毁坏单车事件组。

e. 黑势力团伙调查组。

f. 宣传组。

生针对备案例选题分组情况，谈自己的体会。

师讲述分组关键：

小组合作应分工明确，讲究效率，小组成员应充分发挥各自的特长，各尽其责，这样的活动小组才能达到预定的目标。

三、探讨小组合作、分工

联系自己班级开展的案例，尝试选题分组。

依据活动总主题"噪音的危害"提炼小主题。

各自将自己提炼的小主题向其他同学汇报。

师引导生归纳各小主题，并根据各小主题分组。

四、师总结

一个主题活动是由若干个小主题活动组成的，每个主题都是需要同学们亲身体验才能完成的。大家都知道"人多力量大"这句话的含义，只有齐心协力、各司其职、各尽其能，老师相信你们进行的任何一项综合实践活动都能圆满完成。

通过借鉴相关案例，学生懂得了分工合作的重要性，并尝试着划分活动小组，从分组情况可以发现，学生的分组依据了下列原则：小组成员的研究问题一致，小组成员间的关系和谐。这样就确保接下来的活动能顺利进行。

第二课时（课内）

一、谈话激趣、案例导入

师：同学们你们想知道为什么这些活动案例中的同学完成活动都那么有条理吗？

生思考，分组讨论。

师适当点拨，引导学生发现其关键所在。（准备充分，写好了活动计划）

师根据生的回答进行小结：从这些案例中不难看出，每个主题活动小组除了选好活动主题外，最关键就是做好充分的活动准备，如活动的时间、地点、活动人员、分工、活动内容、辅助性的工具等。这些内容可以综合罗列好，这就是活动计划。一份详尽的活动计划是完成好活动的前提条件，也是同学们活动的行动指南。有了完备的活动计划，就能让活动有条不紊地进行，发挥事半功倍的作用。

二、出示部分活动计划、学习活动计划的撰写格式

出示部分活动计划，学生认真观看。

学生谈各自的看法。

师引导抓住活动计划书的关键：内容明确，条款明晰，对活动有导向作用。

学习活动计划的撰写格式。

提示重点：

1. 活动计划书内容应详尽，但语言要精练。如活动的内容条款应用简明的文字写清楚。

2. 活动组成员分工应明确，发挥各自的特长爱好。如不善于言谈的同学可进行资料收集、整理等工作，而外向的同学可进行人际交往或调查采访这样的工作。

3.计划书分为小组活动计划书和个人活动计划书。组长应先与各位组员达成共识，撰写好小组活动计划书，各小组成员再根据各自的分工、活动任务，撰写好个人活动计划书。

4.撰写活动计划时，小组成员应相互尊重各自的意见或建议，对于自己不赞同的想法，不要用"我不同意"，"这样不行"类似这样粗俗的语言对待别人，建议可用"我不太认同你的想法"或"你看这样好不好"类似这样亲切的话语，会使气氛融洽，避免产生不必要的误会。

三、学生开始撰写活动计划

四、将活动计划与其他组进行交流

1.生开始自由讲述计划内容，组与组之间互相交流。

2.对其他组的活动计划提建议。

师根据生的具体表现情况分析，指出存在的问题，共同探讨下一步活动的步骤。

小组间的交流是互相学习的一个过程。要在认真倾听他人的活动计划的同时，既吸取他人计划中的闪光点，在此基础上加以创新，并融合成为自己的想法，还要学会对他人的不足之处提出自己独到的见解，取长补短，这样才能使各自的计划更完善，活动时才会更顺利，活动的效果才会更理想。教师要让学生认真听取他人的意见，将自己的独到见解与大家分享，让活动圆满成功。

学生初次尝试撰写活动计划，自然会遇到很多困难，如计划内容不完整，计划步骤不具体，小组分工并不是依据每个小组成员的意愿来完成。针对这些问题，教师要及时地进行指导，让学生领悟撰写活动计划的要点。在活动策划阶段，多数教师关注学生层面的问题有三个方面：其一，学生是否明白小组合作的重要意义；其二，学生的分组能否相互协作，配合默契；其三，学生的分组是否经过深思熟虑，是否存在盲目分组的现象，各小组成员是否在每次的小组活动中都能充分利用了各自的特长，是否达到了"各有所长，各有所用"的目标。

总之，活动策划阶段在整个活动中起衔接作用。学生一旦确定了主题，并着手就主题中的某一具体方面进行研究时，教师的指导就显得至关重要了。在这个活动案例中，教师侧重培养学生的合作能力，把重点放在对学生技能的培养上，就如何开展活动则让学生自主决定。教师们在进行其他主题活动的指导时也应注意，对学生的指导应注重方法和技能的培养，"授人以鱼，不如授人以渔"。

3. 活动实施阶段

本阶段教师重在解决"教师在指导过程中对学生进行怎样的指导才是有效的教师指导"这一问题。有了完善的活动计划，接下来就是进入活动实施阶段了。这一阶段是活动的具体过程的体现。前期两个阶段准备工作完成好了，紧接着就是各活动小组开始实施具体活动的过程了。这一阶段是学生最难把握的阶段，存在的问题也很多。如对收集来的各种资料学生不会归类整理；对于一些与活动没有太大关系的资料不会取舍；活动时需要请有关专家、单位指导，却不知从何入手；或者因为缺乏合理的活动方案，导致活动中途停止；或是因为不善于与人交往，表达交流不到位而达不到预期的效果；对于活动中一些深有感触的事件没有及时的记录下自己的体会或反思；活动中生成的小主题被忽略……这样的问题在以往的主题活动实施过程中屡见不鲜。因此，在本阶段应对学生进行一系列的指导。如收集方法的指导、表达交流的指导、调查访问的指导、活动策划的指导、总结与交流的指导、活动拓展与延伸的指导。对学生进行了这一系列的指导，学生在活动实施阶段就会避免很多麻烦，能提高学生对活动的信心，促进学生的活动效率，培养能力、提高技能。

活动实施阶段指导方案

教学目的：

学会写调查报告、采访实录、反思日记。

通过学习收集资料的方法，懂得整理与活动有关资料是活动成果展示的一个重要依据。

通过与有关专家、单位取得联系活动调查采访，体会到人际交往的重要性，自觉提高自身的表达交流能力。

学会写活动方案。

懂得要及时抓住活动中生成的小主题，并由此拓展延伸，开始新的活动主题。

教学准备：

案例若干份、小黑板

教学课时：

课内：3 课时

课外：2 课时

合计：5 课时

教学过程：

第一课时（课外）

学生分组活动，将活动中遇到的问题或困难记录下来。

从学生的记录分析，学生在活动时遇到的困难主要集中在调查采访中，由于学生事先没有联系好采访对象，所以在采访或调查中常常遭到拒绝。吃了"闭门羹"，学生的情绪也受到了打击。但也有成功的小组，于是我就地取材，让这些成功的学生与全班学生分享自己的成果，也让其他学生掌握一些小窍门。

第二课时（课内）

一、分组汇报各自的活动情况

二、出示表格（小黑板）统计学生遇到的困难

困难或问题 \ 组 次	调查中	采访中	专家或单位	资料收集	其他
1					
2					
3					
4					

1. 各活动组汇报遇到的困难或问题

2. 解决的方法

3. 教师小结

调查采访过程中会遇到很多陌生人，如何让这些人乐意地帮助我们，或热心地接纳我们，这就是一门学问。我们首先应从自身的表达交流能力开始，培养这方面的能力，收集的资料是对你们活动成果最直观的展示方

式，资料整理的有序与否，直接影响到活动成果。我们应对资料进行认真、仔细地整理，取舍要仔细斟酌。

三、根据学生存在的问题，联系案例，解决问题

1. 出示案例，国防科大附小"生活中的科技与创新"。

2. 通过阐述案例中科大附小的学生聘请计算机专家讲座的案例实录，让学生了解到聘请相关的专业指导教师或专家应事先和有关单位取得联系。

3. 联系本班案例，对于调查噪音的来源应与相关单位进行事先联系，得到允许后方可进行调查采访。

4. 了解科大附小学生在采访、调查中的准备。

师提示：

① 同学们在调查采访前做了哪些工作。

② 他们是如何将调查采访的过程记录下来的。

③ 他们对于调查采访是否感兴趣，他们的感受又是怎样的。

④ 他们在调查采访后又做了哪些准备。

5. 学生根据提示讨论，自由汇报

师小结：任何事都应该有计划，这样做起事来才有方向。从刚才的这个案例中，我们就了解到同学们在调查采访之前都写好了调查采访提纲，准备好了采访工具，如我们常用的纸、笔、录音机等，以便将调查的过程完整地记录下来。每个同学在活动后都有体会、收获，应该及时把它们记录下来，以便与其他同学分享你的心得体会。因此，我们要学会写反思日记。下次上课，准备调查和采访的同学可参考老师给你们提的这些建议，进行活动。

这一环节统计学生在活动各个过程中遇到的困难，让学生了解到产生这些困难的原因。

第三课时（课外）

学生外出调查、采访

第四课时（课内）

一、汇报外出情况

1. 出示各自撰写的调查报告、采访实录。

2. 生谈自己的体会或感受，与第一次外出活动的情况想比较，从中发

现自己的进步或不足。

3. 展示各自整理的相关资料，同学评议。

二、依据学生撰写的调查报告、采访实录，规范撰写格式，资料整理的方法

1. 学习调查报告、采访提纲的格式

要点：

(1) 采用表格式，简单明了。

(2) 内容要围绕一个中心来确定。

(3) 采访的问题要目的明确，有针对性。

2. 学习整理资料的方法

(1) 资料的类别：文字资料、图片资料、声音资料、影像资料。

(2) 资料的整理：分门别类，与主题无关的资料应舍弃。

(3) 资料的保管：文字、图片资料可用资料袋保存，声音、影像资料用专用箱或柜保存。

三、师总结

活动过程中，调查、采访是经常会遇到的，我们在活动之前就应该做到心中有数，这就要求我们撰写好活动方案，将活动的全部过程计划好。这样可以确保我们活动的顺利进行，下次我们将着重学习活动方案的撰写方法。

第五课时（课内）

一、案例导入

1. 出示案例：国防科大附小"生活中的科技与创新"。

2. 师简述活动方案，生体会。

3. 生试写活动方案。

二、生试写活动方案，集体交流评议

1. 自由、分组撰写活动方案。

2. 小组内交流、探讨。

3. 集体交流评议。

三、关注生成的新主题

1. 出示案例国庆小学"中巴出城，关注交通"。

2. 师简述。

3. 生谈体会。

4. 联系本班案例，提出可能生存的小主题。

5. 集体交流。

四、总结

通过学习，相信同学们已基本掌握了活动实施阶段出现的问题，希望你们能充分发挥自己的潜能，进行更多更好的综合实践活动。

活动实施阶段应关注学生层面的问题主要有三个方面：其一，学生对活动中发生的问题是否关注了，能否及时的以各种形式（如：调查报告、采访实录、反思日记等）记录下产生的各种问题；其二，学生能否整理好收集到的各种类型的资料；其三，学生是否具有一定的解决问题的能力，能否轻松应对活动中发生的各种突发情况，学生能否关注到活动中随时生成的新问题，并由此提炼新的活动主题。

本阶段是学生活动成果的具体体现阶段。因此，在教师指导策略上，重点是对学生各种实际操作技能进行指导，如调查报告、采访实录、反思日记的撰写方式的指导。同时还要培养学生处理突发情况的应对方法等能力。在指导中我并不是让学生生搬硬套的机械学习，而是引导学生从其他案例中学会方法，吸取他人之长，借鉴他人的做法。由此可见，教师在任何一项活动中对学生的指导应侧重于方法，而不是机械的模仿，这样才能让学生在实践中领会各项技能的要领。

（三）策略研究

综合实践活动是综合程度最高的课程，具体地说就是综合实践活动要立足于人的个性的整体性；立足于每一个学生的健康发展，要以活动为主要开展形式，关注学生在活动过程中丰富多彩的体验和具有个性化的创造性表现。正是这些原因，使综合实践活动具有整体性、实践性、开放性、生成性和自主性等特点。因此，指导教师在指导过程中要根据活动进行的不同阶段，依据学生的不同情况给予不同地指导。在活动中绝不能过多地进行预设，指导教师应采用灵活多变的指导策略对学生进行有效地指导。

1. 指导方案应分阶段进行撰写

综合实践活动的主题确定阶段、活动策划阶段、活动实施阶段三个环节的指导方案应环环相扣，教师的指导也应由浅入深，循序渐进，这样才能有效地指导学生。

2. 方案的撰写要关注课堂外的活动过程，教师撰写指导方案要有连贯性

指导方案的撰写类似于教学备课，主要包括教学目标、教学课时、教学过程等，但指导方案与教学备课又有所区别。综合实践活动应鼓励学生走出课堂。因此，活动教师在撰写指导方案时也应将课外的活动过程纳入指导方案中，做到课内课外相结合，这样才能使整个活动具有连贯性，活动才能完整进行。

3. 指导方案应侧重于培养学生的某些必备技能

教师在对学生进行相关的技能指导时，还要通过一些活动或事例让学生领悟其中的要点，这样学生就能很快达到预期的目标。

以下几种指导基本模式，能够对学生进行有效指导。

（1）情境模式

即教师采用情境教学的模式，以图片、音效、音像或文字等方式引入，让学生对一些问题产生形象、主观的认识。这样能很好地引导学生发现问题，并由此生成活动主题。这种方式适用于低年级学生或初次接触综合实践活动课程的学生。

缺点：学生自主发现问题的意识很难形成，有了情境的引导，容易让学生产生依赖思想，教师要有意识地培养学生自主发现问题的能力。

（2）案例借鉴模式

通过向学生介绍一些优秀活动案例的各个阶段的具体情况，让学生能从中吸取各种有用的信息，借鉴他人优秀的经验，取长补短，从而确立活动主题。此方法适应于中、高年级的学生，以及一些积累了一定综合实践活动经验的学生和班级。

缺点：此方法容易让学生模仿他人，从而失去个性，在无形之中产生的共性会抹杀孩子丰富的想象力和创造力。因此，教师在指导过程中一定要培养学生的创新意识。

（3）实践探究模式

即让学生对自己身边出现的问题进行有意识地收集和整理，由学生自主汇报成果内容，然后再集中进行探讨，教师适当地加以引导和点拨，从

而确立活动的主题。此方法能有效地培养学生自主发现问题的能力，适用于中、高年级的学生，能使学生对问题的敏感度加强。

缺点：如果不加以引导，让学生将收集、整理的问题进行有效地过滤，就会事无巨细、面面俱到，以致出现探究的问题没有研究价值的现象。

（4）活动引导模式

通过一系列有目的、有针对性的活动（如讲故事、亲身体验、观察、自制各种器材、各种动手活动）指导学生学会如何发现问题。这样不仅能提高学生对问题探究的兴趣，还能从各种具体的、有针对性的活动中，找到发现问题的关键。此方法适用于各个年级的学生，无论学生的层次高低、能力大小。通过这种方法，能让学生在"发现问题"这方面的能力有很大的提高。但要注意设置的活动一定要有针对性，要能通过预设的活动有针对性地培养学生的各种能力。

（5）学科渗透模式

将综合实践活动与各个学科进行有效地整合（如将学校大队活动或班队活动与综合实践活动进行有效整合），从各个层面有意识地培养学生自主探究问题的能力。将综合实践活动与语文学科整合，这是从教师层面去挖掘学生的潜能。因为大部分语文教师都兼任综合实践活动教学，对学生的具体情况掌握得很清楚，要培养学生此方面的能力就很容易，只要找到突破口，有目的、有意识地去培养，自然水到渠成，事半功倍了。综合实践活动与非指定领域整合，有利于各校综合实践活动的全面推进，能够建立健全的综合实践活动校本教研制度。这样，学校的整体规划也不再是空中楼阁了，它将被落到实处。

（6）依托资源包模式

即以资源包上合适的个案为平台，引导学生探讨，从中挖掘有效的活动资源，由此生成活动主题。采用这种方法，能有效地帮助一些寻找不到合适主题的学生，特别是那些对发现问题的存在敏感度不高的学生，资源包无疑是一个很好的引导工具。

缺点：如果过分关注资源包，而不考虑主题是否存在地区差异、环境差异等因素，则可能出现案例不适用于本地区环境，导致活动主题无法开展的情况。因此，在选择活动主题时，仍要贴近学生的生活环境，充分利用社区资源。

上述六种模式中的情境模式和活动引导模式以及依托资源包模式都适用于年龄较小或知识结构体系比较薄弱的学生。案例借鉴模式、问题探究模式和学科整和模式则适用于知识能力体系较全面的学生。

那么教师在撰写指导方案中又如何利用这些模式呢？这些模式又能否整合或独立运用呢？

要解决上述问题，首先应从综合实践活动的结构体系来分析。

每一位指导教师要有一个"整体"概念。综合实践活动这门课程是一门联系性十分明显的课程，即它的各个部分是不能单独分割开来的，也就是说各个年级间应相互联系，教师在指导的过程中要用发展的目光来进行指导。学校的各个年级要作为一个完整的体系，各年级开展的活动应根据学生的年级不同、能力差异性侧重培养学生的某一方面的能力。如在小学阶段，对低年级学生重点培养学生发现问题或自主提问的能力，对中年级的学生重点培养学生的各种写作能力或口头表达能力等技能的形成，到了高年级则重点培养学生的创新意识，随着学生的年龄增长和能力的提高，教师指导的侧重点也应作出相应的调整，切忌将各个年级独立起来"各自为政"。

四、初步成效

对于高年级的学生，针对学生的年龄特点以及知识技能所掌握的程度，主要采用案例借鉴模式、实践探究模式和学科渗透模式等几种模式。高年级学生已具备了一定的动手操作能力，以及自然、社会探究能力和一定的逻辑思维能力，因此，在教师指导方案撰写时就应着重引导学生在活动的主题确定阶段、活动策划阶段、活动汇报阶段分别予以各种方法的指导。教师的指导方案也应重在引导学生掌握各种技能：如发现问题、探究问题、解决问题的能力，调查、采访的技巧，学会撰写活动方案，学会写活动反思日记，能将活动的成果采用文字或图像等不同形式展示出来。

某学校的何老师以一学年为检测期限，每学期根据学生年级不同开展1—2个主题活动。

　　三年级共有 41 人，第一学期我并没有开展完整的主题活动，主要采用情境模式，着重引导学生如何发现问题，学期结束时，全班学生已有近 60％的学生在情境模式的引导下已具备发现问题的能力，并能在老师的引导下尝试提出一些活动主题，只是活动主题的活动范围不大。第二学期根据班级情况，前十周我着重关注那些没有掌握发现问题方法的学生，仍旧采用情境模式，同时鼓励已经发现活动主题的学生讲述自己发现问题的过程，全班同学共同总结经验，有了同学的"现身说法"加上有效的教师指导策略，学生能够很快掌握了活动要领。到期末总结时，我们班开展了一个主题活动"书包减肥记"。这个主题活动基本是由学生自主发现，贴近学生的生活。在期末测评时，发现学生的口头表达能力、人际交往能力、动手操作能力、小组合作能力都有了不同程度的提高。特别是一些性格内向的学生课堂上的表现活跃了，平时与同学关系紧张的学生也在活动中交到了朋友。最大的转变就是学生对待作文的态度大有转变，90％以上的学生有刚接触作文时的恐惧，到现在已有主动写作的意愿了，这要归功于活动中让学生写反思日记的结果。

　　对于高年级的学生，我从四年级接任这个班，三年中一直持续开展各种类型的综合实践活动，四年级时，由于我和学生都是第一次接触综合实践活动，没有现成的实践经验可借鉴，只能边开展活动边总结经验。所以四年级一年中我们班只开展了一个主题活动"我当小导游"，由于缺乏经验，当时我没有写出任何完整的教师指导方案，所以很多技能学生掌握得不牢固。

　　五年级时，学生在上一学年已有了一定的实践经验，也具备了一定的能力，因此在本学年全班决定继续开展"我当小导游"这个主题活动。这一学年中我重在总结学生在过去活动中的不足，分析学生的各种问题，发现学生的动手能力、人际交往能力、自我反思能力等方面是薄弱环节。于是我采用不同的指导方式，活动引导、实践探究、学科渗透，引导学生掌握好这些方面的能力，自己也有意识将这些方式总结成教师指导策略中的基本模式。

　　六年级时，学生在前两年的基础上已经积累了不少经验，所以要进行好一次综合实践活动并不难，所以这一学年我们班开展了 2 个主题活动，

"噪音的危害"和"社区探密"。为了从真正意义上达到学生自主发现问题、探究问题、解决问题的目的，在活动实施的每个阶段，我重点采用案例借鉴模式让学生从其他典型案例中找方法。学生吸取他人的优秀经验，避开他人的不足，这样就避免了很多的问题发生。期末测评时我惊喜地发现学生的学习态度发生了根本变化。综合实践活动带动了全班的学习热情，由点带面，学生的其他学科兴趣也提高了，每个学生都有主动学习的愿望，同时我还发现不仅是学习上，就连工作能力也提高了，大队、中队干部成为学习小主人，老师的好助手，无论是大队还是中队活动，学生都能自己策划，独立完成。

看到学生们的变化，何老师很欣慰，也深刻体会到综合实践活动在潜移默化地改变着每一个人。它改变了学生的学习风貌，这种改变是任何学科教学都无法实现的，只有亲身体验了才会有感受。

通过对一个个的综合实践活动的探究与研讨，许多教师不仅增长了专业知识，对综合实践活动这门课程的认识也日益加深。许多教师的教学观念有了质的变化，从内心深刻感受到了综合实践活动这门新课程的魅力所在，懂得了它与其他课程的不同，深切感受到其他学科教学无法感受到的成果——学生学习态度的转变。更让教师们摆脱了传统的教学模式，改变了以教材为中心，课堂为载体，老师教授，学生被动接受的局面，还明白了什么才是"教学相长"、"因材施教"。也正是因为综合实践活动，让许多教师蜕变为具有新课程意识的教师。

第二节 教师如何指导学生进行表达与交流

一、问题的提出

下面是某中学的陈老师在综合实践活动中遇到的问题。

镜头一：

在一次主题研究中，为了让孩子能够更多了解社会上的看法，我建议各组开展一次上街调查的活动。各组学生在组长的带动下，一个个跃跃欲试，有的开始设计调查问卷，有的忙着进行采访前的准备工作，可是我发现：孩子们在课堂上大大方方，一走出校门，一个个就变得胆怯起来了。几个组长告诉我："老师，我们组员看到了可以采访的人，就往后躲，这怎么采访呀？""我们这个组采访的时候，特别胆小，一些问题都没表达清楚，弄得行人总是敷衍我们的问题！""我们采访的时候，还没有表达清自己的意思，行人就不耐烦地说：'不要耽误我的时间'。弄得大家都没了勇气再采访"……

　　镜头二：

　　在一次调查活动中，要求学生对所在社区的家庭进行调查，了解其收入情况。在后来的交流中，一个孩子读出了一篇这样的反思日记：进行一次上门采访，可真难呀！让他们开门就已经够不容易了，上次采访我跑到社区一户较熟悉的人家，原以为会比较容易些，可是一站在那扇铁门边，我就紧张得手发抖，最后鼓足勇气敲了敲门，从门那边传来一句粗鲁的声音："找谁？"随着门"吱呀"一响，不知是怎么了，我像一个做错了事的孩子，一溜烟竟跑下楼，站在楼下草坪上，我还用力捂着那怦怦跳动的心，自言自语地说："谢天谢地……"

　　镜头三：

　　在一次综合实践活动会议上，老师们对于这门新的课程有不少看法，其中有老师提出：现在的孩子习惯常规教学，对于新课程中提出的带孩子走出校园，走进社会，总有些力不从心，孩子们在外出活动中所表现出来的一些问题，如：采访不能够达到预期目的，调查的结果不准确，汇报调查结果不清楚，使整个活动没有办法深入开展，再加上很多活动依赖社会的参与和支持，这一切使得老师对学生提出了更高的要求，如何才能够解决这样的问题呢？

　　类似这样的问题，随着综合实践活动的逐步深入开展，已经是让广大教师倍感头疼的问题。教师们在活动进行中对于这样的问题有些束手无策。像最后这位教师提出的问题，在开展综合实践活动过程中经常会遇到，学生在采访中不会采访，放不开等等，这些问题都属于很正常的现象，说明我们的学生在表达与交流当中还存在不足。可是综合实践活动中，表达与交流无时无刻不体现其重要作用，调查、采访、汇报、交流、合作，等等，贯穿活动的始终。由此可见，指导学生进行表达与交流是综合实践活动亟待解决的重要课题，也需要广大教师开动脑筋寻找解决问题的办法，为综合实践活动的发展奠定良好的基础。

二、相关策略

（一）理论学习

学会表达，学会与人交流，这是在综合实践活动目标构建中一个最为显著的特点。在综合实践辅导活动课程目标中就提出：教师应该协助学生学习人际交往的技巧，发展价值判断的能力，培养良好的生活习惯，以协调人际关系，建立正确的人生观，适应社会生活。正如课程专家张华博士所说，作为现代社会中生存的个人，在沟通与沟通关系中进行心灵的碰撞，从而提供了发现自我，相互发现的契机。克林伯格强调，现代社会要求与人的交往、主体性学习能力及其他一切素质，唯有在实践沟通与合作的关系中，借助于活动才能够得以发展。因此，在综合实践活动之中，教师更应该注重对学生表达与交流的方法指导。从专家的观点中我们不难发现，学生的表达与交流源自于我们的生活，只要在生活中去实践去发现，就会有想说的内容，就会有想表达的欲望，就有可能帮助学生提高表达与交流的能力。那么，综合实践作为一门全新的课程，就给教师们提供了一个很好的教育学生的平台，将这种方法与技巧，融入到实践活动之中，应活动的需要而需要，那是一件多么自然而然的事情啊！不仅为综合实践活动的发展奠定良好的基础，更促进学生在多个学科领域中的全面发展。

（二）教学实践

1. 一堂表达与交流方法指导课（教案）

这是一位教师在综合实践活动中发现学生完成调查任务情况不理想，设计的一堂"表达与交流方法指导"的活动方案。

教学目的：

针对学生在口语表达以及交流方面存在的不足，通过各项活动，指导学生进行正确的表达与交流，从而提高学生的口头表达、人际交往的能力，为以后开展活动打下基础。

教学准备：

情境图片或课件

教学课时：

课内两课时

课外为弹性课时（根据主题活动的需要而确定）

教学过程：

一、从活动实际出发，发现问题

1. 师：同学们，最近听说这样一个事情（说镜头二事例），在我们的活动中，你们有没有过这类似的经历呢？

2. 学生自由发言。

3. 师：从这样的经历当中，说明我们自身还存在什么问题呢？

4. 生自由发言。

5. 师小结：其实，在活动当中有太多的地方需要与其他人交流，只有清楚地表达自己的意思，才能与人交流，才能获取更多、更丰富的信息。同学们，今天我们就一起来探讨表达与交流这个问题。

二、方法引领、对症下药

1. 师：知道什么是表达与交流吗？

2. 生自由发言。

3. 师小结：表达就是把自己的心理想法准确、清楚地说出来，交流则是把自己的意见和看法与他人进行交换，该怎样提高自己的表达交流的能力呢？请各组同学讨论，并汇报交流。

4. 根据学生交流的情况，师作总结：第一是自信，做任何事情之前，都应该做到心中有数，做好充分的准备，应该学会对自己说"我能行"。第二是需要，要有与人交流的愿望，希望和别人深入探讨的想法，只有这样，才能够达到交流的目的。第三，要学会倾听，认真倾听不仅能够激发别人的表达欲望，还能够体现个人的基本素质。第四，要掌握基本礼节，与人交流有很多讲究，掌握好了礼节，交往起来就更容易被人所接受。（根据学生所汇报的情况还可以做一些补充。）

能够对照老师所讲的这几点，查出自己的问题在哪儿吗？

5. 生自由发言，交流自己的问题所在。

6. 小结：大家能够找到自己的问题，相信在以后的活动中，同学们能够不断改进，提高自己的表达与交流的能力。

三、设置情境，深入探讨

1. 师：六三班的同学在活动中也发生了类似的事情，能够帮他们查出是什么问题吗？教教他们怎么做，行吗？

2. 师出示 4 幅图画（或课件）。

组长电话通知活动任务，接电话的是一位阿姨，组长大声地说："喂！找小明接电话！"……	明天就要上街采访，可小张却越想越怕，觉也没睡好。
（图一）	（图二）
某组上街采访，和路人讲了好半天，也没有把意思说明白，弄得路人一头雾水。	汇报会上，各组都积极举手发言。可是在第一组发言时，还刚开口，大家就纷纷喊起来："我来！""我先说！"……
（图三）	（图四）

根据图画意思，请各组任选其中一个情境进行模拟表演，其他组互评意见，教师适当指导，得出经验。

3. 师总结：大家能够帮他们找到这么好的解决方法，相信你们的表现会比他们更出色。

四、教学后记

该节课是在我们一次采访家长，了解他们对综合实践活动的看法之后有针对性的一节课，学生在采访家长的时候，我发现有态度认真的孩子完成的效果很不错，但是大部分的孩子却不理想，而且有些敷衍，问及他们原因，总说不知道怎么问，不好意思开口，家长没有时间回答，等等，五花八门的原因让我也不知所措。活动的第一次任务就这样结束，我还真的不知道怎么办才还好，回顾以前开展的活动，总有这样那样的一些原因让活动没有办法继续进行下去，究其原因，学生交流的欲望以及在表达的方法方面还存在不足，活动不能够达到最终的目的，因此，我决定立即针对学生的不足着手指导，于是一堂"表达与交流的方法指导课"产生了。通过激发学生的表达欲望，树立学生的信心，课堂的效果很好，孩子们有了想讲话、想交流的欲望，可以说，学生在讲话的过程中有了不小的进步。可是，会交流，并不是通过一节课就能够完全提高的，只有在以后的课堂中不断提示并引导，孩子们的整体素质才会有更大的提高。

五、专家点评

这是一节自然生成的活动指导课，可以说，是老师的需要更是学生的需要。因为，这是在老师进行了一系列活动后，该教师在活动进行中发现孩子们自身存在的问题，然后再制订出了这样的教学方案。可以看出该教师是一个善于观察，善于发现问题并解决问题的老师。教师在把握了一个很好的契机之后，又有针对性的进行方法的指导，对学生以后开展活动是十分有帮助的。说明该教师对综合实践活动的理念有较深的研究。同时从教案中，我们也不难发现，教师采用鲜活的案例导入教学，贴近学生实际，在课堂中学生与教师应该能够产生共鸣。教案中教师将学生活动中出现的一些问题，编制成各种情景，让学生既觉得熟悉又有话可说，还激发了学生的兴趣，一举两得啊！但是，教案仅有一节课的内容，无法让人看到该教师的系统性，是不是一节课就可以看到预期的效果呢？我想像这样的方法指导，教师应该有一个系列的方案，在一个长时间里，你是通过什么样的途径不断促进学生表达与交流的？如果这样做下来，还可以给其他教师提供很好的经验，成为有价值的研究成果呢！

（三）策略探索

在有的主题活动中，经常会出现这样或那样的问题。这就需要教师及时指导学生提高解决问题的能力，继续开展活动。因此，在实践活动中，我们是不是可以考虑在较短的时间内帮助学生解决某一个较为突出的问题，并引导他们在主题活动中加以应用呢？如学生在表达与交流中缺乏方法和经验，这时，作为教师就应该指导学生结合正在进行的活动帮助学生解决这一问题，直到学生在这方面有了明显突破为止。因此，在这项方法指导中，我们就以主题活动为轴，以短时间针对性的训练为径，给广大教师提供活动一些策略。

1. 模拟训练，充分准备

曾经听到过这样一个事情"……组长带领孩子们采访学校附近商店老板对学校的建议，老板对学生是这样说的：'你们这些小家伙，不再学校认真读书，专在外面乱搞什么？'我们只好默默地走了。……"孩子们没有办法获取第一手材料，那么这项活动可能是失败的，哪怕你的结果是成功的，那也只能说明你在走过场，没有完全落实，孩子们的综合素质没有真正地提高。针对这样一个问题，我们可以归为两个原因：首先是社会的不重视；其次是孩子们采访的方法不合适。因此，活动涉及到采访、调查等，教师就应该开始想办法进行指导：①如何进行有效的采访？②活动前的准备工作？等等这些都是老师们可以采取的办法。在采访之前教师先做好前期准备工作，如联系好采访对象等等，而孩子们呢？设计好访问提纲，在此基础上，老师还应该将工作做得更细，那就是针对即将开展的活动，采用创设情境的方法，进行即兴表演，考验大家的表达与交流能力，在几次的训练与指导中，学生能够在班集体这个氛围找到自信，为走入社会打下坚实的基础。

2. 创设情境，激发表达欲望

通过创设一些学生感兴趣的情境，激发学生的表达欲望，让学生能够准确地表达自己的想法和愿望，同时在交流的过程中，让学生学会倾听，学会思考，鼓励他们共同交流，达到最终目的。

"老师知道同学们最喜欢听故事了，现在老师就给大家讲一个故事。在很久很久以前有个索非亚王国和巴巴拉王国，他们两国之间常常因为争夺土地而引发战争。这一天，他们两国又因为争夺鱼人山而大动干戈，不一会儿士兵们死伤无数，可战争的形势越演越烈。渐渐地，索非亚王国的将士们抵挡不住对手的强烈攻击，眼看着就要被巴巴拉王国的将士们包围了，现在唯一的办法就是派人去将这个消息传递给国王，请求救援。这时候，一个叫七夕的战士站了出来，主动要求去传递信息。他能不能顺利地将信息传递给国王呢？我们一起去看看吧？"

学生玩专门为课堂设计的游戏。学生一边玩一边回答老师问题。

"这一路上七夕战士是不是很顺利呢？"

"不是。"学生答道。

"他都遇到了那些困难？"老师问。

"遇到了螃蟹大将。""遇到了空中飞将。""遇到了地里大王"……学生争先恐后地回答。

老师继续不紧不慢地说：“七夕战士历尽千辛万苦将信息传递给了国王，救了所有的将士们。假如在我们现代社会当中发生了这样的事情，大家会怎样做呢？”

“我们可以打电话请求支援。”“我们可以运用传真告诉国王”……

就是这样一个小小的故事，却激发了学生强烈地表达欲望，让学生尽情地说出自己的心理想法，使活动进展顺利。还有像游戏导入、情景剧导入都可以根据自己的实际情况应用于自己的教学中。

3. 在实践中学会观察

要让学生会说、能说、愿意说，首先必须要有东西说。因此，在实践活动中，必须让孩子们学会观察，将观察的东西随时记录。只有这样，在交流的过程中学生才会做到心中有数，有话要说。那么，这就需要教师在活动中指导学生学会观察，养成随时记录的习惯。如某校在进行“我为城市添光彩”主题活动中，必须要求学生关注生活，了解生活。因此，在活动中，教师要求学生每天在上学或放学的路上，注意观察周围事物，养成良好的观察习惯，同时要求每天记下自己印象最深刻的事。考虑学生每天的作业量，教师采取只要简单的记录一句话或者几句话的形式。每个学生携带一个小型记录本，想记下来时可以写在本子上。这样，既减轻了学生的课业负担，又有实际效果。更加重要的是，学生还特别感兴趣。学生一周下来，手头上大大小小的观察记录好几十条，有时候学生会迫不及待地告诉老师今天有条好新闻……教师可以在学生对身边的事物越来越感兴趣的时候开始利用综合实践活动课，给学生提供交流的平台。让学生在搜集信息的基础上，通过互相交流经验，沟通信息，提高表达与交流的能力。就这样在一次次的信息交流中，孩子们的综合能力有了不少转变：不仅仅在综合活动课上，在任何课堂上，都可以看到孩子们热烈发言的场面。一个学期下来，每个学生都有厚厚的一本“每日小记”，连学生的作文都有了不小的长进。

某校开展了“三湘院士知多少”的活动后，一个学生说：“院士这个词对我来说非常陌生，但是又非常熟悉，有人会觉得这不是矛盾吗？别急，听我说，因为我出生在书香门第，家里的报纸一大堆，又爱看新闻，所以院士这个词经常看到，但我并没有注意他，也不知道究竟是怎么回事？所以又陌生又熟悉。自从开展活动后，我可是受益匪浅，知道了好多关于院士的相关事迹，也了解到了'院士'的真正含义是：中国自然科学的最高代表。俗话说：活到老，学到老。我想：我应该学习院士的精神，不断地学习。……"

另一个同学说："我以前从来没有听到过院士这个词，对院士一点也不了解。可是现在，通过这次活动，我可以在没有人的提醒下，一口气说出十个以上的院士的名字及其事迹。我觉得作为一个院士还真不是那么容易的事情，首先得拥有强烈的爱国心。所以，我要勤奋进取……"

这可是学生们发自内心的话语。这些感悟都来源于实践活动之中，只有亲身体验，细致观察，学生才会说出如此真情实感来。所以，要想从真正意义上提高学生的表达与交流的能力，只有靠教师自身脚踏实地，想办法让孩子们真正地走进活动，开展活动，同时通过更切合实际的方法，提高孩子们的表达与交流的能力，为活动的顺利开展奠定坚实的基础。

4. 学会阅读，更好表达

学生会说还不行，还必须增加更多的文化底蕴，只有这样才能够真正地提高自己的口头表达能力。因此，借助语文课的阅读教学，不断培养孩子们的阅读兴趣，也可以不断向孩子们提供阅读书籍，还可以通过开展各类关于阅读的活动。如名著续编、故事比赛等等，通过活动激发学生的阅读兴趣。这是一位教师在重视阅读后，学生们在"社区的交通"活动策划课上的讲话：

"我深深地体会到人们的素质不高，古人云：退一步海阔天空。人们却常常为一点芝麻绿豆大的小事弄得鸡犬不宁。"

"我觉得有句话说得太好了：假如你不珍惜生命，生命就会抛弃你。"

"市区的'摩的'是最近市交通的'心腹大患'。我认为，'摩的'不光是十分不安全的交通工具，对经济也有危害。'摩的'什么时候'下台'啊？"

……

孩子们旁征博引，滔滔不绝。这就是综合实践给学生们带来的变化。因此，指导学生进行适当地阅读，对孩子们的全面发展有很大的促进作用。

5. 以点带面，促进全面提高

很多教师在开展综合实践活动的时候，一个人带五六十个学生，很不好带。于是，在活动中，大部分教师采取的方式是分成小组自行采访，或者由家长带领外出采访，更有甚者，干脆采访自己的家长，既真实又方便。这样的采访，学生们能够有收获吗？因此，在必要的时候，作为综合实践的指导教师，应该参与孩子们的采访。只有这样，才能够真正发现问题。因此，在开展活动中，可以尝试"以点带面"这个方法。全班不能够参与，是不是可以考虑部分学生呢？参与的这部分学生必须要向全班学生进行活动汇报，说自己的感受，说自己的不足。没有参加的，听完汇报，可以发表自己的意见，为下次活动做好准备。这是某校的一位教师在开展完活动后写下的感受：

确定了"三湘院士知多少"这个活动主题，学生们想真正走近院士。他们最为熟悉的就是袁隆平。采访袁隆平？这可是连一些记者都望而生畏的。和学生们一说，他们眼中流露出来的那种向往，那种兴奋，让我真不想扫兴。可是联系袁隆平，那容易吗？何况面对这群学生，他会接受采访？没办法，我通过自己的亲戚朋友，终于联系上袁隆平院士的秘书，也许是精诚所至，金石为开，我们终于如愿以偿地见到了袁隆平。为了使这次采访活动能够顺利地进行，我挑选了部分学生作为代表，同时在采访之前，作了大量的课前准备，教学生如何进行采访，确保万无一失之后，我们开始了真正面对面的交流，袁院士的真诚、勤奋和谦逊让孩子们敬佩不已，可以说袁院士的成就让孩子们羡慕，他的人品更让孩子们折服。袁院士只答应题词，没有答应采访。谁知，见到天真可爱的孩子们，袁院士的兴致一下子就来了，话匣子也打开了，竟然和孩子们聊了整整三十分钟。访问归来，同学们感触极深，纷纷写下了自己的心得，而且在班上作了介绍。学生们都说给他们提供了一个很好的榜样和范例。学生们在交流中互相学习，提高了自身采访的技巧和能力。

所以，以点带面，教师有针对性地指导，孩子们的收获才是实实在在的。综合实践活动课才能真正落到了实处。

时时处处有交流。只要指导教师能够从细节入手，寻找问题关键，找到教育的契机，就能够不断提高学生的综合能力，从而达到综合实践活动的最终目的。不过，作为教师应该注意这样几个方面：首先是对问题的敏感度。学生在活动中出现了解决不了的问题，教师应该提供帮助的同时还要注意给予方法上的指导，让他们在实际运用中不断提高能力。教师就应该密切观察学生的变化，而不是将活动全部交给学生。教师只有一同跟进，才能够发现学生将遇到的困难，才真正起到指导作用，达到综合实践活动最终目的——为了每一个学生的发展。其次，学会合作。作为综合实践指导教师最为重要的就是合作，与其他教师合作，共同开发活动内容。俗话说："三个臭皮匠，顶个诸葛亮。"在活动的方法指导中，有时候是一个教师无法完全解决的。如统计图表的制作，需要数学教师的帮助；上街表演，需要艺术教师的全力以赴；宣传画册的制作，需要美术教师的鼎力相助，等等。因此，在综合实践活动整个课程领域当中，教师必须依靠集体的力量共同解决。仅靠个人力量，你会觉得困难重重。最后，善于积累。学生的综合素质达到一个什么样的程度，作为指导教师应该十分清楚。因此，教师对每一次的方法指导都应该有一系列的配套方案；对每一次实施完毕，应该有针对性的总结。这样，经验就在慢慢地积累过程中沉淀。

三、初步成效

（一）学生方面

通过一系列的指导与实践，教师会发现学生在表达与交流方面有了明显的进步。学生会在一次次的展示课当中，大胆地说出自己的看法与感受。某校的段老师还发现，有时候在讨论热烈的情况下，学生还敢于向听课教师质疑，让听课的教师一个个竖起了大拇指。很多熟悉段老师班级情况的教师都说："你们班的学生不仅一个个能说会道，而且还落落大方。真不错！"其实，教师们要知道，学生这些点点滴滴的进步，不是一朝一夕形成的。

某校的学生为了搞好一项活动——调查全校个别同学零花钱情况，特意向班主任要了一节课来开展活动。下面是该校学生的一篇反思日记。

老师说活动可以开始后，我们班的同学一组一组地开始在各个楼层进行调查。可能是因为同学们想为小队争光，所以调查非常认真。我也不甘示弱，马上锁定目标——六二班张蓓。我决定让她作为我第一个采访的人物。为了让她老实回答，我采取了老师的一套办法——套话。

我把本子和笔藏在身后，走上前去对她说："唉，张蓓，你家里每月给你多少零花钱呀？""你问这个干什么呀？"张蓓疑惑不解地问，而且转身准备就走。我连忙笑着回答："没什么，随便问问罢了。"她这才半信半疑地回答说"每月十元左右。""买什么东西……""文具吧。"终于达到目的了，于是我对她笑了笑便走了。接下来，我也用同样的办法调查了一个又一个同学。望着整本满满的调查记录，我感到无比高兴。我终于顺利完成调查活动了！

（二）教师方面

通过和学生一起学习表达与交流，教师可以发现，自己对于方法指导类型的教学有了不少心得体会。这对于以前来说，是一次非常大的进步。某校的一位教师说："看到自己的学生能够落落大方的在大庭广众之下进行采访，而且很多老师跟我开玩笑，说我班的课堂活跃多了，学生的表达能力让他们做老师的都有危机感了。是啊！学生们一个个能说会道，我还真要感谢综合实践这门课程。不仅促进了学生的转变，更让我这个老师有不少收获啊！我的综合实践活动方案、案例、论文和评价工具已经形成了属于自己的一套经验，同时我也夺得了多项个人奖励。学生能够在综合实践活动领域中，不断提高个人素质，增强自我能力，更加让我对综合实践这门课程充满了信心。我相信在以后的综合实践活动中，我将和我的学生们共同成长。"

总之，表达与交流的方法只是综合实践指导策略中极小的一个方面。综合实践内容广，包含的知识丰富，对于学生来说是十分有价值的一门课程。所以，在开始之前，教师必须做好思想准备。教师自己在明确这一点后，就会全身心地投入到教学当中。

1. 教师要"做"

有些教师认为，综合实践活动难以下手，不知道该怎样去做；有的教师在活动还没开展时就在怨声载道：家长不支持活动的开展，社区不重视……其实，综合实践活动看似复杂，但指导教师如果能够动手做起来，在实践中摸索，善于从多方面发现问题，捕捉时机的话，没有什么做不了的。正如综合实践活动要求中讲到，要让学生在实践中体验成长的快乐。同样，指导教师首先要明确这一理念才能有效带动学生参与活动。

2. 学生要"参加"

教师无疑是一个引导者，学生是活动的参与者。那么，教师首先要考虑的是，参与者他们需要什么，怎样才能够有效地进行引导。因此，了解自己的学生，尊重学生的观点，给学生说话的空间，同时指导者还要从根本上改变自己的观念。只要教师是这样做的，学生就会很乐意参加活动。

3. 家长要参与

在活动中，家长是活动的重要参与人物，是决定要不要开展活动的关键因素。因此，教师可以想方设法让他们参与到活动中来。如成立家长领导小组、成立家长委员会、和家长建立交流联系卡，充分地让家长了解活动、参与活动。如果家长接受了你的活动，你的综合实践活动就已经成功了一半。

4. 社会要支持

综合实践活动涉及的面广，光靠校内资源肯定是有限的，这就必须靠教师具备一定的交往交际能力，取得社会相关单位或人士的支持，开放校外资源。如开发古井文化活动就必须请专家给学生讲一讲关于古井的文化；为城市添光彩的主题活动就得联系社区居委会，等等。因此，综合实践活动不仅是给学生一个提高的舞台，更是给教师一个提高自身能力的契机！

第三节　教师如何引导学生深度体验活动过程

一、问题的提出

综合实践活动课的关键是让学生去做、去探索、去经历、去感受，在做、探索、经历和感受中，学生的社会责任感得到增强，认识水平得到提高，发现和解决问题的能力得到锻炼，创新意识和实践能力得到培养，从而促进其发展。当学生亲自去实践，全身心投入，认真去研究时，他们在汇报课上就能积极商量、讨论、交流，畅谈自己的发自内心的感慨、感叹、心得和体会，有自己独特的情感体验，产生着思维的碰撞，得到的体验是很深刻的。然而，我们又常常看到这样的现象：第一，学生在实践活动时常忘记了自己此次活动的目的，打打闹闹，只顾着玩，问其喜欢实践活动的原因就是因为好玩；第二，学生在采访、实地考察、实验、观察、问卷调查时，只是为了完成任务，对活动中出现的问题没有进行及时反思，关于通过实践活动收集的资料没有去进行分析、深究。第三，有些学生在活动中就当"看客"，根本就不去做。

这些问题不禁引起我们的思考：在综合实践活动实施过程中，如何引导学生积极参与并在活动中获得深度体验呢？

二、问题剖析

反思我们的教学，在活动过程中，学生容易流于形式，缺乏深度体验的原因有如下几点：第一，活动内容事先预设好步骤，喜欢以自己的意图对学生加以指导，牵着学生的鼻子走，没能充分体现学生的主体性；第二，有些主题并不是所有学生都喜欢的，有的主题纯粹就是以教师的角度去开发的，比较成人化，学生不感兴趣；第三，学生的活动成果没有得到全方位的展示，往往只是少数学生的研究成果得到展示，或者只是展示活动成果的一部分，打消了学生的活动积极性；第四，小组合作中忽视能力较差的学生，只关注能力强的学生，对小组活动的指导、管理和评价不到位；第五，教师对活动过程可能遇到的问题没有进行具体指导，对活动中出现的一些问题的认识不深入，使实践活动流于形式；第六，对活动中学生任务的安排、活动过程的管理和评价存在一定的问题；第七，实践活动的机会少，活动较单一，学生缺少锻炼的机会，体验不深刻。

三、相关策略

（一）理论学习

郭元祥老师在《综合实践活动课程的基本理念》一书中指出，综合实践要突出学生的主体性。他认为，倡导学生对课题的自主选择和主动实践是实施综合实践活动的关键。综合实践活动是充分发挥学生主体性的课程，它要求学生积极参与、自主实践，同时要求教师有针对性地加以指导。处理好学生的自主选择、主动实践与教师的有效指导的关系，是综合实践活动实施过程中的一个基本要求。要能使学生形成问题意识，善于从日常生活中发现自己感兴趣的问题；善于选择自己感兴趣的课题，自主制订学习活动方案。在课题的展开阶段，可以采取多种多样的组织方式，主要包括：个人独立探究的方式；小组合作探究的方式；班级合作探究的方式；跨班级与跨年级合作探究的方式；学校合作探究的方式等。教师在课题的探究过程中要遵循"亲历实践、深度探究"的原则，倡导亲身体验的学习方法，引导学生对自己感兴趣的课题持续、深入地探究，防止浅尝辄止。

在对学生的活动的指导方面，内容上，综合实践活动的指导在根本上是创设学生发现问题的情境，引导学生从问题情境中选择适合自己的探究课题，帮助学生找到适合自己的学习方式和探究方式。指导方式上，综合实践活动倡导团体指导与协同教学。不能把综合实践活动的指导权只赋予某一学科的教师、班主任或专门从事综合实践活动指导的教师，而应通过有效的方式将所有教师的智慧集中起来，对综合实践活动进行协同指导。

他还指出，面向学生生活，密切联系学生的生活经验和社会发展的实际，是综合实践活动课程的基本要求。综合实践活动课程超越书本，超越体系化的教材，超越封闭的课堂，面向自然、面向社会、面向学生的生活和已有经验，在开放的时空中促进学生活泼地发展，增长学生对自然、对社会、对自我的实际体验，发展综合的实践能力。因此，综合实践活动实施的一个最基本的要求就是：密切联系学生的生活背景和已有经验，从学生所处的实际的自然环境和社会环境出发，展开综合实践活动的全过程。

这就要求教师要引导学生从学生个体的学习生活、家庭生活、社会生活或自然生活中提出具有生命力的鲜活的活动主题、项目或课题。研究性学习的主题或课题要尽可能由学生从他们自己的生活经验出发来自主提出，社区服务和社会实践的活动项目要贴近社区和社会现实，劳动与技术教育以及信息技术教育的主题或项目要克服以往那种以"课文"的形式呈现的方式，从实际生活中提出活动项目。不少实验学校的实践表明，学生进行综合实践活动的主题或课题越贴近生活、贴近学生的经验、贴近社会现实，学生越能够较好地操作，越有积极性。

而注重学生实践方面，在综合实践活动的实施过程中，要引导学生在具体的自然情境和社会情境，或特定的活动场所（如劳动基地、劳动教室等）中开展调查、考察、参观、访问、实验、测量、劳动、服务等实际的活动。综合实践活动的实施不能停留在纸上谈兵的阶段，不能把学生关在教室里进行综合实践活动，不能把综合实践活动当作一门具有系统的书本知识的课程，一个单元一个单元、一课一课地来教，学生一定要有在开放的情境中活动的时间和空间。

在综合实践活动的总结阶段，要引导学生联系个体的家庭生活、社会生活、生存的环境和社会现实来总结、反思，获得实际的体验，深化对自然、对社会和对自我的认识。

从这些理论中可以看出，作为我国新一轮基础教育课程改革的结构性突破，综合实践活动课程致力于打破沉闷的学科教学，倡导学生的自主活动，促进学生作为"整体的人"的发展。因为"综合实践活动是基于学生的直接经验，密切联系学生自身生活和社会生活，体现对知识的综合运用的课程形态。这是一种以学生的经验与生活为核心的实践性课程。"所以，我们的实践活动应该立足学生的直接经验，回归学生的生活世界，关注的是学生的自主探究，使之通过调查、访问、考察、测量、实验、劳动等多样化的探究活动展开学习。只有在这一基础上，学生才可能获得更深层次的体验。

（二）教学实践

"奶牛养殖的连锁效应"答辩展示实录

奶牛养殖的连锁效应

时间：2002 年

地点：某小学电教室

主持人：刘娟

主考老师：罗老师

评委老师：该校的部分教师以及来自各地的综合实践教师

答辩实录

主持人：各位专家、老师、同学们，你们好。146 班关于"奶牛养殖的连锁效应"的论文答辩现在开始。首先请我们的主考老师罗老师为这次答辩致辞。

罗老师：各位专家、老师、同学们，你们好。能参加这样一次不同寻常的答辩会，我感到很高兴。一般来说，答辩——是大学校园里检测本科以上学历学生的研究成绩的考核手段。可今天，这种考核方法进入了我们中学的课堂，真是一件让人欣慰的事。同时，也说明在新课程改革的进程中，我们中学生的研究性学习已迈开了可喜的步伐。146班同学在学习中，发挥了自己的主体作用，敢于实践，勇于探索，这种精神是值得发扬的，在此我预祝他们的答辩会圆满成功。

主持人：谢谢主考罗老师的祝愿。下面我先介绍一下答辩程序。首先，请各小组作论文陈述，要求观点鲜明、表达流畅、思路明晰、逻辑性强，还可以附加展示研究材料和实物；接着，各位老师和其他同学们可以针对论文提问，论文陈述者必须当场回答；最后，由主考老师进行总结评价。

下面，有请我们肖梦莹等同学对他们小组的论文《奶牛疾病不容忽视》进行陈述。

朱宇：要想喝到鲜美优质的牛奶，必须经过两个重要的阶段。一是从健康的奶牛身上取奶，二是经过严格的加工、包装。所以，奶牛的疾病不容忽视。

肖梦莹：我们小组研究的主题是"奶牛疾病不容忽视"。镇上的奶牛养殖业正在蓬勃兴起。我们访问了好几户养牛专业户，看着又肥又壮的花奶牛，喝着鲜美无比的牛奶，我们由衷地替专业户高兴。同时，他们的忧虑也引起了我们的深思：随着奶牛群的扩大，如何防治奶牛疾病成了一个不容忽视的主题。我们通过调查得知，每头奶牛的价格都在万元以上，一旦得病，特别是像疯牛病、口蹄疫等传染病，短时间内可以导致奶牛大批死亡。不仅给专业户的经济带来重大的损失，而且所产的牛奶直接危害着消费者的身体健康。养殖专业户要想取得良好的经济效益，达到高产、稳产的目的，必须拥有健康的牛群。

从这些情况中，我们小组的成员敏锐地意识到：了解奶牛疾病的防治工作，既能为养殖专业户提供一些参考依据，也是我们综合实践研究的一个好主题。由此，我们围绕奶牛疾病的防治问题进行了系列的研讨活动。

活动一开始，我们先制订计划，然后有条不紊地到商店里、报纸上、电视中去查找资料，又实地走访，调查了社区养殖专业户，并以问卷形式采访了他们。

（通过投影机出示问卷）

我们综合总结出奶牛疾病的四种基本类别：

1. 常见传染病

疯牛病、口蹄疫、恶性卡他热、狂犬病、白血病、流行热（感冒）、黏膜病。

2. 常见寄生虫病

球虫病、焦虫病、边虫病、弓形虫病、胎毛滴虫病、孢子虫病。

3. 常见内科病

口炎、食道炎、食道阻塞、前胃弛缓、瘤胃积食、瘤胃酸中毒。

4. 常见产科病

流产、难产、不孕症、卵巢囊肿、子宫内膜炎、胎位不正、子宫脱出、子宫复原不佳。

并且，我们还根据各种常见病，搜集了一些防治的资料，编成了《牛病防治诀窍》小手册。（再在投影机下展示小手册）希望给养殖专业户解决一些实际问题，让镇上的奶牛养殖业蓬勃发展。在编制过程中，我们力求文字流畅、通俗易懂、内容详实，并且便于操作。

我们通过活动认识到：要使开展养殖的农民朋友富起来，把农村经济发展起来，一定要从科学入手，走科技致富的道路。

主持人：下面请主考老师提问。

评委老师：请问你们是怎样选择这个主题的？

肖梦莹：在调查中，我们了解到奶牛养殖户最担心的就是养殖的奶牛得病。因为每头奶牛的价格都在万元以上，如果得了传染病，短时间内可以导致奶牛大批死亡，将给专业户的经济带来无法弥补的损失。所以，我们这一组敏锐地意识到"奶牛疾病不容忽视"是一个既有实践研究价值又能为我们社区服务的好主题。

（台下响起热烈的掌声）

评委老师：我们刚才看见你们收集了很多的资料，请问你们是利用哪些时间去寻找材料的？

朱宇：我们是利用综合实践课和双休日去收集资料的。当然，主要是双休日。

评委老师：你们的资料是从何而来的呢？

李溆英：我们的资料是从书籍、报刊、网络以及奶牛养殖专业户的实践中总结而来的。

廖志坚：请问你们整理这本小册子的意图是什么？

肖梦莹：我们想用这本小册子告诉养殖专业户奶牛经常得哪些病，应怎样诊断和预防。

主持人：请主考老师进行总结评价。

罗老师：同学们能想社区所想，以社区的实际问题作为我们综合实践的主题，充分体现了我们综合实践以社区实践和为社区服务的宗旨。而且利用了多种途径获取信息，材料详实，达到了为社区服务的目的，是一篇很不错的论文。

主持人：接下来，有请易舟、浣栋同学总体陈述他们的论文《瞧我们的挤奶器》。

易舟：大家都知道，牛奶给我们正在发育中的青少年带来了许多必需的营养，可以使我们长得快、长得壮。但是，据我们调查了解得知，挤奶很占时间，一头奶牛要挤两个小时左右。而制奶厂对新鲜牛奶的要求很严格，所用鲜奶储存不得超过六小时，这样，给挤奶工作带来很大的压力。挤奶的工人根本就忙不过来，养殖户解决的办法就是多雇佣挤奶工人，这样自然降低了经济效益。于是，我们几个人想到了设计挤奶器这个主题，但愿我们的创新设计能给养殖专业户们带来一点启示。

主题确定后，我们进行了实际考察、讨论、画图设计、寻找材料，大家一下子忙开了。可问题并不是吹泡泡那样容易解决，在电池带动、弹簧安置上我们遇到了很多困难，特别是奶罩的材质选择问题，阻碍了我们的发明创造。好几次我们差点就放弃了，看到其他组的同学都热火朝天的活动，我们几个也暗暗地着急了：如果只有我们半途而废，那不显得我们太没有能耐了吗？不，我们要克服一切困难，向别人证实我们的聪明才智。首先我们尝试用泡沫、木板、硬塑料、软塑料、铁片等材料做奶罩，都没能取得良好效果，最后我们想只能用材质优良的合金材料了。

浣栋：（将挤奶器置于投影机下，打开开关，挤奶器开始工作。然后自豪地说）瞧我们的挤奶器。

我们研制的挤奶器工作原理是这样的：先固定奶罩，打开开关，电池启动发动机，驱使金属片向下弹压，弹簧便上下伸缩，带动奶罩上下伸缩，反复地挤压奶牛的乳房，牛奶就挤出来了。

通过这次活动，我们认识到：不论做什么事，不仅要发挥想象，还贵在有始有终、持之以恒。在此，我们更希望老师和同学们给我们不成熟的挤奶器多提改进意见，帮助我们更好地完善它。

评委老师：请问，你们知道怎样挤奶吗？给我们示范一下好吗？

易舟：可以呀，（用手做挤压动作示范）就是这样。

评委老师：你们的挤奶器很有创意。但据我了解，电池有很大的辐射污染，一节七号电池可以污染60升水。你们挤奶器的动力是电池，这不会给牛奶带来污染吗？

浣栋：（与易舟讨论了一小会儿）我们认为不会。我们设计的挤奶器只是一个样品，真正做成产品，用电池太麻烦，肯定使用直流电，而直流电就没什么污染了。请大家放心使用我们的挤奶器吧。

罗老师：你们大胆创新，为挤奶工人设计出了挤奶器，以此来减轻他们的劳动量，这个想法棒极了。只要你们平时多注意观察，我相信，你们肯定会成为了不起的发明家。

主持人：下面，请郭明霞同学对他们小组的论文《如何简易辨别牛奶》进行陈述。

郭明霞：如何简易辨别牛奶呢？我们正处于生长发育的关键时期，时常会出现一些营养不良的症状。如头昏、眼花、四肢无力等一些因缺乏营养而造成的不良症状。尤其我们农村小孩缺乏营养现象是最常见的。哪些食品是最佳营养品呢？经过调查，我们发现牛奶中所含营养、矿物质最高，牛奶就是我们现在最常见并且又简便的一种营养品。它含有我们中学生在成长发育时的一些重要矿物质，如蛋白质、钙、铁、锌、维生素、牛黄酸等。它可以使我们的骨骼更加坚硬，避免骨质疏松症。既然我们知道牛奶是最佳的营养品，那么怎样才能使我们放心喝买来的牛奶呢？我们不由想到怎样辨别牛奶这个话题。假如我们能摸索出一套辨别牛奶的方法，再将它推而广之，既保护了大家的营养需要，又保护了消费者的权益。于是，我们就把它作为这次综合实践的研究主题了。

为了找到辨别牛奶的方法，我们回家问父母，到商店找老板，调查顾客，还向食品卫生检查的专家请教，又找来不同的牛奶进行比较研究，发现真伪牛奶在包装以及色、香、味这几方面有一定的差异。所以，我们总结了几种辨别牛奶的简易方法。

1. 购买牛奶先认清包装

要保证喝到放心的牛奶，首先在购买时要认清包装，要查看包装上的厂家、厂址和生产日期，以免买到"三无"产品。还要注意包装的观感，如果包装出现凹凸不平和过多的褶皱，就不要选择。

2. 冲泡牛奶再辨色、香、味

我们进行了多次对比实验，结果我发现优质牛奶冲泡时溶解又快又充分，且颜色显乳白色，嗅起来有乳香味，新鲜的还有点腥味，喝起来乳味鲜美。而假劣的牛奶却有些不同。冲泡后，杯底有一些小颗粒，颜色呈淡白色，嗅起来没有太多的香气，喝起来感觉甜淡，乳味不浓。希望这些辨别的方法可以为那些想买又怕买了假牛奶的人提供参考。

主持人：请主考老师进行总结评价。

罗老师：听了这个同学的陈述后，我认为你们遇事都爱动脑筋，有很强的综合分析能力。通过对牛奶的比较分析，总结了选购优质牛奶的良好方法，也给了我很大的提示。我相信按你们的方法去选购，我肯定不会买到假牛奶。（开心地笑了）

主持人：接下来，请廖志坚同学陈述他们小组的论文《改变奶制品的色、香、味、形，打开潜在市场》。

廖志坚：在陈述之前，我想先做一个现场调查。请问罗老师，您能够保证每天喝一杯牛奶吗？

罗老师：我能够保证每天喝一杯牛奶。

廖志坚：请问这位老师，您能够保证每天喝一杯牛奶吗？

老师：很遗憾，我不能每天喝一杯牛奶，只是有时候喝一点。

（现场调查五位老师）

　　刚才我现场调查了五位老师，能够保证每天喝一杯牛奶的只有一位，其余四位老师虽有的时候喝一点，但不能保证每天喝一杯牛奶。能保证每天喝一杯牛奶的人数占调查人数的20%。

　　能每天喝一杯牛奶的人有多少？为此，我们设计了40张问卷，对不同年龄、不同职业的人进行了调查。调查总结如下：

交卷数量	经常购奶	不购奶	购奶率
37	18	19	48%

　　经过问卷调查，我们发现农村购奶率不足50%，并且许多人购买牛奶只是给孩子喝，长期喝奶的大人是很少的。比如，我们学校有85位老师，每天能保证喝一杯牛奶的只有9位。单位的情况尚且如此，就更不用说农村了。这也说明农村喝牛奶的潜在市场巨大，如果打开了这半壁江山，牛奶的销量既会增加，奶牛养殖业也将随之得到发展。

　　接着，我们对不购奶者进行了深入细致地调查，为的就是了解他们不购奶的原因所在。我们了解到他们不购奶的主要原因是喝奶意识不强、担心质量以及厌倦于奶制品形式的单一、乏味。由此，我们肯定，提高奶制品的质量并让奶制品的形式多样化是打开牛奶潜在市场的有效方法。

　　于是，我们又在这个问题上进行了深入地分析。我们认为，质量问题可以由厂家解决，只要厂家把好质量关，产品质量可以达标。问题就落到如何改变奶制品的形式上，这确实让我们在开始时不知如何下手。后来，我们在老师的启发下，发现自己原来把问题复杂化了。其实是一个创新的问题，我们可以从奶制品的色、香、味、形着手，进行改变。

　　色即颜色。纵观现在的乳品世界，无不是乳白色，不论是鲜牛奶、奶粉或者奶糖，这似乎是优质奶的标志色。但是，在可以保证质量的情况下，为何不能让奶制品世界五彩缤纷呢？"爱美之心人皆有之"，奶制品更漂亮，可以激起人们购奶的欲望，特别是对于儿童及时髦的现代青年。

　　香即香气。一盘美味佳肴首先让人感到的是色与香，这可谓第一印象。我们也设想让牛奶除奶香之外有别的迷人香味。或是阵阵花香，或是水果香型，让人们陶醉于各种香味中，未喝牛奶，先闻其香，人们也就自然会主动喝牛奶了。

形即形状与状态。现有的奶制品多为液态纯鲜牛奶、粉状奶粉、固体奶糖，仅此而已。液态的牛奶腥味显得浓些，有些小孩不爱喝，但不反感固体的奶糖。而目前市面上的奶糖大多是清一色的方块，我们为此设想到了形状千奇百怪的奶糖，目的是为了适合小孩子的心理。如果将奶糖做成小工艺品的形状，更能令人眼前一亮，爱不释手。请看我们设计的奶糖样式，（代娜展示设计的奶糖）你喜欢吗？

味即味道。现在牛奶的口味并不止一种，有鲜奶、甜奶、酸奶等。但选择的空间依然不大。在调查时，我们无意中发现，市场上的果味食品十分走俏，这说明人们大都喜爱水果口味。我们想，奶制品厂家可不可以生产出果味牛奶呢？那奶制品的销量必将直线上升。

哪位厂家如果愿意在牛奶的款式上作如上改变，肯定会取得如日中升的营销效果。我们的陈述完毕，请老师和同学们提问。

评委老师：请问，这些糖这么漂亮，颜色也很美，是用什么做的？

代娜：是用橡皮泥做的。

评委老师：你们有没有做出真正的牛奶糖果成品呢？

代娜：还没有。

评委老师：那为什么不做出来呢？

代娜：因为条件有限。我们尝试了好几次，都不能很好地解决牛奶上色的难题，所以只好用橡皮泥把我们的想法做出来。

评委老师：像你们这样又漂亮又有味的卡通糖果在一般的超市经常可以看到，为什么你们还要做？

代娜：（迟疑）我们农村不比城市，这样的糖果很少见呀。

廖志坚：不是很少见，是一粒也没见着。

（台下一片善意的笑声）

主持人：我们农村孩子说话就是这样实在，我认为他们敢于去做的精神可嘉。下面请黄芳同学向我们陈述他们的论文《我们镇上的奶牛养殖业的前景光明》。

黄芳：奶牛养殖是畜牧生产的重要组成部分。目前，一些经济发达国家的奶牛养殖业的发展很快。牛奶已成了人们日常食物中不可缺少的重要内容。那些发达国家每年人均消费牛奶达 300 千克以上。随着我国国民经济水平的提高，国民喝奶意识的加强，市场对牛奶的需求越来越大，由此带来了我国奶牛养殖业的发展和繁荣。我们镇就抓住了这一商机，逐渐解体过去单一的产业经济，计划重组我们镇的产业经济结构，把奶牛养殖业列入了镇上的产业支柱之一。我们镇的环境适合奶牛养殖业的发展吗？我们镇的奶牛养殖业前景会怎样呢？

带着这些问题，我们开展了综合实践的调查研究活动。

我们实地考查一些奶牛养殖场和捞刀河的地理环境，发现捞刀河的面积广阔，绿草资源丰富，而且水、电极其便利，很适合奶牛养殖。比如金霞村顾家坨，有山坡两处，面积约 250 亩，地势平坦，可以建一个大型的机械化奶牛养殖场，周围有稻田 1260 亩，可以提供充足的饲草。顾家坨的水电资源充足，有村级 150 千瓦的变压器一台，十亩水库一座，另有青竹湖主干渠从中经过，丰富的电力、优质的水源、天然的牧场，为奶牛的生长提供了良好的环境，生产优质的牛奶是必然的结果。

（在投影机下展示收集的材料，采访记录 8 页，录音磁带一盘，资料归纳表格一张。）

附奶牛养殖基地情况表：

奶牛养殖基地	奶牛数（头）	占地面积（亩）	资金投入（万）	养殖员工（个）	日计产奶量（公斤）
金霞奶牛养殖场	100	250	120	4	1500
广胜奶牛养殖场	200	300	230	8	3800
新源奶牛养殖场	20	35	20	2	220
中石奶牛养殖场	500	500	500	11	8000

接着，我们小组采访了我们镇主管农业的副镇长陈印鑫、刘树明同志。

（播放采访录音，展示自制的"捞刀河镇奶牛养殖基地分布"的立体图版，并对照图版进行讲解）

由此，我们得知，我们镇目前已有金霞、广胜、新源、中石四个奶牛养殖基地开始赢利生产，还有一个基地正处于建设中，不久也将投产使用。镇政府在奶牛养殖的发展中，对养殖专业户采取政策倾斜、政府扶持等措施，凡养殖专业户将得到上缴利税的一些优惠。缺少资金的，政府优先贷款，享受最低利息。今明两年，政府准备扶持购买 500 头优质奶牛进行养殖。有了镇政府做养殖专业户的坚强后盾，我们镇的奶牛养殖业一定会蓬勃兴旺、蒸蒸日上。

我们镇的奶牛养殖业发展的前景是光明的。有了良好的自然环境，有了优惠的政策优势，相信我们镇的奶牛养殖业将带动整个镇的经济发展。到那时，我们都可以足不出户就尝到新鲜、营养、美味、纯正的牛奶了。

评委老师：我想问一下，政府工作人员据说都很忙的，他们很随便的就接受你们的采访吗？

谢宇：这就要靠我们的采访技巧了。采访前，我们首先作好了充足的准备。我们准备了学校的介绍信、采访证（出示）、录音机、照相机，还将采访的问题设计好。采访时，我们注意态度真诚、仪表稳重、语言文明、有礼貌。

黄芳：那天我们找到副镇长陈印鑫同志，很有礼貌地说："陈镇长，你好！我们学校正在进行有关'奶牛养殖'的综合实践活动。我们想了解一下我们镇上奶牛养殖的一些情况，请您接受我们的采访。"同时，向他出示了学校的介绍信和我们的采访证。他盯着我们笑了笑，欣然地接受了我们的采访。

评委老师：你们的立体图版是自己做的吗？做起来容易吗？

谢宇：是的。是我按照捞刀河的地图比例亲自描下来的。这不太容易做，主要就是比例不好掌握。为了做好它，我花费了三天的课外时间。

评委老师：既然这么花时间，那又何必去做它呢？用地图代替不一样吗？

黄芳：那肯定不一样。我们的图版是立体的，那种直观感觉是地图代替不了的。况且由于有些奶牛养殖基地现在还处在计划中，我们镇还没有制出这样的地图呢。可以说，我们的图版比镇政府还要早一步。

（评委老师点头赞许并鼓掌）

罗老师：黄芳同学的口才真不错。你们陈述的论文很有说服力，从探究课题的选择、实地考察、采访到材料的综合分析、课题的论证，都是你们能力和才华的精彩展现，更体现了你们的探究精神。

主持人：谢谢各位评委老师，谢谢主考罗老师。我们的论文答辩到此圆满结束了。可我们对综合实践的探究并没有结束，这只是一个开始。新课程号召我们中学生不做社会的旁观者，要顺应时代的发展和要求，充分发挥自己的智慧和潜能。综合实践课程就是我们进行探究和展现的最佳舞台，我们愿意把这条路继续走下去。

这是在劳动与技术教育这一领域中的一个典型案例。主题的确定结合了镇上奶牛养殖的实际，鲜明地体现了所在地区的特色。

学生通过各种形式，获得对奶牛养殖方面的丰富知识，并在调查过程中了解现状找出不足之处，并加以分析，提出切实可行的改进措施。可见他们的活动并不满足于单纯地了解，而是能够以一种主人翁意识来对奶牛养殖业的发展进行思考和展望，表现出极强的社会责任感，使学生在综合实践活动中有了深刻的思考，得到了深度的体验。

这种活动打破了单一的课堂知识教学，摆脱了形式化、封闭化的课程教学模式，以答辩的方式展示调查、访问、考察和实验等活动情况。教师在活动中充当聆听者、参与者和建议者的角色，由"主唱"变成"伴唱"。这样既培养了学生自主意识和良好的探究学习习惯，同时也体现了综合实践活动中师生互动形成课程开发共同体的意识。

（三）策略研究

1. 活动的主题要以学生的直接经验为基础，鼓励学生自主选择和主动探究，让学生从自己的生活、社会现实中提出问题，选择和决定活动的主题。

2. 活动方式应从学生的实际出发，适应学生的年龄特点和成长要求，对不同阶段的学生采取的方式及要求应有不同。

3. 小组合作中注意小组成员的合理分配，做到让每个组员都有任务，使人人有事做，事事有人做。相信只要有事可做，学生一定会有自己的体验。

4. 挖掘一些看似有同一答案或现象，实质却存在差异的主题。让学生在实践中发现不同，提出问题。对于学生提出的问题，要善于从中发现可取的地方，并能敏锐地加以引导、延伸出新的主题。

5. 评价一定要及时。既要有教师对于学生个人的评价，又要有对小组的评价。评价还要适当、科学、因人而异，学生中表现突出的、进步很大的、在某个方面取得进步的等等，都应该有相应的合理评价。这样学生才会不断保持对综合实践活动的兴趣，保持良好的探究热情。

四、初步成效

开展这一问题的研究后，教师们发现，只要实践活动扎扎实实地去做，学生的体验才会比较深刻。他们不仅从实践中锻炼了自己的能力，而且丰富了自己的体验，使研究更加深入。

第四节　教师如何关注和满足不同年级
学生的个体差异

一、问题的提出

（一）问题现象

某学校的龙老师自从担任校本选修课程"奇趣思维训练营"教学以来，他对学生的思维进行了有目的和有计划地训练。在学生的学习中，他和学生有了很多成功的喜悦。在学生课内的表现里，他也发现了不少值得思考和探索的问题。学生在学习中表现出来的一些现象，尤其是学生在思维训练中呈现的不同表现，展示了他们思维的多层次、多方面的差异。如对待同样的思维训练。

学生甲：老师！我发现你今天出的题目有规律！

学生乙：老师！你怎么总是要我们做题目啊！

学生丙：老师！正确答案是什么？你告诉我好不好？

在要求做课前准备时，有的学生兴致勃勃，有的却觉得很麻烦。教师说出了思维训练的题目，课堂上大多数学生都在进行紧张地思考。有几个学生却在磨磨蹭蹭，东张西望，不去思考；当同学汇报成果时，他们却迅速地记录答案完成了任务。

出现这样的现象，即使在同一节课上，学生收获不一，从而对课程的评价和再学习的兴趣不一，而教师在推进教学进度时也感到十分棘手。

（二）问题思考

1. 学生本身的智力因素造成了思维的差异。多元智能理论中提及的"每一个体的智力结构都应该看做是差异性的和个体化的"。"十个手指不一样齐。"每个学生本身的智力都存在差异，思维水平天生就不一样。学生的思维各有优势，有的在这方面有所长，但在另一方面却有所欠缺。如有的学生爱阅读，他们的语言能力较强，在遇到需要语言总结的思考上见长；而有的动手能力较强，解决与生活实际操作的问题时得心应手，可是不善于表达。

2. 本班学生分别来自五、六年级，其中五年级 10 人，六年级 31 人。年龄的差异使思维能力大致有了两个层次。

3. 智力这种中枢神经系统的潜能可能会被激活，也可能不会被激活——而这种潜能能否被激活有赖于特定文化下的环境和教育。特定文化下的环境和教育可以激活存在于每个人身上的某种潜在能力。对"智力的发展会因社会文化环境和教育条件的差异而有所差异"的现象的研究可以使我们清楚地看到：尽管在各种社会文化环境和教育条件下的人们的身上都存在着多种智力潜能，但不同社会文化环境和教育条件下人们智力发展的方向有着鲜明的区别。也就是说智力的发展方向受到了环境和教育的极大影响——由环境和教育激活并由环境和教育培养。那么，来自不同家庭的学生，他们在环境影响下，经历有不同，形成的思维方式也是不一样的。于是，他们哪怕收到的信息是相同的，他们给予的解决方式也可能是不同的。

二、问题的研究

（一）理论学习

1. "差异"（difference）是指"多种"、"有区别"、"不同"之意。来自不同家庭环境、不同生理状况、不同教育理念指导的学生的个体肯定会存在差异。学生是有差异的群体，在先天、后天、生理、心理、社会等方面都存在着明显的个体差异。这些差异不仅表现在儿童的主要实践活动即学习活动中，而且深刻地影响着教学活动。因此，必须敢于承认学生的差异，敢于根据学生的差异而教，而不能按照一个标准搞"一刀切"。

2. 美国学者汤姆林森在其《多元能力课题中的差异教学》一书中指出："差异教学的核心思想是，将学生个别差异视为教学的组成要素，教学从学生不同的准备水平、兴趣和风格出发来设计差异化的教学内容、过程与结果，最终促进所有学生在原有水平上得到应有的发展。"

3. 美国学者戴安·赫克斯也在其所著的《差异教学使每个学生获得成功》一书中指出："实施差异教学意指教师改变教学的速度、水平或类型，以适应学习者的需要、学习风格或兴趣。"

4. 差异性教学非常强调学生的合理安置，学生可以在弹性学习小组中获取教学内容、加工信息和评价学习效果，并相互促进，给每个儿童提供发展的平台和机会。这就真正实现个性与共性的统一，从而提高教学效益。异性教学坚持"导优补差"的原则，即发掘学生的优势，给每个学生提供"处于学生'最近发展区'且学生乐意接受的具有挑战意义的学习内容"，引导学生构建优势学科的知识体系、学习方法策略，并将其迁移到弱势学科的学习中来。

通过系列学习，有的教师对差异性教学有以下的认识：

（1）差异性教学是利用和照顾学生个体差异的教学。

（2）差异性教学是建立在教育测查和诊断基础上的教学。

（3）差异性教学的教学目标是"保底不封顶"，促进学生最大发展。

（4）差异性教学是多元化弹性组织管理的教学。

（5）差异性教学是综合性教学模式。

（二）策略提炼

1. 关注学生的个体差异应该在保证学生全面发展的同时，关注并培养学生的优势智力领域——智力强项或特长。使我们的教育成为发现差异、因材施教、培养特长、树立自信的教育。

2. 了解学生个体，评估学生的需要，并根据需要制订教学计划。关注不同年级学生的差异，并予以不同层次的要求。对同样的问题，对不同年级的学生加以不同的要求，同时考虑学生个体与群体的特点。

3. 课堂强调关键信息、知识和技能的习得，尽可能使每个学生的思维能力都得到最大的发展。

4. 考虑采用多种方式来完成相同学习目标，让学生有表达相反意见的机会。注重多样的思维表达形式，如以图画、表格、演示等不同方式体现自己的想法。

5. 在课堂教学中营造集体感，注重合作的同时强调所有人的全程参与，灵活运用时间。设计不同的环节让学生都有事情可以做，让学生体验学习的成功感。

6. 避免第一印象、刻板印象的负面影响，努力分析隐藏在行为背后的因素。

7. 应考虑教学活动中学生可能容易出错的地方，指导学生避免错误，并允许保持一定的错误率。精益求精是中国教育的重要特点，我们的教师总是不许学生出错，一旦有错，就罚学生多做作业，这样就很容易导致学生厌学。所以，教师应当建立一种概念，即学习中的错误是一种正常现象，要给学生留有犯错误的余地，同时取消对百分之百正确性的追求。否则，我们在迫使学生消灭差错的同时，也把他们对知识的好奇心、求知欲给彻底扼杀了。

8. 让学生参与选择作业量。实质上，教师留作业是怕学生回家后不做功课而遗忘了课上讲的知识，起不到巩固的作用。主观愿望上是教师要学生学，而不是学生自己要学。大多数情况下作业是统一留的，大家都一样，可实际上每个人的学习状况并不一样。结果，学生们要为那些早已熟练掌握的内容而苦苦练习，这样必然会产生厌烦心理，并由此而不可能达到写作业的最初目的。如果改为让学生们自己选择作业形式和作业量，则可化被动为主动，学生们可根据自己的实际情况有针对性地写作业。

9. 记录学生在个人目标和集体目标上的成长历程，让学生看到自己思维的发展变化，获得自信。

10. 与学生共同承担教与学的责任，安排学生参加多种活动和作用，确认学生具有胜任工作的能力，并将以此作为教师和学生从新的角度来认识每个学生的途径。

三、成效与反思

在综合实践活动课程里，学生对主题思维训练有了进一步的思考。而在训练时，教师要更多地关注他们的思维差异，要进行多层次的指导，这会让学生们感到思维训练更容易一些，在思考的时候也就会主动许多；运用多种方式的表达，使学生的各类特长尽可能发挥，自信心也会有所提升。部分思维能力较好的学生能在课上获得更多的成功体验，但是，还是有一小部分的学生不会主动地进行思考，仍然在消极等待，这一现象仍有待改观。

我们生活在以信息化和产品不断更新为主要特征的信息社会。这种社会环境要求我们以人的多种智力的充分发展和个性的充分展示为智力发展的共同特征。由此，我们的教育特别是我们的课程就应该担负起激活、培养学生的多种智力并发展每一个学生的个性的任务。

在每一次的思维训练里，怎样根据学生思维的差异，设计让每一个学生都喜爱的内容，并激起所有学生的思考积极性，乐于参与活动，从而让学生的思维受到最大可能性的收益将是教师不懈地追求。

第五节　教师如何在校本课程实施过程中调整课程内容

一、问题的提出

（一）问题现象

作为一个校本课程教师，湖南某校的宋老师时刻关注着自己所开发的校本课程的发展。在《银针的梦想——中国湘绣》（以下简称《湘绣》）的课程实施过程中，宋老师发现有一些问题越来越突出：《湘绣》课堂中，学生学习的积极性和主动性逐步降低，合作学习中学生的参与率降低了，学生发表的独立见解和创造性观点明显减少了，实践操作时学生也不愿动手了；在校外的调查采访活动中，学生对课堂安排的采访任务没有兴趣完成，大多数学生反映组内同学在采访过程中表现得不积极、不合作，喜欢单独行动，做一些与采访任务无关的事情，因此采访的任务难以完成。面对这样的情况，宋老师感到很诧异。他记得刚刚开设《湘绣》课程的时候，同学们很兴奋，课堂气氛非常活跃，大家争着抢着要画绣稿、分线、刺绣等，一开展校外采访活动大家都争着出主意，与现在的情形简直是截然不同。为什么会有这些变化呢？宋老师向其他实践活动课教师询问，他们所开发的课程在实施过程中同样存在类似的现象，大家都在寻求解决的办法。

（二）问题思考

教师们展开了一系列的调查，学生们的回答是："老师让我们学的内容大多数我们都耳熟能详了，用不着讨论也用不着采访。""有的内容我们似乎没有必要了解它，和我们的学习任务没有关系，我们不感兴趣。"

社区的反映：学生们采访时的问题很多、很杂，往往我们工作人员每天都要就一个相同的问题给不同来访的学生们讲很多遍，因此总有态度不好的时候。不是我们不愿支持学校的工作，实在是我们都要工作，要讲工作效率。学生们耽误了我们太多的时间，建议学校统一组织学生来采访。

教师的思考：学生学习热情的减退，社区支持态度的改变，原因在于，我们所开发的校本课程内容已存在明显的局限性，满足不了学生的学习需求；部分校本课程内容需要适当整合与更新，这样才能紧跟行业发展的步伐，达到与社区的合作与沟通。校本课程是该作出适当调整了。因此，一些实践活动教师就校本课程实施过程中怎样根据情境的变化调整课程内容这一问题作了深入地探讨。

二、问题的研究

（一）专业学习

宋老师查阅了《校本课程论》（王斌华著），书中对课程内容作了如下论述：校本课程内容是教与学的基本素材，是达到校本课程目标的重要载体。校本课程内容一方面来源于各学科所进行的系统研究，另一方面来源于不断向前发展的社会生活。校本课程内容不仅包括事实，而且包括原理、概念、技能、态度、价值观念等。有效性和重要性是选择课程内容最重要的标准。有效性要求在选择课程内容的过程中，校本课程开发者一方面应该删除陈旧或过时的知识，另一方面应该防止遗漏某些重要的知识。重要性表明，当知识促进了探索精神和探索方法的获得时，它就变得重要起来了。也就是说，能够促进人的探索精神和探索方法的知识应该是重要的。另外，选择课程内容还要遵循趣味性、科学性、现实性和应用性等标准。

宋老师顿时觉得，湘绣课程内容不正存在这样一些问题么？一些湘绣的针法明明现在在湘绣行业中很少用到，可教师们还在引导学生们学习；而对于湘绣的销售方法，本是很能促进学生探索精神和探索方法的获得，但是却涉及甚少。书中的知识给了宋老师很大的启示，让宋老师茅塞顿开。

（二）原因分析

在课程开发之初，宋老师他们集体编写了一本湘绣教材。其内容包括这样五个单元：第一单元是美学引导，第二单元是湘绣的起源，第三单元是湘绣的技艺，第四单元是湘绣的鉴赏，第五单元是湘绣的发展。开始，学生们由于大多数来自于湘绣家庭，对湘绣都十分熟悉，但真正对于湘绣的了解，却又停留在一知半解的水平上。因此，当他们第一次在学校、在课堂上接触湘绣时，他们很好奇，也很自豪。特别是还有小部分同学能动手刺绣，他们更感到很有成就感。所以，教师依照教材内容进行教学，学生们兴趣浓厚，家长也很支持配合，甚至湘绣厂对学生的来访也感到很新鲜，工作人员对有人关注他们所从事的工作很高兴，所以也尽全力支持。学生在这种氛围中感受到了学习的乐趣，自身素质得到了很大的发展，湘绣教师也体验到了前所未有的成就感。然而，时代是发展的，湘绣事业也是不断向前发展的，学生也是发展的。经过了几年的"湘绣学习"，新一代学生们对湘绣的了解加深了，自身的发展观念也改变了，他们本身及其家长已不能满足于他们对湘绣技能和湘绣鉴赏知识的掌握，而他们希望自己更具有创新精神，更有创造力；另外，湘绣厂也在几年后逐步失去了向学生们重复解答相同问题的兴趣，对来访者们也失去了耐心。在学生这一方面，采访的内容不是自己迫切想要知道的，采访的对象又没有一个好的态度，他们的采访兴趣也逐渐丧失了，而采访兴趣的丧失直接导致了采访效率的低下。因此，在湘绣课堂上跃跃欲试的气氛逐渐消失了。另一方面，湘绣事业在不断地发展，湘绣界又出了许多新品，湘绣从业观念也在不断更新，这些都是教材编写之初所未曾想到的。学生们如果还是停留在老教材的学习中，想必会出现知识老化的现象。这样有限的知识早已不能适应行业的发展，更不能适应学生的发展。比如说几年前湘绣产品的分类方法到今天已成了过时的知识，"乱针绣"已开辟出它广阔的市场，这些知识不断地更新，就意味着课堂的落后，学生的落后，《湘绣》课程也就成了落伍的课程。

（三）调查学生

针对《湘绣》课程发展的现状，教师在学生中展开了调查。下面是教师发放的学生调查问卷及其统计结果：

1. 你喜欢学习现在的《湘绣》课程吗？

2. 通过你的调查你认为现在《湘绣》课程内容中哪些部分已经过时了，哪些是你早就知道了的，需要删除？

3. 你在访问与了解过程中发现了现有课程内容以外的哪些新知识？

4. 你最希望学习与湘绣有关的哪些知识或技能？

5. 如果让你从事湘绣工作，你最愿意干什么？

6. 你最喜欢通过哪些途径获得湘绣知识与技能？

7. 你学习湘绣课程希望得到怎样的发展？

问卷回答结果统计如下：（共发放问卷286份，回收282份）

1. 作出肯定回答的165人，否定回答121人

2. ①根据题材给绣品分类的方法

　　②许多复杂的但现在很少用的针法，如网绣类的各种针法

　　③湘绣作品《开国大典》已见不到实物绣品，无法对它作出鉴赏

3. ①乱针山水绣在市场上很走俏，应增加对乱针法的研究

　　②报纸上关于湘绣厂长带绣品到国外参展的有关消息

　　③新开发的几家大型湘绣厂有崭新的经营管理方式

4. ①画画

　　②底料的区别

　　③边框的设计

　　④乱针绣法

　　⑤鉴别绣品

　　⑥湘绣产品的经营

5. 设计画稿87人

刺绣2人

制作与设计边框 52 人

从事检验工作 45 人

当湘绣厂长 94 人

调查访问 241 人

课堂获得 212 人

实践操作 195 人

6. 其他

7. ①希望学会从事湘绣工作

②希望了解父母工作

③希望锻炼自己的社交能力

④希望发展自己的创新思维

⑤没有特别的要求

根据调查结果宋老师清楚地认识到，时代在发展，湘绣行业也在发展，学生的思想也在成长和发展。从行业发展来看，教师必须摒弃一些过时的课程内容；从学生发展现状来看，教师还必须增加一些新的课程内容。最受欢迎的课程内容包括湘绣的营销、适应市场需要的乱针绣的技巧等，需要摒弃的课程内容则包括一些过时的针法和绣品分类知识。总而言之，顺应情境的变化调整课程内容已势在必行。

（四）访问教师

宋老师找到本校其他校本课程教师谈了自己的看法与思考，大家对宋老师的看法都深有同感。开发《饮食与文化》课程的卢老师说："我正在把时代感很强的内容，如保护野生动物与餐饮业的发展等增加进我的课程中来，学生对与他们生活联系紧密的内容和他们认为能促进自身发展的内容十分感兴趣。"开发《前程谋略》课程的刘老师说："学生们大都希望自己以后从事有创造性和挑战性的工作，不动脑筋就能完成的工作是他们不屑一顾的。"他们的这些话，让宋老师更了解了变化中的教学情境，对自己《湘绣》课程内容的调整心中更有底了。

（五）课例研究

到底如何把握教学情境的变化，及时调整校本课程内容呢？宋老师带着自己的疑问与困惑上了一堂研究课，希望与本校的同行进行有益地探讨，以期共同提高课程质量。过程如下：

我当营销经理——湘绣产品的营销

一、导入激趣

上节课我们开办了一个湘绣工厂，制作了一些湘绣产品。今天，我们要成立一个营销中心，将我们的湘绣产品推销出去，这样我们的工厂才能营利呀！大家有没有兴趣？

板书：我当营销经理——湘绣产品的营销

二、班内互相交流营销知识

我知道，在课外大家都很努力，查找了许多与产品营销有关的知识，大家都知道好东西要大家分享，让我们把我们获得的信息拿出来和大家分享吧！首先，我们进行组内交流，每组总结出几条对我们湘绣产品营销有用的方法或信息，再由每组推举一到两名同学到全班来交流。

小组交流，教师下组巡视，及时给予学生适当的指导，并注意收集学生精彩的发言，了解每组同学的交流情况并给予适当鼓励。

班内交流

刚才老师看到各组同学都在认真交流和总结，而且发现有的组同学们查到的资料很丰富很具体，具有操作性，现在就请到讲台上来告诉大家，让大家一同进步，好吗？

（教师根据学生的介绍在黑板上板书要点）

三、小结

通过大家的研究合作，我们发现湘绣厂的工作人员们为了将湘绣推介出去，想出了许多好办法。我们也从中学到了许多营销知识，可以把它们总结一下。

四、板书：产品策略

价格策略

销售渠道策略

广告策略

品牌策略

制作营销计划

谈话法提示营销计划的制作思路

小组合作为某一品牌湘绣产品制作营销计划

班内交流

五、总结

我很高兴，这节课让大家了解了我们家乡的湘绣是如何走出去的。作为家乡的一份子，希望大家努力学习，为湘绣走出中国出谋划策、贡献力量。

反思

大家听完课后，纷纷发表了自己的看法，具体归纳为以下几点：

这是一堂旨在开发《湘绣》课程新内容的课。内容是以前教材中没有的，上课教师花费了不少时间，查阅了不少资料来了解湘绣营销的有关知识。

从学生的交流中可以看出，学生对了解湘绣营销知识是很有兴趣的，只是还缺少适当的引导。因此，学生了解到的知识还比较有限。

制作营销计划这一环节的设计能激发学生主人翁的责任感和创新意识，只是这样的环节还需要更多的知识作前提，效果才会更好。看来，《湘绣》课程内容确实需要增加学生感兴趣的内容，而且可以在教学实践中不断摸索完善。

（六）调整课程内容

为了顺应学生及社区的需要，宋老师对湘绣课程内容作了适当调整：将湘绣的历史起源从四课时压缩为两课时，主要是让学生了解湘绣与我们现实生活的联系；将湘绣主要针法中不常用的织绣、网绣和扭绣法略去，重点加入了乱针绣法；湘绣产品的检验中加入乱针山水绣的检验方法；将湘绣产品的营销单独作为一个重要章节进行教学。具体的课程内容及活动安排如下：

第一讲　湘绣之源

教学方法：以古典音乐为背景，配合教师的娓娓讲述。学生在古典音乐声与满屋湘绣作品的氛围中聆听湘绣的起源与发展。

场地设备：教室前半壁摆放各种湘绣作品；课内播放古筝音乐。

教学时数及课时安排：2 课时

第一课时：湘绣与我们的生活

第三课时：走出课堂，欣赏湘绣作品

教学要点：

(1) 湘绣与我们的生活。

我们生活在湘绣之乡，有许多同学的父母都是从事湘绣工作的。我们从小不仅都见识过许多完整的湘绣作品，而且有许多同学甚至还经常见到妈妈花绷上没完成的作品，甚至在耳濡目染中已经学会绣上几针了。我们这个地区的经济发展很大程度上依赖湘绣业的发展，我们部分同学的家庭生活也靠绣湘绣来维持。同学们提起湘绣，心中都充满着美好的憧憬。憧憬湘绣的美，憧憬家乡湘绣业的更快发展。我们学习这门课程，就是让同学们系统学习湘绣的历史、制作技艺、艺术鉴赏及产品营销等知识，增加我们对家乡湘绣业的了解，具备为家乡湘绣产业发展作贡献的能力。

(2) 学生自由观赏与交流。

(3) 教师总结。

第二讲 湘绣制作的工具与流程

教学方法：实物展示，学生亲历工场参观，教师主讲，学生制作实践

组织形式：课堂教学与实地参观相结合

教学场地：大教室，备以简单的制作工具与材料，布置成湘绣制作的实习工场

教学时数及课时安排：5 课时

第一课时：认识制作湘绣的工具与材料

第二课时：湘绣制作的主要工艺流程

第三课时：走出课堂，参观湘绣车间

第四、五课时：我们的湘绣工场——工艺流程实习

教学要点：

1. 认识制作湘绣的工具与材料（配以实物展示）

(1) 绣花针：一般比五号针更细，初学者也可以用五号针代替。

(2) 绣线：湘绣用绣线，即惯用湖北沔阳、沙溶、河湖一带所产的丝线绞线，共有下列各种：

① 绒线：纯丝线制成，绞合极松，纤维缺乏韧性，不易劈分，易断。

② 丝线：以多数丝缕绞合而成，紧而牢韧，不易回松，用时不易劈分。

③ 稀扣线：每一线染色由浅而深。如红线一根，自这一端到那一端颜色渐浅，绣成花瓣，自然分出浓淡，不必掺和。

④ 金银线：早期湘绣常用，后为保持湘绣的细腻清淡风格，逐渐少用，一般主要起点缀作用。如平金。

（3）底料：不同品种与档次的绣品，所用底料不同。一般精品双面绣都选用薄而结实、质地较硬的尼龙绡，精品及极品单面绣都选用手感光滑有硬度和厚度的库缎。

（4）花绷：分为灵活轻巧的手绷和专绣大幅绣品的架绷。

（5）刻版机、描图机：用于刻版、印花。

（6）框架、卡纸等：用于装裱。框架的质地也与绣品的档次有密切关系，一般有梓木框架、红木框架、金属框架等。

2. 湘绣制作的主要工作流程

（1）画稿设计。

（2）刻版：将设计好的画稿置于描图纸下，用刻版机把它刻下来。

（3）裁料：根据湘绣规格大小，将绣缎进行裁剪。

（4）印花：将描图纸上的画稿印到绣缎上去。

（5）配线：根据原画稿的颜色及其需要准备不同颜色和种类的绣线。

（6）刺绣：使用各种针法表现画稿内容与风格。

（7）整烫、验收：检查绣面是否污损、是否平整等。

（8）装裱：将绣片装框。

组织全班同学到湘绣厂各车间参观，并作好记录。

在教室内准备各种湘绣制作的工具材料，让同学们分成几组对湘绣制作各流程进行实习。

第三讲　湘绣的主要针法

教学方法：教师主讲与实地参观相结合，学生实习

组织形式：课堂教学与课外小组合作

教学时数及课时安排：5课时

第一、二课时：讲述各类针法的特点

第三课时：实地参观，辨认不同针法

第四、五课时：动手刺绣，运用不同针法

教学要点：湘绣的主要针法可概括为五大类73种。其中平绣类32种，织绣类15种，网绣类11种，扭绣类8种，结绣类6种。还有解放以后发展完善的蓬毛针以及乱针等针法。

平绣类：是以线平铺料面的绣法，共有32种针法。

掺针：湘绣最基本针法之一，在湘绣中应用最为广泛。它包括接掺针、拗掺针、挖掺针、直掺针、横掺针、排掺针等不同针法，它们分别适应于不同事物的绣制。

毛针：是参差不齐，高度灵活变化的一种针法，为湘绣掺色主要针法之一。其针向无规律，不长不短，错综而有条理。湘绣各种罕见的奇禽异兽，用毛针就显示了其特性。其中最具魅力的是蓬毛针，用其刺绣狮虎，能表现狮虎兽毛蓬松，虎视眈眈的特殊质感。

隐针：多用于绣阴阳复杂的花草走兽。

游针：游针是随物象的俯仰反侧顺势转折，以接掺针法特色，利用多种接掺针，并顺序相互连贯的一种针法。适用于刺绣走兽、翎毛、人物。

盖针：多用于绣制走兽翎毛和肖像、人物须发，使其层次分明，逼真疑似。

另有花针、打子针、钩针、扎针、刻针、柳针、牵针、秘针、混针、齐边针、平金针等针法。

另有一种近年新创针法——乱针，它又名交叉针，根据画意，有直交叉、顺交叉、大乱、小乱等，现最走俏的绣品为乱针风景绣。

实地参观，辨认各绣品中使用的各种针法，并观察体会其特点。

自己设计或选定一幅图画，运用掺针、游针、乱针等几种常见针法进行刺绣。

第四讲　湘绣产品的检验

教学方法：学生采访与教师主讲相结合，配以实物展示

教学场地：教室，以湘绣产品来布置，配以古筝曲

教学时数及课时安排：6课时

第一课时：湘绣产品的种类

第二课时：湘绣产品的一般检验标准

第三课时：花鸟绣品的检验标准

第四课时：山水绣品的检验标准

第五课时：人物绣品的检验标准

第六课时：走兽绣品的检验标准

教学要点：

1. 湘绣产品的种类

（1）按湘绣产品的传统题材可分为四类：人物绣品、走兽绣品、花鸟绣品、山水绣品。另外还有近年适应市场需要而产生的静物绣品。

（2）按湘绣质量的等级可分为三种：

普通产品，即低档绣品。它具有绣线粗、制作简单、图案模糊、底料粗糙的特点，一般的实用小绣品，如手帕、围巾、枕套、被面居多。

精品，即中档产品。它具有绣线细、线色多而亮、底料精致、绣工精细、图案生动等特点。一般有双面绣、单面绣和坐屏等产品，在湘绣产品中占绝大多数。

极品，即高档产品。它的技术含量极高，在湘绣产品中的数量极少，其中的双面异绣更是少见。

（3）按湘绣绣型可分为三种：

单面绣：底料一面绣有图案，又可分为画片和条屏。

双面绣：一张底料两面同时绣有相同图案。又可分为坐屏、屏风和一般小双面绣。

双面异绣：一张底料两面同时绣有不同图案。

（4）按湘绣的用途可分为两种：

艺术欣赏品：主要用于艺术欣赏。

日用品：主要满足日常生活用途。

2. 湘绣产品的检验标准

（1）一般标准：齐、短、密、平、亮、匀、混、洁

不同题材的绣品又有不同的检验标准

（2）花鸟产品的检验标准

翎毛：色彩真实，背腹分明，眼珠嘴角准确有神，重叠毛色层次分

明，形态变化、栩栩如生。

花卉：轮廓清晰，色彩分明渐变，花蕊花瓣各具特色。

（3）山水产品的检验标准

山水产品要求远近透视、层次分明、近深远浅、前后有分，亭台楼阁切忌倾斜，针法统一、色调相称。

乱针风景产品要求近看有质感、有厚度，远看有深度、光线逼真、有立体感、色调匀称。

（4）人物产品的检验标准

五官准确、动态有神，人物形象现实逼真、花纹衣褶、风带彩裙、工整细致、对物相称，特别是眼睛，一定要能表情达意。

（5）走兽产品的检验标准

使用游针，毛路规律、中心准确、环抱弧形、边毛参差、双目传神、忌掏忌板、生动逼真。

运用绣品检验标准对各类绣品进行检验，并写出检验意见。

第五讲　湘绣名作欣赏

教学方法：教师主讲、实物展示

组织形式：课堂教学与实地参观

教学时数及课时安排：4 课时

第一课时：教师主讲湘绣的艺术风格

第二课时：观察湘绣的色彩

第三课时：实地参观，领略湘绣的艺术风格

第四课时：针对某一幅湘绣名作，写出一篇赏析文章

教学要点：湘绣的艺术风格

湘绣的艺术风格是构图优美大方，色彩丰富鲜艳，绣艺精巧灵活、风格豪放，体现了民间工艺品朴实与细腻的特点。

湘绣是绚丽多彩的，同时又能理性地注意设色的素净与雅洁，不事夸张，追求适度感，具有雅俗共赏的特点。

湘绣的图案设计风格既融合了中国画高度概括的艺术和我国古代造型艺术其他姊妹艺术的种种优点，又吸收了图案装饰风格，并且这些风格、手段都是为刺绣手段的表现服务的。

湘绣的绣艺是灵活多变的，它可以用掺针法打扮花鸟的姿态；用蓬毛针突出虎毛的质感，使之隐隐现出自然的斑纹；用旋游针法表现眼睛水晶球体的澄明透亮，具有旋动感。

名作欣赏：

组织学生到湘绣厂参观，教师对着湘绣名作如《开国大典》等，帮助学生分析它们的美之所在。可以从绣艺、色彩、构图、装裱搭配等多方面进行讲解。

第六讲　湘绣的营销

教学方法：教师主讲，小组合作调查、讨论

组织形式：课堂教学、课外调查

教学时数及课时安排：10课时

第一、二课时：商品营销的一般知识

第三至八课时：调查探讨本地湘绣产品、价格、销售渠道、促销、品牌、服务营销、市场竞争等策略

第九、十课时：综合运用所学营销知识与所研究结果，尝试制订湘绣营销策略

教学要点：

（1）了解商品营销的一般知识。

（2）市场营销的概念。

（3）常用的市场定位策略。

（4）市场营销组合的概念与组成部分。

（5）产品、价格、销售渠道、促销、品牌、服务营销、市场竞争等策略的制订。

（6）调查了解湘绣的市场营销策略，分析其不足之处。

（7）尝试制订湘绣营销策略，学会综合考虑产品、价格、销售渠道、促销、品牌等诸多因素。

经过这样一改，使《湘绣》课程内容与现实生活联系得更紧密，更有时代感，学生们对湘绣课程的学习也更有兴趣了。

（七）策略提炼

经过一系列的思考与探索，有的教师总结了一些根据情境变化调整课

程内容的途径：

1. 调查学生。从课内课外观察学生的表现，了解学生对原课程内容的反应，从而了解哪些内容是适应学生发展的，哪些内容已不适应学生的需要。课外调查学生，了解学生的兴趣与需求。

2. 调查社区，紧跟时代。采用观察、访谈、问卷调查等方法，了解社会发展的趋势，确定有效参与社会建设和社会生活所应具备的知识、技能和素质，以此为依据调整课程内容。

3. 以批判的眼光审视课程内容，融入教师的思考与智慧。审视课程内容中的原理、概念和技能是否与行业发展同步；审视课程内容是否能引导学生培养适应社会发展的情感、态度和价值观。教师应选择学生感兴趣的课程内容呈现方式，使课程内容发挥最大的作用。

4. 教师还应注意探索性课程内容的开发。探索性内容包括那些暂时尚未定论的内容以及培养好奇心、探索精神和探究技能的内容。如《湘绣》课程中湘绣产品营销内容的开发。

总而言之，教师首先要准确把握情境变化的现状与趋势，了解课程内容的内涵和选择标准，然后才能根据情境变化来调整课程内容，使课程内容更具有效性、重要性、趣味性、可学性、现实性和应用性，这样才能满足学生不断发展的要求。

三、成效与反思

（一）研究成效

1. 学生的反映

《湘绣》课程内容经过教师和学生们的不断调整，其知识与技能部分做到了与湘绣行业发展同步，不再像以前那样陈旧与过时，态度与价值观部分也更适应学生发展的需要。学生们在湘绣课程的学习中，参与意识明显增强。学生们都积极投入到课程内容的开发中来，湘绣课堂上学生表现积极、活跃、有主见，敢于并乐于发表自己的看法和意见，有许多同学对家乡湘绣事业的发展提出了许多很有创意的点子，甚至有的同学还立志创造一种全新的针法，使湘绣工艺更具神奇魅力。有的同学立志要像某湘绣厂长一样开办一家湘绣厂，加大与国外交流的力度，将湘绣产品大批量地推向世界。有的同学更提出要将镇上所有的湘绣厂联合起来，打造湘绣业航母的设想。这足以证明经过调整的湘绣课程内容更有效地激发了学生的学习兴趣和创造热情，对学生健康向上的情感、态度和价值观的形成都产生了积极的影响。

2. 教师的感受

对课程内容的调整过程，其实是教师与学生共同发展的过程。在这一过程中，教师们同样学会了积极参与到时代的发展中来，为了使课程内容更具有有效性，教师们不得不走访各大湘绣厂，关注与湘绣有关的各种信息，关注学生的点滴变化，这培养了教师作为社会人对时代的敏感性和作为教师对学生发展的敏感性。经过教师的探索和研究，湘绣课程内容得到了补充和完善，教师和学生一样都获得了成就感。看到学生对课程重新焕发出的兴趣与热情，教师也会感受到创造的乐趣。

（二）实践反思

对这个问题的研究，主要在两方面下工夫：一是怎样准确判断教学情境的变化，二是怎样根据变化的情境有效地调整课程内容。对于前者，教师把重点放在了考虑学生和社区的要求上，而对学校的需求不够重视，对课程本身的发展需要也有些忽略，这可能就导致了研究者对情境的变化认识还比较片面，是需要在以后的研究中改进的。对于后者，教师能够根据情境变化的需要增添新的课程内容，但在如何整合原有的课程内容方面还有些思路不够清晰，在这一点上，同伴互助显得特别重要。

第四章 综合实践活动方法教学策略

第一节 如何落实培养学生收集和处理信息的能力

一、问题的提出

综合实践活动课程十分注重在实践中培养学生各方面的能力。其中，收集处理信息的能力占了比较重要的位置。在教学实践中，某中学的易老师感受较深的是学生收集处理信息的能力差。主要表现有如下几个方面：

（1）研究主题确定后，学生不知道通过什么更快捷、更适合自己的方式去收集信息，没有掌握收集资料的常用方法。

该中学在开展"了解家乡的民俗风情"这一主题时，学生想了解自己家乡的民俗风情，可研究主题确定后学生不知通过什么途径去更快捷地收集信息。有的学生忙着上网，可通过网络收集信息的学生多数没有掌握方法，不知从何着手。比如，进入哪一个网站，怎样输入关键字，输入关键字之后面对那么多的信息又该怎样去筛选自己想要的资料，找到资料后又该怎样把它下载，怎样处理等等。往往忙了很久也找不到自己所需要的资料，最后很无奈地请求家长帮忙，有的家长也是找得晕头转向。有的到书店、图书馆去找相关的书籍，跑遍了书店的每一个角落，翻了不少的书，结果忙了一整天，多数同学没有找到自己想要的资料。有的找到有关的书后由于经济问题，家长又不同意买。不买的话，还可以通过摘抄的方法来获取资料，可是时间又不允许。没有电脑、没有借书证的、家离书店远的同学，想不到别的办法，便给自己找借口，干脆不做。只有少数同学想到可以通过采访自己的亲人、周围的居民这种最直接的方法。所以，在这次收集资料的任务中出现了学生完不成任务或任务完成不出色的情况。

（2）在通过实地考察、采访和实验等方式获取信息时，多数学生不会观察、调查和采访。要么没有及时、认真记录收集到的第一手材料；要么记录抓不住要点，或者不知道如何选择合适的方式记录收集到的信息。

该校在带领学生调查社区时，教师根据学生所在的社区分组，每组根据任务分成实地考察了解社区设施、环境组，采访居委会工作人员、社区居民组和问卷调查组。实地考察组的同学就只知道看有些什么设施，对设施目前的现状、设施的使用率以及设施的作用都没有进行观察、了解。考察环境的同学只是数一数垃圾桶的个数、地上是否有垃圾，没有想到去了解花草树木的种类、绿化面积的多少，是否还有没有充分利用的土地。采访组的同学虽然能很大方地去采访，可是由于采访对象语速过快、有的采访内容较多，出现记录跟不上来或者根本无法做记录的情况。问卷调查组的同学有的发放了调查表后，由于种种原因，没有收全调查表；有的还以为调查完了就完事了，把调查表随便乱放，最后找不到了。

在"研究汽车尾气的危害"的活动主题时，有两个同学动手做实验。他们把同一种昆虫放到分别装有汽车尾气和空气的瓶子里，结果发现生活在装有尾气的瓶子里的昆虫比另一只昆虫早死三天。在汇报时，他们讲得很具体、很生动。可是当我问他们有没有写观察记录，有没有把"实验的实物"带来时，他们说根本就没有记录，实验材料丢掉了。班上一个平时比较"刁钻"的同学怀疑他们是在瞎编。

（3）学生围绕主题收集的信息有些单一，有的只有文字资料，对图片、音像或其他资料的收集往往不知所措，抓不到重点。

在开展"爬山虎的脚的研究"主题活动时，学生兴致很高，刚开始那几天一有空就去观察爬山虎的脚，用手摸、轻轻地拉，用尺子量长度，估计粗细，并进行了记录。但由于有的同学描述能力较差，并没有很好地记录他们所观察到的。如果他们能充分利用自己的特长，用画笔、相机记录爬山虎的脚的生长情况，也许更有说服力。

（4）综合实践活动中收集处理资料的工作是整个研究活动的重点，往往需要集体的共同努力才能出色完成。学生在活动中的分工合作出现不少问题，容易出现大家都抢着做一件事或一人"包打天下"的情况。

（5）在交流信息时，学生往往都是照着资料一字不漏地念，有的内容与研究主题根本没有什么关系；有的信息内容太多，连教师都无法耐着性子听下去，更何况自我控制能力较差的学生，从而导致课堂气氛比较沉闷；有的信息比较深奥、乏味，无法吸引其他学生。

为了进一步了解收集资料的情况，教师又在学生中进行了调查。教师先看了学生对某一主题整理的资料，许多组都有好几页，有的是整段整段摘抄的，有的甚至把整本书都给复印了下来。有的学生说时间不够，只得选短一点的，几个人合作，一段一段地抄。有的说时间不够，又不知选哪些，干脆把资料都复印下来。显然，在这样"饥不择食"的情况下，自然就顾不上比较、鉴别了，以致"捡到篮里的都是菜"。有些摘抄的还很有价值，可惜课堂交流时却"藏而不露"。如果学生能注意筛选有效信息，知道采取不同形式展示信息，课堂上一定会更精彩。基于以上几点，教师们普遍认为学生收集处理信息的能力差。

二、问题剖析

该校的教师反思他们的教学，总结了学生收集处理信息能力较差的原因：

（一）主观原因

（1）首先是教师自身的收集处理信息的能力不强，如不懂如何利用网络有效、快速地搜集资料；对利用图书馆搜集资料的简捷方法没有掌握好；教师没有养成随时注意收集资料的习惯。因此，教师指导时不得力。

（2）我们教师在活动中的指导过于宽泛，针对性不强，缺乏具体的指导行为和指导规范。如究竟如何进行调查？怎样进行收集资料？一次活动完成后要及时进行反思，在反思和教训中进行经验总结和方法指导。

（3）指导教师没有对学生进行基本方法的讲座，指导没有到位。

（4）关于培养收集处理信息的能力。对于不同年龄阶段的学生应达到什么标准和目的没有具体要求，似乎都以同一标准要求学生，导致教师在指导中"迷失方向"。有些标准过高，使有些年龄阶段的学生不感兴趣。

（5）综合实践指导教师如果不是班主任，可能威信不够，任务布置下去，有些学生根本不去完成。科任教师由于所教班级较多，也没有那么多的精力去抓那些没有收集资料的同学。

（6）学生由于学习任务较重，收集资料需要时间较长，他们没有时间去做。大多数家长都不重视这门功课，一般也不会监督、辅导孩子去完成任务。

（二）客观原因

（1）采访、实地考察去收集资料的方法要求学生走出家门、校门，如果没有教师的带领和家长的陪同，存在一定的安全隐患。所以，真正的实践活动的开展次数不多。

（2）周围环境的教育资源（图书馆、社区图书室、学校电脑房等）没有很好的向学生开放，不利于他们收集资料。

综合实践活动实施过程要培养学生收集处理信息的能力，在具体主题活动又该如何去落实呢？

三、相关策略

（一）理论学习

21世纪的教师、学生应该具备哪些信息素养？综合实践活动的课程标准对学生收集处理信息的具体要求是什么？我们又该怎样去落实对学生的这一能力的培养呢？首先，该校的教师研读了郭元祥教授编著的《综合实践活动课程设计与实施》一书，重点学习讨论了国内外综合实践活动关于培养学生收集、处理信息能力的课程标准。

国内要求培养学生收集和处理信息的能力，发展查询、评估、加工和应用新知识和信息的能力，主动获得知识的能力，为终身学习奠定基础。还要求学生学会通过各种途径、形式收集资料和信息，加工、处理资料和信息，养成主动积极地获得信息的学习习惯，发展处理信息的能力，适应信息社会的需要。这是通过九年综合实践教学所要达到的目标。小学阶段的目标是初步掌握获取信息和处理信息的能力。分析课程目标，教师们再反思自己的教学实践，发现太急于求成，对学生这一能力的培养没有考虑到年龄特征和学习条件。在教学中的指导过于宽泛，针对性不强。另外，对信息的评估、加工和应用能力的培养有所忽视。

把握了课程目标后，该校的教师又仔细研读了周庆林编著的《研究性学习方法——研究性学习指导》一书。通过阅读，教师们系统地了解到观察、实验、调查、查阅文献等获取信息的途径的有关知识、方法和经验，提高了教师自身的信息素养，而且使教师在活动中辅导学生有的放矢，收效较大。

随着以计算机技术、通讯技术、网络技术为代表的信息技术的迅猛发展，多媒体计算机和网络技术在社会的各个领域都得到了广泛应用，正逐步改变着人们的工作、生活和学习方式。21世纪的人类社会已步入信息时代，整个人类社会的信息量增长速度越来越快，特别是科学知识的爆炸式增长，使人类几十年来的科学知识占有史以来积累的科学知识总量的百分之九十。中小学生面对的信息量猛增，信息组织方式和管理方式大大改变，如何在浩如烟海、漫无边际的信息中获取所需的有用信息，如何对有用信息进行有效地加工、处理，如何利用现代信息工具进行高效率、高质量的学习等，对学生至关重要。教师是教育教学改革的动力，在教育教学过程中居于主导地位。因此，培养和提高教师的信息素质是中小学生信息素质培养和提高的关键。没有教师的转变，没有教师信息素质的培养和提高，就不可能有真正的信息素质教育，当然也不可能培养和提高中小学生的信息素质。因此，教师要积极参加电脑培训，提高自己的信息素养和操作能力；参加有关信息教育的学习，系统掌握如何指导学生开展研究性学习，如何培养学生收集处理信息的操作和理论知识。

通过这些理论知识的学习，教师就不会再像以前那样感到迷茫，不知所措。

（二）策略研究

综合实践活动实施过程中要培养学生收集和处理信息的能力，在具体活动中该怎样去落实呢？在教师们的教学实践和探究下，发现了以下几条策略对培养学生收集和处理信息的能力比较有效。

1. 建立分层的具体目标体系

搜集、处理信息能力的培养应尊重学生的生理、心理特点，应体现一个梯度，应适合我国的国情，这样一来才不会使这一能力的培养可望而不可即。

（1）小学低年级应具备的能力

如何从辞书中查找信息；如何在家庭藏书中寻找信息；如何从广播电视节目中收听、收看信息；如何向他人咨询信息；怎样区别信息是否有用；如何快速背诵信息；如何处理剪报；怎样使用收集到的信息。

（2）小学中年级应具备的能力

怎样从报刊杂志上了解相关信息；在书店怎样找到所需书籍；初步尝试上网收集资料；如何参观；怎样观察事物；怎样阅读；怎样辨别信息的真伪；怎样建立摘记卡片；怎样与遗忘作斗争；收集到的信息如何表达。

（3）小学高年级应具备的能力

在图书馆如何检索、查阅书籍；怎样上网搜索网站、网页；如何下载和保存信息；怎样进行人物访问；如何调查社会现象；如何树立健康的信息态度；怎样创造性地运用信息。

2. 明确概念，注重培养学生的信息意识

培养学生的信息意识，即要求小学生具有使用计算机与其他信息技术解决自己学习、生活中的一些简单问题的意识。

由于小学生的年龄特点，对信息的概念很难理解。因此，该校在第一课"我们生活在信息世界里"教学中，教师通过学生身边熟知的例子，向学生讲清楚信息及信息技术的概念。例如，听老师讲的，书本上看到的，从同学那儿获得的，都属于接受了信息；通过电视获得大量信息，新闻、广告、天气预报等。这些都是基于学生已有的概念，可使学生初步了解信息的含义。为了使学生进一步理解什么是信息，可列举一些具体的例子。如过马路要看看红绿灯信息，外出游玩要了解天气信息，考试要看考场安排信息等。还要让学生明白在什么情况下需要信息，如撰写调查报告、了解电视节目的播放、外出旅游时、购物等。

3. 了解、创设良好的资源环境，明确搜集资料的途径

该校教师带领学生开展社区的变化与发展的社会调查活动，通过调查了解到社区的图书资源比较丰富，但学生对社区藏书的知晓度和图书的利用率都很低。因此，有必要引导学生了解自己周围有哪些可利用的信息资源，如社区图书室、书店、图书馆、信息栏、宣传栏、网络、电视、人力等方面的资源。在以前的教学中常常会出现学生完不成收集资料的任务，主要原因是没有电脑、没有可供查找的书讨。这样一来就会打击学生收集信息的积极性。没有兴趣、没有可供查找的条件，学生能力的培养从何谈起。因此，作为教师应努力给学生创设一个良好的资源环境，如建立班级图书角；学校图书室、电脑室经常向学生开放；充分利用社区图书室；建议学生办理借书

证；充分利用博物馆、展览馆、科技馆；开展班级信息交流会。

在课堂上通过生动活泼的教学让学生明白搜集资料的途径很多，如看书、读报、上网、看电视、听广播、实地考察、调查采访、实验、与人交流讨论等。再结合自身条件和研究主题选择合适的方法去收集资料。

4. 学科整合，任务驱动，全方位地培养学生收集处理信息的能力

综合性是综合实践活动课程的基本特点。综合性是由综合实践活动中学生所面对的完整生活世界所决定的。在实践活动中学生往往要综合运用各科知识。因此，学生收集处理信息的能力的培养可以与其他学科进行结合。关于网络资源的收集和处理，可以与计算机教师协商，计算机教师教方法，实践教师给任务，一举两得。信息的处理与运用可以与大队辅导员教师特别是语文教师进行合作，如举办研究主题信息展览，撰写实验、观察、调查报告等。

5. 方法论的专题讲座与方法实践相结合

（1）如何培养学生通过网络资源收集资料的能力

培养学生通过网络资源收集资料的能力，应进行了解搜索引擎、掌握关键短语的输入、学习浏览"目录"、掌握快速浏览的技巧、学会建立文件夹、掌握如何从网上复制、下载所需资料等方面的知识讲座和实践练习。

在研究"中国历史"这一主题时，学生确定主题和研究的具体内容后就开始了网上搜索。但多数学生无法在课堂内完成搜集信息的任务，原因是不知如何使用搜索引擎。此时学生既有任务驱动，又有失败的经历。因此，他们急切地想掌握如何使用和巧用搜索引擎。抓住这一机会，教师引导学生使用搜索引擎搜集资料。第一步，了解目录和搜索引擎，让学生知道可以通过哪些搜索引擎开展工作。第二步，通过搜索引擎缩小搜索范围，教学生一些常用的逻辑运算符"＋、－、引号、AND、OR、NOT"的作用。可以要求学生根据同一短语通过不同搜索引擎去搜索，从而认识不同引擎的特点，找到最佳的搜索工具。

（2）怎样利用文献资料围绕课题查找资料

搜集文献资料是研究性学习的一个非常重要的内容。只有学会查阅资料才能走进科学研究的大门，否则只能是门外汉。

人类社会的发展经历了漫长的时期，文献资料的积累可以说是浩如烟海。要想全面快捷地找到自己需要的资料，应具备文献资料学方面的知识，

首先要了解文献资料的分类。课堂上有必要进行文献资料的讲座（适应于小学高年级和中学生），然后才是查阅资料。查阅文献并不是一件很容易做的工作，需要一定的技能，而这一技能是随着你的不断查阅而积累起来的，你必须亲自去尝试才能得到它，任何人都不能替代你。查阅文献时不仅需要耐心、细致，还需要经过慎重的考虑，并按照一定的程式去做，而不是到图书馆东抄一段，西抄一段。为有效地进行文献的查找，应该按照下列过程进行，这一过程也有必要进行系统的讲座并结合主题的研究教给学生。

第一步：对课题提出一系列的疑问，然后分析这些疑问与课题的关系，以确定想要查询的信息或问题是某一数据、某一概念还是某一观念等。

第二步：根据这些问题或信息的性质选择检索工具，即确定是通过百科全书等参考性工具书，还是通过报刊索引等检索性工具书进行查找。

第三步：确定检索途径，即去本校的图书室还是去本地区的图书室，或者向教师或有关专家咨询。

第四步：选定检索方法，即从最近出版的书籍和期刊开始往前查，还是只限查找某几年的书籍和期刊等。

第五步：利用检索工具书所提供的查找线索进行查找。

第六步：一旦查到你所需要的文献，就可以去索取该文献。

第七步：阅读文献，鉴别是否得到有价值的信息资料。

第八步：若鉴别为有价值的信息资料，则做好摘记、摘录或复制工作。

（3）如何进行采访和实地考察

现以《开福区社区的变化与发展》社会调查活动案例片段为例说明。

活动目标：

了解有关进行采访、实地考察、问卷调查的知识。

知识目标：

了解撰写调查报告的相关知识。

情感目标：

①感受改革开放、创建文明城市以来社区所发生的变化，使学生升腾起一种自豪、幸福感。

②懂得珍惜、爱护社区公共设施，培养学生的社会责任感。

③在实践活动中培养学生不怕困难，敢于面对现实的情感。

④ 培养学生与人合作的意识，在实践中深刻体会团结力量大的道理。

能力目标：

① 培养学生搜集、整理和分析信息的能力。

② 培养学生制订采访、实地考察计划的能力。

③ 培养学生的交际能力。

④ 培养学生综合运用各学科知识的能力。

⑤ 培养学生的合作能力。

⑥ 初步学习撰写调查报告。

⑦ 培养学生的问题意识和探究解决问题的能力。

《开福区社区的变化与发展》社会调查活动的实施报告

（一）实践活动前的准备

教师首先提出问题：要调查社区的变化与发展，我们需要先考虑哪些问题？小组讨论后在全班交流汇报，最后全班交流总结如下：

1. 调查地点

东风一村、东风二村、王家垅社区、下大垅社区、月湖村。

班上的学生基本上都来自于这四个社区，学生比较熟悉、了解，也便于学生进行调查。这四个小区，有两个是省级文明小区，另两个是很普通的小区。其中，东风一村是一个新社区，其他社区是老社区，月湖村以前属于郊区，但自从长沙市重新划区以后划为了开福区。选择这几个区比较有代表性，所以我们把它们定为我们调查的对象。

2. 调查的项目（内容）

（1）社区环境：绿化面积及覆盖率、树种、花种、其他美化环境的设施及投入资金，环境卫生情况；

（2）社区体育今昔变化情况：目前体育设施及投入资金、社区组织体育活动的情况、居民健身情况与以前的变化；

（3）社区教育与文化今昔变化：文化设施及投入资金、社区组织的教育文化活动的变化；

（4）社区的卫生与保健今昔变化：卫生保健设施、开展了哪些工作、与以前相比有何变化；

（5）社区的服务今昔变化：提供哪些服务的项目、服务质量如何；

（6）社区的概况：面积、人口、获奖、交通；

（7）社区的公共设施与服务设施；

（8）社区居民素质的变化：行为习惯、精神面貌、邻里关系；

（9）社区哪些方面做得较好，还存在哪些不足，为了把社区建设得更好你有什么好的建议；

（10）社区居民的生活水平的增长情况。

3. 获取信息的方式（调查方式）

（1）采访：采访居委会工作人员，了解社区的情况、采访普通居民、下岗人员、低保户，了解社区的变化、社区的服务、社区的优缺点以及建设社区的建议；

（2）实地考察：了解社区环境、各项设施、居民素质的现状；

（3）查阅搜集资料：上网查阅居委会资料，亲自到居委会查阅有关部门的文献资料，查阅搜集以前的照片，感受社区的变化；

（4）问卷调查：对普通居民发放调查问卷，了解社区的变化程度、社区的服务和建议；（后附问卷调查表）

（二）讨论、制订计划，设计采访表、实地考察记录和问卷调查表

1. 讨论、撰写采访计划和采访表

（1）课堂上向学生提问，要想此次采访能获得想要的资料，要考虑、注意哪些问题？师生讨论总结如下：

采访计划

调查主题：＿＿＿＿＿＿＿＿＿＿＿＿

① 采访谁？

② 谁去采访？谁记录？

③ 什么时候去采访？

④ 采访什么问题？

⑤ 采取什么方式来记录采访内容？

⑥ 此次采访需要准备哪些东西？

⑦ 采访时要注意什么？

⑧ 如果遭到拒绝怎么办？

（2）采访计划商定好后，教师给学生发放了采访表（发放采访表的目

150

的是为了培养学生有计划地收集信息、及时记录处理信息的习惯），师生共同讨论如何填写有关内容。学生在采访前就采访表进行讨论，然后填写了相关的内容：

社区情况采访表（一）

采访主题：社区的变化与发展

采访对象：居委会工作人员

采访人：＿＿＿＿＿ 记录：＿＿＿＿＿

采访时间：＿＿＿＿＿＿＿

采访的问题：（学生讨论后再填写）

① 社区提供哪些服务项目？

② 近两年来在社区体育方面组织了哪些活动？在体育设施方面共投入了多少资金？

③ 近两年来在社区教育与文化方面成立了哪些机构，采取了哪些措施，组织了什么活动？本社区在教育文化方面共投入了多少资金？

④ 社区环境（如绿化、美化、亮化）方面共投入了多少资金？

⑤ 关于下岗就业问题，社区提供哪些服务？

⑥ 对于低保户、孤寡老人、残疾人这些需帮助人群，社区给予哪些帮助？

⑦ 您认为现在社区的工作与前几年相比有什么不同？

⑧ 与前几年相比政府对社区的投资是否增加了，每年大概增加了多少？

⑨ 在社区卫生保健方面主要做些什么工作？近两年来开展了哪些活动？

⑩ 本社区有多少户居民？总人口是多少？面积多少？楼房多少栋？

采访记录：

＿＿＿＿＿＿＿＿＿＿＿＿＿＿＿＿＿＿＿＿＿＿＿＿＿＿＿＿＿＿＿＿

＿＿＿＿＿＿＿＿＿＿＿＿＿＿＿＿＿＿＿＿＿＿＿＿＿＿＿＿＿＿＿＿

被采访人签名：＿＿＿＿＿＿＿＿＿＿＿＿＿＿＿＿＿＿＿

2.讨论、撰写实地考察计划和记录表

（1）教师在课堂上首先告诉学生什么是实地考察，然后组织学生讨论

此次实地考察要考虑一些什么问题。学生讨论交流得出实地考察要考虑的事项并制订了计划。（附考察计划）

实地考察计划

① 到哪里去进行实地考察，什么时候去比较合适，为什么？

② 谁去进行考察？

③ 具体考察些什么？

④ 采取什么方式记录考察内容比较合适？

⑤ 考察时应注意什么？

⑥ 此次考察需要哪些物品？

⑦ 具体分工安排？

（2）考察计划制订后，我给学生发放了考察记录表，并要学生把考察前应填的内容写好。（附实地考察记录表）

实地考察记录

研究主题：_____

考察地点：_____

考察时间：_____

考察人员：_____

考察的具体内容：_____

考察记录：_____

_____

_____

我们的问题：_____

_____

（三）自我反思

以前，采访、实地考察计划基本上都是由教师给学生发放表格，由学生讨论后再统一填写，使学生了解计划、记录表的内容和格式。这次活动，教师放手让学生自己策划，给予学生充分发挥的空间，借以锻炼学生规划活动的能力，培养学生有效收集和处理信息的能力。学生在课堂上的表现较出色，能力也得到了锻炼。由于实践活动前的准备工作较充分，因此，这次采访和实地考察活动开展得十分顺利，学生收集到了调查研究所需要的资料。不仅丰富了他们的社会体验，而且锻炼了他们的综合实践能力，特别是收集和处理资料、人际交往能力的提高。我也认识到能力的培养不是一蹴而就的，它需要老师的逐步引导，老师的指导不能是空中楼阁，必要时要给予学生一定的"支持材料"。

6. 掌握处理资料的基本方法

资料的整理并不是就某一阶段资料收集完后或是在展示前所做的事，我们要把它贯穿于整个过程。面对众多庞杂的资料，究竟哪些是有价值的，能为自己的研究服务的？又该如何去整理加工它们？

（1）分类

学生收集的资料大多都是五花八门或零零星星的。资料的整理首先是指导学生按资料的呈现方式来归类，如按图片、文字、音像、实物等分类，有条件的可在电脑上创建作品集。然后准备卡片，分类表明内容方便查找。在开展"多彩的民族风情"活动时，学生通过不同的途径收集到了有关各民族的服饰和风俗、风味小吃等文字、图片、音像、实物资料。学生面对如此多的信息不知如何处理。教师引导学生按不同的方法来分类，如按信息呈现的方式分类整理，按服饰、风俗、风味小吃分类，也可按不同的民族来整理，并要求学生小组合作把这些资料输入电脑里制作成学生网站。

（2）整理

查阅到有关的资料之后，把它进行摘录（标明出处，包含书名或论文题目、作者姓名、出版单位、版本、出版时间，还有期刊的年号、期号，报纸的年、月、日，网站名等）或复印，然后按顺序排列、归类。

摘录可以写在笔记本上，也可以写在卡片上。但笔记本不便于资料的归类、整理，而卡片不仅便于归类、整理还便于查找、使用和携带。卡片纸要大小一致，一张卡片只记一个观点、事例或问题，每张卡片上的内容都要标明出处。

（3）加工

指对资料进行分析思考，然后剔除假材料，去掉过时、重复的材料，对有价值的材料进行研究。这个阶段往往要做以下几个方面的工作：写批语、做记号、写提要、做札记、写综述。

写批语，就是在所摘录资料的空白处写上自己的见解、解释或质疑。

做记号，是读者对重点、难点、精彩之处或自己感兴趣的内容划上的各种标记，如直线、曲线、红线、波浪线、圆圈、括号、着重号、问号、感叹号等。

写提要，就是对包含各种信息的研究文献进行总结。即把原文的基本内容、主题思想、观点、独到之处或其他数据，用自己的话加以概括。

做札记，就是在笔记本上随时记下自己读书时的心得体会和各种想法。札记不求形式，你可以随时随地记下你在阅读时引发的思考。做札记的好处在于能更好地帮助你去记忆和思考。

写综述，就是汇总所查找到的某一类别的所有资料，然后进行加工处理，转化为自己的结构体系写成的一份报告。每一份综述实际上就是一项研究报告，它能为自己或别人的研究提供有价值的东西。

这些加工的方法可通过讲座传授给学生，要求学生在实践活动中运用，逐渐形成一定的技能。

（4）创建参考资料列表

当学生通过不同途径获得丰富的资料时，需要建立一个参考资料列表或作品引用记录。这样做的目的不仅是为了遵循版权法，也是为日后的资源查找保留有价值的记录，同时也有助于浏览者追根溯源，确认参考资料的可靠性。

"多彩的民族风情"作品引用记录

有关我国少数民族文化的网站、网页
1. http：//www. china. org. cn/ch－shaoshu/（中国少数民族） 2. http：//heritage. cn. tom. com/（少数民族） 3. http：//www. china. org. cn/ch－shaoshu/index33. htm（蒙古中国网） 4. http：//www. 56china. com/mc－mgc. htm（中国民族网） 5. http：//www. xinjiangtour. gov. cn/people/mzjj－mongo. htm（新疆旅游网）
《游历中国》、《走马大西北》等 VCD 光盘资料及有关少数民族歌曲、音乐的磁带、CD 等资料。 1. 小学社会课教材四年级第一学期《中华民族大家庭》。 2. 思品课教材四年级第二学期《各族人民亲又亲》。 3. 画册（有关少数民族服饰的）。 4. 各类介绍中国少数民族的报纸、书籍、杂志。如《大理风情》、《云南旅游》等。

7. 完善评价与检测体系，促进中小学生获取和应用信息能力的最终形成

通过评价来促进中小学生搜集处理信息能力的培养。评价注意这几个方面的结合：

① 形成性评价与终结性评价相结合；

② 定性评价与定量评价相结合；

③ 教师评价、学生自我评价、学生相互评价、家长评价相结合。

具体的形式有：成长记录袋、行为观察记录、情景测验、作品展示、访谈、答辩、课堂反馈、标准化测验等。

评价内容：在评价中要注意评价学生搜集资料的结果、搜集资料的方法的有效和便捷，以及对资料的整理和处理情况等信息能力的因素。

8. 提高教师自身信息素质

培养学生搜集处理信息的能力，首先一定要提高教师的信息素养，只有自己有能力了，才可能培养学生的能力。要有充分利用周围的一切资源为自己的教学服务的意识和实践行动。有的教师不太懂电脑，在刚开始接触综合实践这一门课程时，会感觉到很困难，因为有不少知识不懂，无法给予学生更好地指导。资源意识也不强，结果浪费了不少好的资源，浪费了时间和精力，教学效果也不显著。

9. 在教学实践中要做有心人，深入了解学生的情况，及时发现问题，认真反思，找到解决问题的方法

某校在开展"我是种植小能手"的活动中，学生通过进图书馆、去书店、采访有经验的人士以及上网查找等途径，掌握了不少种植知识。在信息交流会上，有一组学生通过看书了解到用喝剩的茶叶水、变质的牛奶浇灌杜鹃花，花会长得更好。而另一组的学生采访他们的钟老师，因为钟老师是"养花能手"。钟老师告诉他们最好用冷开水浇灌。面对这一矛盾情况，教师没有马上下结论，而是引导学生在实践中去验证最后的结论是什么？教师组织两组学生同时进行实验，用不同的方法来浇灌杜鹃花，结果发现用冷开水浇花确实好一些。这件事情给学生的触动很大，他们从中认识到"实践是检验真理的唯一标准，尽信书不如无书"的道理。从这以后，不少学生从不同的书籍、不同的途径收集到资料后并不是全盘照搬，

他们知道做一下比较，或者吸收各自的"营养"，甚至通过实践来验证资料的真实情况，使自己掌握的知识更加全面、正确。

10. 实践与方法论的讲座相结合

在以往教师对学生活动全过程的指导中，缺乏必要的专题讲座和"过程与方法"的指引，"过程与方法"维度的目标没能得以实现。如掌握通过图书查找文献资料的方法，利用网络搜索相关资料的方法，怎样通过观察、采访、实地考察获取资料的方法。这些都是很有必要的，可以减少学生收集资料的盲目性和无效性，提高效率。但方法论的指导要注意把专题讲座和方法实践结合起来，方法论的指导不能陷入知识的系统讲授的局限。系统讲授对于小学生特别是中低年级的学生来说，显得枯燥乏味，不能激发他们的兴趣。

在开展"尾气与环境污染的调查研究"主题活动中，学生要收集有关尾气带来的危害的资料。他们通过上网、看书了解到不少有价值的信息。有一组学生别出心裁，想通过实验来验证尾气的危害，用事实来震撼人心，唤起人们对治理尾气、保护环境的重视。他们把两只蚂蚁分别放进装有尾气和空气的瓶子里，结果第二天放学后回家一看，发现生活在装有尾气的瓶子里的蚂蚁就已经死了，而生活在空气里的蚂蚁安然无恙，但又过了几天后，瓶子里的蚂蚁因缺氧而死亡了。实验很成功，然而由于他们没有及时认真地做实验记录，而且连实验所用的瓶子、蚂蚁也都因为没有保管好而被家长扔掉了。因此，在小组展示交流研究成果时，虽然他们讲得绘声绘色，但同学们却不相信，要他们拿出证据来，他们有口难辩。看着他们干着急的样子，教师引导他们翻看科学书，学习如何通过实验来收集信息，共同讨论实验时应怎样观察、记录实验现象。教师在对他们进行了较系统地观察和实验方法的讲授之后，要求学生回家再做一次实验。结果，学生观察得异常仔细，记录也十分认真、科学，研究很有实效。

在实践中发现问题，使学生亲身感受到方法的重要性。然后教师再授之以"渔"，让学生在实践中又进一步检验方法，从而体验到成功的快乐，逐步培养了学生的科学素养。

11. 了解、创设良好的资源环境，扫除了有些学生认为没有条件收集资料的障碍

某校教师带领学生开展社区的变化与发展的社会调查活动时，通过调

查了解到社区的图书资源比较丰富，但学生对社区藏书的知晓度和对图书的利用率都很低。教师要求已经调查了解了社区图书资料的六年级学生通过广播的形式向全校学生进行介绍，学生对社区图书室有了一个大概的了解。教师组织学生建立班级图书角，定期开展家庭藏书交流活动（要求学生把自己家里的书带来向同学介绍基本内容，并可交换阅读、外借），使学生大概了解"班级"图书的种类和主要内容。这样不仅培养了学生的阅读兴趣，增强了学生的写作能力，同时也为收集资料提供了"便捷、优质的服务"。

12. 资源整合，任务驱动，全方位地培养学生收集处理信息的能力

综合性是综合实践活动课程的基本特点。综合性是由综合实践活动中学生所面对的完整生活世界所决定的。不少学科里都有综合实践的一些活动主题和教学内容。如果不注意学科整合，就会浪费时间做重复的工作，学生也容易厌倦。因此，教师拿到教科书后，首先应浏览或通读该年级所有的教科书，了解可整合、可删减、可利用的内容。如北师大版四年级语文书上的一个语文天地里要求学生学习写采访计划和采访记录，了解到这一信息后，某校教师采取的措施是等语文教师指导后，再组织学生开展"安全自护我能行"这一主题活动。由于学生掌握了一些采访和记录的技巧，所以他们在采访教师、医生和家长时，采访、记录效果都不错，有的"记者味十足"，手拿话筒去采访，还利用随身听录音。在实践中，他们又不断总结采访的技巧和如何撰写采访计划。在北师大版语文第七册中有一篇课文《中国结》，它是专门介绍中国结的。第七册综合实践书上的第一个主题就是"研究中国传统艺术"。在综合实践课堂教学时，某校教师引导学生充分利用这篇课文，使学生较好地了解了中国结的历史与含义。该教师在实验的头两年主要是自己在整合教材内容，后来便自己开始引导学生浏览或通读该年级所有的教科书，让学生也了解可整合、可删减、可利用的内容，并要求学生把相关的内容记在综合实践教科书的目录或教材里的相应位置。一般记页码、主题内容、哪一方面的资料等。

教师和家长的通力合作使培养学生信息能力趋向广泛化与个性化，避免了教这一学科教师的孤军作战。某校第二学期三年级的期末考试就是要求学生搜集动植物以及我们人类是怎样过冬的资料，并撰写一篇研究报告

《过冬》。此次考试目的主要就是培养并了解学生收集、处理和运用信息的能力。该校教师想学生有任务和评价的督促一定会较认真地对待，但又考虑学生临近期末考试，学习任务重，再说不是班主任布置的作业学生不一定都能认真对待。所以，该实践活动课教师联系语文教师，与他们商量把此次综合实践活动考试的内容作为本周周末的语文作业，他们负责收，由这位教师来批改。这位教师还提出希望语文教师给予写作方面指导的要求，语文教师非常乐意帮这个忙。结果，学生的调查报告撰写得很好，在撰写报告的实践活动中学生搜集、处理和运用信息的能力也得到了培养。这位教师如果没有语文教师的配合，此次评价一定达不到这种效果。

不少学生收集资料的能力较差，特别是通过网络资源查找资料、处理资料的能力较差，究其原因，主要是因为家里没有电脑，没有地方可查找，许多查找资料的作业根本就没有去做。没有实践操作，又怎能更好地培养能力呢？根据这一原因，某校教师与计算机教师商量，如果有关于搜集资料的作业是否可以留点时间和空间让学生在电脑课上搜集。计算机教师欣然同意。于是，以后通过上网查找资料的作业不再只有少数学生交了。五、六年级的学生在多次的实践操作中，掌握了如何快速有效的上网查找、下载资料。所以，实践活动如果能取得其他教师的配合，一定会取得更好的效果。

四、初步成效

（一）教师方面

要想培养好学生搜集处理信息的能力，首先教师在这一方面要有较好的素养。通过理论学习、电脑培训和在实践活动中指导学生，许多教师感觉收获很大。如提高了理论修养，加强了理论指导能力；掌握了搜集处理信息的方法，在指导学生活动中不再感到力不从心，提高了工作效率；在教学实践活动中进一步地了解了学生在搜集处理信息方面的难点和教师应采取的突破点，能因材施教，取得成功，感受成功带来的快乐；感受到了与其他教师合作给工作带来的高效率。

（二）学生方面

学生的信息意识得到增强；学生了解了获取信息的一些途径，并能结合自己的情况采取便捷的方式来获取信息；掌握了基本的搜集处理信息的方法，缩短了搜集信息的时间，提高了搜集信息的效率；了解处理信息的方法，使信息不再杂乱无章、漫无边际、良莠不齐。

第二节　如何培养学生进行有效地观察

一、问题的提出

苏联著名的教育家苏霍姆林斯基认为："观察是智能的极重要的源泉，观察是知识理解和技艺之母。"可见观察对于我们认识事物、探究事物的重要性。所以，在综合实践活动中，学生总也离不开通过观察来获取知识这一重要途径。如在"关于口香糖的调查"活动中，有几个小队的学生想到了观察这一活动。快乐小队：观察口香糖的不同包装代表什么品种；小精灵小队：观察人们是否乱扔口香糖残胶；实验小队：通过实验观察口香糖的特点。学生主动想到观察活动会令教师感到欣喜，因为学生通过自己观察获取第一手资料是非常真实、非常有意义的，而且会让其印象深刻。然而，在具体实践中，令老师困惑的是学生的观察实践活动并不深入，经常是浮光掠影，或走马观花，在头脑中不能产生深刻的印象，导致活动收获不多。活动的独特体验、个人的思考发现更是寥寥无几。如"关注天气的实施"案例中，教师询问学生前一周天气记录的完成情况，出现了各种教师认为五年级学生不应该有的问题。有的只记录观察第几天、第几天的天气，而不写具体观察、记录的日期；再看观察、记录一周的天气情况的表格，在设计上也存在很大的问题，不是没有表题，就是表格的栏目、内容不清。因此，在这整个第一大块环节实施中，耗费了大量的时间用来指导学生正确设计表格，导致后面的活动时间缩短，严重影响了活动进程和效果。

综合学生的观察活动，主要有以下几种现象里令老师担忧。

（1）观察内容单一，观察活动很快就结束了。

（2）观察出现盲目性，观察注意力转向与活动无关的内容。

（3）观察仅仅停留在表象问题上，尽管他们认真地观察，却往往"觉察不出"事物的主要特征，甚至"视而不见"。

（4）不了解实验观察的步骤，没能注意实验的科学性和严密性，有很大的随意性，以至于观察半途而废，或者得出的结果很不准确。

（5）观察记录的盲目性。在观察中，学生往往不明确我今天要观察什么，而是看到什么记什么，记录凌乱，随便写在纸上，不规范，有的甚至过一段时间随手就弄丢了。

（6）观察后针对观察内容缺乏思考分析的能力，没有自己的独特发现。

（7）活动交流时，主要讲自己观察的结果，不注重提升观察的经验，不会总结观察方法。

著名教育家蒙台梭利说过："每一位教师都应该把自己的眼睛训练的像鹰一样敏锐，观察到儿童最细微的动作，探索到他们最细微的需要。"因此，在综合实践活动中，进行观察方法的指导是学生的需要，必不可少，迫在眉睫。可如何在综合实践活动中有效地进行观察方法的指导呢？

二、问题剖析

要从根本解决问题，还需找到问题的原因。唯物辩证法认为外因是变化的条件，内因是变化的根据，外因通过内因而起作用。这就说明要提高学生的观察能力，不可忽视各种内因和外因。

（一）内因

（1）学生由于注意力不集中且不持久，观察中无意性和盲目性较强，观察往往虎头蛇尾。

（2）学生喜欢新奇，但观察事物时往往笼统、不精细、不注意事物的特点，不善于辨别事物之间的差异。

（二）外因

（1）许多的专业术语对学生来说很难理解。如果一味地灌输这些知识点，学生们就会觉得枯燥，甚至有点费解。因此，要对小学生的观察能力进行系统地指导。

（2）长期以来，学生缺乏质疑的能力。

三、相关策略

为了在综合实践活动中有效地进行观察方法的指导，作为教师，我们首先要查阅资料，系统地了解什么是观察，观察的重要性，观察的基本方法。然后我们根据学生的年龄特点，尝试着把专业术语具体化，让指导目标与活动相结合，通过活动的不同阶段来完成，使其具有可操作性。实际上也就是在综合实践活动中小心呵护学生的观察兴趣，适时、适宜地渗透观察方法，积极引导学生去观察本次活动中需要观察的事物，这样的观察指导具有专业性、系统性、可操作性，学生容易接受，也乐于接受。

（一）教学实践

1. 活动策划阶段，指导学生更好地开展观察活动，从而明确什么是观察

下面以案例"关于口香糖的调查"活动中观察方法的指导为例说明。

（1）故事启发，挖掘观察内容

我给学生讲了一个"每次有进步"的故事。故事的内容是大家所熟悉的：

屋檐下，燕子妈妈问小燕子："你能不能到菜园子里去，看看冬瓜和茄子有什么不同？"小燕子飞去了，回来说："妈妈，妈妈，冬瓜是大的，茄子是小的。"燕子妈妈说："不错。可是，你能不能再去看看，还有什么不同？"小燕子又飞去了，回来说："妈妈，妈妈，冬瓜是青色的，茄子是紫色的。"燕子妈妈说："很好。可是，你能不能再去认真地看看，它们还有什么不同呢？"小燕子再一次飞去了，回来欢叫着说："妈妈，妈妈，我发现，冬瓜的皮上有细毛，茄子的柄上有小刺呢！"燕子妈妈高兴地笑了："好孩子，你一次比一次有进步。"

引导学生思考：小燕子为什么有进步？

学生很快总结出：小燕子一次比一次观察得仔细，每次观察的内容都不同。

再引导学生思考：快乐小队去超市除了观察口香糖的不同包装代表什么品种，还可以观察什么？

生：可以观察哪种口香糖卖得最好。

生：可以观察一个牌子的口香糖有几种不同的口味。

生：可以观察不同品种的口香糖，它们的成分有没有不同。

生：可以观察大人和小孩的口味是否一样。

生：可以观察口香糖的不同价格。

师小结：所以，靠自己的感官，有目的、有计划、主动地去感知，才是真正的观察。

（2）实践体验，设计观察情境

小精灵小队的同学想了解人们是否随手乱扔口香糖残胶。教师告诉全班学生这是一种对社会人群的观察，可以通过设计或营造不同的观察情境，观察不同人群的做法。学生的思路打开了，设计了不同的形式。

情境一：课余时间，给低年级五个学生每人一块口香糖，观察听到上课铃声后的做法。

情境二：课余时间，给高年级五个学生每人一块口香糖，观察听到上课铃后的做法。

情境三：先给低年级学生讲述口香糖残胶的危害，教给他们正确吐口香糖残胶的方法。再给五个学生口香糖，同样观察听到铃声后的做法。

情境四：在家时观察家长的做法。

情境五：双休日时在社区观察人们的做法。

师小结：不同的情境，你们观察到的现象可能会有所不同。要想提高自己的观察分析能力，观察事物后进行比较，就是一种很好的方法。可以针对同一情境中发生、发展过程中的不同阶段作比较，也可以对两种以上的不同情境的不同结果作比较。

（3）观察实验，了解观察的一般步骤

师：你们想不想像科学家一样，对实验做一次完整的观察？我们首先要了解观察的一般步骤。

① 选择观察对象。

② 选择观察内容。可通过表格的形式对观察的内容及进程作好安排，做到有计划性。

③ 选择观察方法。如果需要使用仪器，应对仪器的使用方法、常见故障的排除加以了解。对将要进行的观察工作要做好充分的准备，防止因为意外事件影响观察的进行。

④ 实施观察。在观察时要注意将一切可能对研究产生影响的现象都认真记录下来。

⑤ 整理观察资料。对观察的原始记录予以整理，并根据所记录内容，对文字性记录做归纳性描述，对数据资料做出定量统计，形成观察结果。在这个阶段，学生应该在教师的指导下对所观察到的信息进行处理，形成结果，为今后的进一步研究提供依据。

2. 活动实施阶段，教会学生常用的观察方法，根据具体情况指导学生观察要注意的问题

在活动实施中，师生可以进行一次专题小讲座，主要介绍一些常用的观察方法便于学生灵活运用：

（1）次序法。先观察什么，后观察什么，要有一定次序。观察有次序，表达才能有条理。

（2）综合法。先局部后整体，或先整体后局部。

（3）重点法。对能突出中心的部分进行重点观察，其中包括细节观察。

（4）比较法。用对比的方法观察事物，目的在于区别事物的不同点或相似处，从比较中发现事物的特征。

（5）衬托法。有些事物，如果只看本身，没有什么特别。如果注意观察与其有关联的其他事物的情况，借以衬托，就能把这些事物观察得更加具体、形象。

（6）时序法。场面、景物、事件等随时间变化而变化，观察者以时间为序进行观察。

（7）点移法。这是观察者以地点移动为顺序进行观察的方法。由于观察地点的变化，景物也随着变化了。

在具体活动中，我们密切关注学生的观察情况，发现问题及时的进行指导。下面，我们仍以"关于口香糖的调查"活动中观察方法的指导为例说明。

快乐小队：有的学生尽管把口香糖看遍了，但思维并没有参与，可以说这并不是观察。所以，告诉他们观察与思维是密不可分的，观察是思维的触角。因为有了思维的观察才具有了价值。

小精灵小队：观察的对象是人。所以要注意：①观察要有追踪性。有些现象并不是一时一刻就能观察到的，而需要一定的观察时间。②选择最佳观察位置。一方面要力争处在观察的最佳视野；另一方面要保证不影响被观察者的常态。③善于抓住引起各种现象的原因。每一种现象的出现，都要能找到引起现象出现的原因，使获得的观察材料具有科研的价值。④善于与观察对象建立良好的关系。因为在观察中陌生感容易改变观察对象的常态，良好的关系有利于保持观察的正常状态。

实验小队：观察的是实验。所以要注意：①辨别重要的和无关的因素。根据观察任务，把注意力集中到能获得有价值材料的重要因素上去，提高观察效率。②科学地观察不仅仅是被动地搜集事实，更重要的是对事实进行分析研究，找出各种现象间的相互联系。要深思细察、善疑多问，面对观察事实进行分析，不断提出为什么。例如：戴航同学就在实验中发现口香糖虽然很黏，但所粘物体的摩擦力不同，黏度不一样。

3. 活动实施中，指导学生整理和总结观察结果

师：观察后，我们会整理和总结观察结果，如果养成了习惯，这样可以促进自己更认真细致地观察和积极地思维，从而有利于我们不断积累知识。所以，随着观察活动的开展，不断整理和总结观察结果很重要。

我教给了学生三种方法，让他们自由选择：

（1）观察日记

写观察日记应注意以下几点：

选定内容，注意观察。

掌握格式，要真实具体。

连续观察，要持之以恒。

（2）观察表

制作观察表应注意：

表格内容根据自己的观察选定。

表格式记录便于分类，比较，形象直观。

依据观察现象，如实记录。

（3）观察报告

观察报告是最为正式的一种记录形式。观察报告的格式一般分标题、

前言、正文和结尾四部分。

① 标题要明确。观察什么应标出来，让人一看标题便能大致了解观察的对象。

② 前言是文章的开头部分。主要写出观察目的和计划，其次是写明观察的时间、地点、对象、范围、经过和可能取得的第一手技术资料的测定及记录方式等。

③ 正文是文章的核心部分。这一部分首先要对观察得到的各种第一手资料进行叙述，然后分类进行归纳、整理。有些情况和数据尽可能采用表格方式表示。最后再将归纳、整理的情况进行分析和综合，得到正确的客观事物的运行规律。

④ 结尾是观察报告的结束语。该部分常对被观察的客观事物运动规律作出总结。

（二）策略研究

1. 深思熟虑，把观察目标具体化，解决知识点过于专业化的难点

作为有经验的指导教师，我们应该深思熟虑，找到观察的知识点与综合实践活动相结合的切入点。在关于口香糖的调查活动中就是这样确定了观察活动的目标。

（1）经历简单观察的过程；引导学生通过比较，发现更多的观察内容。

（2）指导学生通过对观察情境地设计，发现社会实践需要对所面临的对象进行系统、周密、精确、审慎的观察。

（3）指导学生进行实验观察，了解实验观察的一般步骤。

（4）在观察活动中，指导学生掌握几种不同的记录形式，并能根据自己的需要，恰当选择。

（5）通过经历观察思考的过程，引导学生总结观察方法，不断提高自己的观察能力。

2. 让学生带着问题进行观察，解决观察盲目性问题

观察要有明确的目的性。研究性专题学习活动中的观察，都是为了完成特定的任务，围绕一定的目的进行的。目的明确，准确地选择对象，进行集中的观察，就容易收到效果。为克服小学生因兴趣的广泛、好奇心

强、自制力弱、稳定性差等特点可能会给有目的的观察带来的冲击，事先要向他们讲清观察的目的和要求，特别要强调这一观察与正在进行的研究性学习选题的关系，把观察活动变成小学生自觉的要求。为解决小学生知识不足、思维能力弱给观察带来的困难，活动前可以引导学生思考，我要通过观察知道什么问题，这样他们就会专心致志地进行观察活动。否则，目的不明确，观察漫无边际，东张西望，漫不经心，甚至会导致注意力离开观察对象，混淆了观察的事物与背景的界线，这样就不能获得预期的效果。如"快乐小队"的同学为了观察口香糖的价格有什么不同，不仅利用放学的时间调查了学校周围的"盛旺超市"、"兴旺家超市"、"迎春超市"、"丝茅冲超市"、"汇康超市"，还利用双休日到市里的各大超市去调查。如"新一家"、"麦得龙"、"家乐福"、"家润多"。在数学老师的指导下设计了口香糖品种和价格展，制作了各大超市同种产品的价格统计表。孩子们惊讶地发现"新一家"等大型超市并不比一些小超市便宜，发现双休日超市里的人特别多，而且，不同超市都用特价商品来吸引顾客。

3. 从不同角度挖掘观察内容，解决观察内容单一的问题

在同一次活动中，学生选择观察的内容不同，教师指导学生的关注点也有所不同。一般有以下几个方面：

（1）情境。人物的活动、事件的发生都与情境有很大的关系，有些事件或活动恰好是在特定的情境下才会发生。因此对情境的观察是首先要引起重视的。

（2）人物。在各种各样的市场活动中，人是行为的主体，任何事件的发生都离不开人，所以对人物的观察是观察者最主要的工作。观察人物时，要注意他们的身份、年龄、性别、外表形象、人数、人与人之间的相互关系等。

（3）行为。观察人物的各种行为活动，包括言语、表情、姿态、动作、动作过程以及行动如何引起、行动的趋向、行动的目标、行动的性质、行动的内容细节等。

（4）频率和持续期。即观察事件发生或人物及其动作重复出现的时间、频率、延续时间等。

4. 运用灵活多样的方法，描绘观察情境记录、观察结果，解决观察记

录凌乱的问题

观察要有记录，记录内容要详细、准确。小学生在观察时常出现的问题，一是懒于记，二是不会记。教师则要有意识地加以引导和帮助他们，就需要提出有效的观察要求，并指导学生根据活动的需要，灵活地选择记录方法描述所观察到的一切，有效地控制学生的行为。

（1）画图

画图可以使学生的手、脑、眼、耳等多种器官共同活动。特别是眼的活动更多，这样能使学生的大脑皮层一直处于兴奋状态，让学生充分利用视觉和听觉的感觉器官，从而排除了分心的因素，使学生在高度集中注意力的前提下，迅速、正确地获得知识。通过认真观察，画好一幅图后，高度紧张的神经能够放松，学生的喜悦之情是可想而知的，这样又会反过来激发学生认真观察的兴趣，从而可培养学生的观察能力。

（2）自制标本或实验材料

在做实验时尽可能让学生自己采集标本或实验材料。因为采集标本或实验材料的过程，本身就是一个观察认识过程，有相同材料或标本时还有一个认真观察和比较、择优选择的过程。让学生自己采集标本或材料，十分符合学生好动手动脑和好奇的心理。到大自然中去采集标本或实验材料，学生就会对身边遇到的标本或材料发生浓厚的兴趣。而当对许多材料有了感情以后，就会反过来对它们更有兴趣，更加注意它们，这样也有助于学生观察能力提高。但另一方面，在采集标本或实验材料过程中，不小心会被棘刺破手、被虫、蚊咬，被蜂叮，稍不注意会跌倒或被竹、木绊倒、刺伤等等。因此，教师应告诉学生采集标本时要非常注意。这样，学生对自己冒险、辛苦采集到的标本或实验材料会非常珍惜，在用采集来的标本或实验材料做实验时，也就特别注意观察。时间一长，就形成了习惯。

（3）写观察日记

学写观察日记应掌握以下几点：第一，确定内容，注意观察。观察日记内容广泛，动物、植物、环境、气象、天文、地理、人文、生活，一切自然界、社会界存在的现象都是观察日记的内容。观察中，一定要注意季节的变化，时间的推移，生长的习性。人们生活衣食住行，言语的变化。

从正面、侧面，比较、反复观察中，弄清事物的现象和本质。最后确定自己熟悉的、了解的来写。第二，掌握格式，要真实具体。①题目在第一行写。题目是文章的眼睛，拟题要新颖，观点要明确。如连续观察可在每段日期前再加一小标题。②题目下写清楚所在省、市、县（区）学校及年级，空一格写作者姓名。如果在自己日记本上写，可省去，如果将日记整理投寄报刊编辑，就相当重要了。③第三行写明日记的时间：即：×年×月×日，星期×，最好把天气情况稍带说明，以备日后查考。④正文。如果正文要写的内容比较多，可以像写其他文章一样，分成几个小段来写。篇幅长短取决于所记内容，有话则长，无话则短。正文的写法灵活多样，以二类见多，一是表格式和坐标式记录，如天文气象、生长变化、分类比较、统计数据等，其形象直观；二是用记叙、描写、议论、说明、抒情等形式表达，如动物、植物、新现象、新发现等。观察本身就是进行科学探究实践活动，所记内容不能虚构，应依据观察的现象如实记录，其结论具有科学性，这对今后的查阅、参考才有作用。⑤有辅导教师，应在文末用括号注明教师姓名。第三，养成习惯，持之以恒。写自然观察日记决不能三天打鱼、两天晒网，写写停停，停停写写。只有坚持不懈地记，才会取得优良的成绩。因为写日记本身是个学习、提高的过程，也是对自己坚持意志锻炼的过程。如观察日记《种子的发芽》。

种子的发芽

2003 年 6 月 20 日　雨

暑假里的一天，"哗哗哗"下起了大雨。我在关窗的时候，无意中发现窗户边有一颗菜芽，这时，我的脑海中闪过两个问题：这是什么菜的芽？这种菜的种子多长时间才能发芽？于是我就做起了实验。先准备好杯子、泥土，还有我在窗户边发现的菜芽而找到的菜种子。然后，我把一大半泥土放在杯子里，接着，我在杯子里放几十颗种子。最后，我把剩下的一小部分的泥捏碎放入杯内。实验的步骤就完成了。

一天后，我来到阳台观察种好的种子。我发现，种子的颜色有些变化。本来种子的颜色是黑色的，但过了一天一夜，种子的外表有些发红。但有些种子还是黑色的，不过也带了点紫红。两天后，我又来到阳台观察种子。我向杯子里一望。惊奇地发现，种子竟然催芽了。种子外表的壳裂开了。从里面钻出了嫩芽，嫩芽的颜色是青绿色的，稍微带点黄色。芽的顶端有一根根像羽毛一样的细丝，这就是芽头。芽头一直伸向土里，直到在土里生了根，然后，在种子里面会钻出几片菜叶子。三天后，我再次来到阳台观察种子。通过我的仔细观察发现种子现在和催芽时有很大的变化。催芽时，种子的壳只是破裂了，但现在大部分已经脱落了。种子里的叶子本来是合拢的。现在，叶子已经展开了，每根芽的叶子都有两片，像一个爱心的形状。叶子下部有些弯曲，像一个驼背的老公公。我经过查寻资料，才知道，现在已经是发芽了。还知道这种菜芽叫油菜芽，油菜种子发芽后，连续好几天，都不会有很大的变化。

结论：

① 油菜种子种好的第一天，最大的变化是种子会改变颜色。

② 种子催芽后，芽头上会出现一根根羽毛般的细丝是。

③ 芽头钻进泥土里，会生根，然后种子里会长出几片叶子。

④ 等叶子展开了，会有两片，这时，也就是发芽了，油菜种子本来的外壳会随着叶子的展开而脱落。

5. 调动多项感官观察事物，学会探究本质，解决观察仅停留在表象的问题

教师要教给学生用多种感觉器官参加观察活动，具体有用眼睛去看，用手去摸，用鼻子去闻，用耳朵去听，用口尝一尝，用心去想，这样可以使学生获得更好的观察效果，留下深刻的印象。

例如，在"了解树叶"的活动中，教师在指导学生观察时，首先让他找到一片最喜欢的叶子，给它起个名字，然后用眼睛去看、用手去摸、用鼻子去闻，把自己的观察介绍给大家。学生们会饶有兴趣地去寻找。为了介绍给大家听，他们会仔细地观察，还会用手去抚摸叶子，甚至闻一闻它们。交流时学生们不仅会说到自己的叶子是什么形状，摸上去是什么感觉，边上有没有锯子等等，还会不自觉地说到与其他树叶相同或不同的地方。

学生敏锐的察觉力需要教师及时地点拨和培养。通过直接观察或间接观察，认识事物的属性和特征，从中发掘问题，引导探求事物现象的本质。

单种事物 ←——→ 一般特征

相似事物 ←——→ 互相差别

多种事物 ←——→ 根据不同标准分类

察觉事物之间相互关系

在"关注公用设施"的活动中，开始学生只观察到后操场的公用设施有单杠、云梯、爬杆、垃圾桶，但具体存在哪些问题，没有仔细观察。经老师点拨后，学生发现了不少问题。

侯晓卿同学的观察记录

观察内容：观察学校后操场的公用设施。

观察具体情况：

单杠

(1) 只要拍一下单杠，单杠就会震动。

(2) 单杠已经生锈了。

(3) 单杠有的高，有的矮。

云梯

(1) 云梯很好玩，同学都很喜欢。

(2) 云梯生锈了。

(3) 吊手的地方弯了。

(4) 云梯裂开了。

爬杆

(1) 很方便但是很危险。

(2) 爬杆生锈了。

(3) 有很多裂纹了。

(4) 爬杆很滑。

(5) 爬杆很高。

垃圾桶

(1) 已经损坏了。

(2) 很容易掉垃圾。

(3) 不方便。

（4）很卡通。

（5）洞太小。

建议：希望学校建新的体育场，多加一点新的体育设施。

6. 引导思维发散，鼓励学生质疑问难，解决思维缺少独创性的问题

学生不会思考的表现之一是不会从多方面、多角度、依常规地去思考问题，不会对同一个问题发散思维探求不同的解答方法。教师要引导学生进行观察思维的发散。要求学生掌握思考解答某个问题的各种方法。如在观察口香糖的特点时，选择的地点不一定是地面，让学生通过讨论，思维经过发散，学生发现可以是铁皮上、书上、沙发上、手上。也可以把它埋在泥土里、放在醋里、放在洗衣粉里、放在植物油里、放在茶水里。学生观察角度的发散，可以从不同方面得到某种事物的特征。

思维是从发现问题开始的，儿童提问表明儿童在对事物进行探索、思考，在寻找事物之间的相互联系，这正是思维的表现形式，也是学生创新思维的开端。质疑本身就蕴含创新思维的火花，也是创新的起点。在观察活动中只有善于发现问题和提出问题，才能够在此基础上思考和寻求解决问题的方法。有疑才会提高，有疑才能思考，有疑才能进步。因此，教师在活动指导中要经常鼓励学生多问几个为什么。要大胆提出问题，这样，学生在活动交流时才敢于超越传统习惯的束缚，摆脱原有知识范围的羁绊和思维过程的禁锢，善于把头脑中已有信息重新组合，从而发现新事物，提出新见解，解决新问题，产生新成果。例如，某同学在观察实验中记录了一个有趣的实验现象。那就是"妈妈生气了，我更生气了"的实验现象。

观察记录：

我们家的沙发是妈妈花了6000多元买的布艺沙发。我想观察口香糖残胶粘在沙发上会怎样。没想到等我粘上去就特别难清除掉，我使劲地擦，越擦越黑，还把那一小块的线头一起带走了，给新沙发留下了一个污点。妈妈看见了生气地说："你怎么可以在新沙发上做实验呢？你看沙发被你糟蹋成什么样呢？"我也生气了，实验本来就是要实事求是啊，妈妈不支持我还批评我。可事后我想了想，其实是我做事没想周到，我还可以选择毛巾来做实验呀。现在，我一看到那带着小伤疤的沙发，我就想到做事一

定要"三思而后行。"

从这个故事中可以发现，妈妈生气了和口香糖的特点似乎没有联系。然而，这个有趣的实验现象其实透出的是做人的道理。从实验中明白做人的道理也许比发现口香糖的特点更有意义。

7. 迁移经验，鼓励学生归纳总结观察方法，解决学生不会提升经验的问题

我们知道，观察的过程往往伴随着积极的思维活动，指导学生观察不是为了教会学生观察到了什么，而是要让学生学会如何观察。所以，应该鼓励学生做到观得仔细、察得入微，并在实践的基础上不断地总结经验，不断提升经验。例如，在"关于口香糖的调查"中，学生在活动总结交流阶段就总结了不少方法。

(1) 观察要仔细，要注意事物的细微区别；

(2) 观察时要注意事物的变化；

(3) 观察时要边观察边思考为什么；

(4) 观察时要注意比较；

(5) 观察要有目的、有计划；

(6) 观察时不能随便放弃对观察对象的观察。

四、初步成效

经过一系列的观察活动，在交流汇报中，学生们获得了很多观察研究的新发现，掌握了不少知识；更重要的是学生们积累了很多观察的经验，养成了实事求是、认真细致、追求新知、勇于创造、克服困难的优良品质。

第三节　如何提高小组讨论的实效性

一、问题的提出

现在的教学活动中，小组讨论这一形式已成为小学诸多学科教学中的热点，甚至出现了上课必有"小组讨论"的现象，公开课教学更是甚之又

甚。这一现象说明课程改革的新思想已经融入教师的教育教学观念之中，并且正逐步转化为教者的实际行动，这是件令人欣慰的好事。

但在实践中，由于一些教师对小组讨论的目的、意义、操作方法和规律等方面的认识上存在偏差，缺乏对此项活动的深入研究，所以在教学实践中往往难以收到理想的效果，甚至事倍功半，反而影响了课堂教学质量、速度和学生能力的发挥。

1. 现象或问题之一：从内容上来看，一些教师为了让学生有广泛的参与，一有问题，不管合适与否、难易如何，都要学生小组讨论，似乎只有让学生小组讨论，才能解决问题，从而使得一些没有思维容量，甚至是一些根本就不屑一论的问题充斥其中，学生没有参与讨论的兴趣，教学时间大量浪费，教学效率事倍功半。同时，学生对单一方式方法的刺激，逐渐感到厌倦。

2. 现象或问题之二：从时机上看，我们在课堂上经常看到这样一种教学流程，教师出示思考题——学生讨论——汇报讨论结果。乍一看，流程清楚、学生活跃、参与面广，似乎学生的主体作用真的发挥了。然而再一想：作为具有思维独特性的个体——学生，他独立思考的时间得到保证了吗？当问题一出现时，教师不引导学生深入思考就盲目组织学生讨论，这样，学生没有经过独立思考，就匆忙展开讨论。一方面，使得一些学生因思考不够成熟，而导致讨论流于肤浅；而另一方面，那些思维迟疑、学习热情不高的学生，要么只能默默无语、充当听客；要么只能坐享其成、人云亦云，助长了他们的惰性和依赖性。这样的讨论不仅解决不了问题，而且在无形中剥夺了学生独立思考、自主学习的机会，有悖于合作学习的真谛。

3. 现象或问题之三：从参与面上看，一般情况下，小组讨论采用异质混合小组为多，即教师按照全班学生的学业成绩、能力等进行分组，使每组都包含综合素质低中高的学生。这种异质联合因其有助于小组成员的互助合作，以好帮差等优势，逐渐成为一种广泛采用的合作模式。当然，这种组织形式有其积极的一面，也有其不足的一面。实践证明，异质联合的形式，极容易导致一两个学生"独霸讲坛"，这些学优生凭借优良素质，在小组中扮演着核心人物，主宰整个小组，他们的潜能得到了发挥，个性得到了张扬。而一些学困生因为基础薄弱，参与主动性欠缺、思维的敏捷性、深刻性稍逊，往往总是落后于优等生半步，在无形中失去了思考、发言、表现的机会，在一定程度上被变相剥夺了学习的积极性。这样，就使得小组讨论存在着事实上的"不平等"——参与机会不均等现象十分严重。这样的讨论是名不副实的，是不利于全体学生自主、主动参与学习的。

4. 现象或问题之四：从教师关注程度看，课堂上学生在小组讨论，教师在干什么？我们发现，通常情况下，学生讨论的时间正是教师无事可干的时候，教师要么在讲台前踱来踱去，等待学生讨论完毕，要么象征性地到学生中间走上两圈，再则就是做自己的事，如准备下一环节的教具，为下一步教学作准备等等。总之，此时教师的注意力大多不在学生身上。

5. 现象或问题之五：从讨论的组织上看，在许多的课堂上，我们会经常看到这样的一幕：教师把一个问题抛出来，让学生讨论讨论，呼啦一下，同桌或前后四人抑或一群人马上聚在一起，教室里唧唧喳喳一片，场面很热闹，小组内每个人都在张嘴，谁也听不清谁在说什么……

那么，作为教师应该如何引导学生开展有效的小组讨论，而使"小组讨论"不流于形式呢？许多教师认为这一课题的研究是很有现实意义的，是值得深入探讨的。

二、问题的研究

（一）理论学习

小组合作学习，在形式上是学生座位排列由过去的秧田式变成合围而坐，但其实质是学生间建立起积极的相互依存关系。每个组员不仅自己要主动学习，还要有责任帮助其他同学学习，以全组每一个同学都学好为目标。教师根据小组的总体表现进行小组奖励，学生是同自己过去比较而获奖励。美国明尼苏达大学"合作学习中心"约翰逊等专家认为，小组学习主要有五个要素：积极互助、个体责任、面对面的积极互动、社交技能、小组加工。可见，合作学习的小组与传统的以智力、能力划分的小组或行政小组是有一定区别的。积极互助，是指积极地相互依存关系。在合作小组中，组员间息息相关，只有全组成员都成功，自己才能成功。个人责任，指每个人都要为小组作贡献，都有一份责任，使整个小组在学习上取得成功。面对面的积极互动，指小组活动中有交流、沟通、配合。社交技能，指小组合作的技能，如组长主持活动的技能、小组成员间交往的技能。小组加工，指总结小组合作学习的情况，小组成员间配合得怎样，谁对小组贡献大，还需要作哪些改进等。

合作学习不仅有利于提高学生的成绩，而且能使他们更好地认识自身价值，提高学生自尊，促进学生情感发展、同学间互爱和学生社交能力的提高。有小组合作学习经历的学生，在与人相处方面比没有这经历的学生要强得多。通过这种形式的学习，学生可以较好地适应将来在校外可能遇到的各种能力差异，同时，合作学习可以使学生间的差异在集体教学中发挥积极作用。

小组讨论是合作学习中用得最多的一种。随着年级的升高，教师在小组讨论中的参与成分越来越少，学生独立自主的成分日益增多。小组讨论有多种形式：

① 问题式讨论。教师提出问题，学生围绕问题讨论；

② 循序式讨论。学生先看学习材料或录像，在指定地方暂停一下，讨论之后再继续；

③ 实例讨论。教师给出实例由学生讨论分析，并提出解决方案；

④ 滚雪球式讨论。由个人先写下要点，两人结伴交流，再融进小组讨论；

⑤ 马蹄式讨论。学生分组围坐，小组排列成马蹄形，缺口对讲台，就特定任务进行小组讨论，然后全班讨论；

⑥ 自由式讨论。讨论的题目和方向主要由学生小组控制，教师只对辩论中异常问题或不相衔接情况加以评议；

⑦ 联想式讨论。每个组员充分发挥自己的想象，广泛联想互相搭载，对提出的看法深入讨论；

⑧ 话剧式讨论。课堂上虚构情境，按"脚本"进行讨论；

⑨ 内外圈讨论。小组半数人围成内圈，另半数人围成外圈，外圈人观察内圈讨论，可用于小组学习评价等。

（二）分析原因

1. 从教师方面看

（1）时机不当。在新课程的课堂教学中，一些教师为了追求学习方式的多样化，不根据教学内容的特点和学生实际盲目地采用小组讨论的学习方式，问题的设计缺乏一定的深度和广度，没有讨论的价值，结果时间过去了，学生收效甚微。大多数教师认为这就是自主学习，就是合作学习，有的甚至认为不这样做，就不是新课堂教学改革，特别是各级各类的公开课、示范课、观摩课等，搞得形式多样，五花八门，有些教师更是措手不及，传统的教学方式不合时宜，而那些花架子自己又学不来，因此导致只学表面形式，忽视课堂内在本质的东西。

（2）分组不科学。在日常的课堂教学中，最常见的小组讨论学习形式是按前后座位自然分成四人小组，座位的编排往往又是按学生的高矮次序和男女生搭配而成的。这样分组虽然开展小组讨论简便易行，但人员搭配不合理，不利于让不同特质、不同层次的学生进行优化组合、优势互补、相互促进。

（3）规则不明。在课堂中，经常出现这种现象，教师提出一个问题后立即让学生讨论，教室里马上就会出现一片热烈讨论的场面。但只要稍加注意不难发现，这只是一种表面上的"假热闹"，实际上"活而无序"。有的小组两三个人同时抢着发言，你说你的，我说我的，谁也不听谁的；有的小组始终只有一两个人发言，其他人一言不发，只是心不在焉地坐着；有的小组互相推辞，谁也不发言；有的小组借此机会闲聊、说笑或者干别的事。究其原因，主要是缺乏小组合作学习的规则，"没有规矩不成方圆"。

（4）时间不足。在小组讨论时，往往是教师呈现问题后未留给学生片刻思考的时间就宣布"讨论开始"，不到两三分钟就叫"停止"。这时，有的小组还未真正进入讨论主题，有的小组才刚刚开始。这样的小组讨论不但达不到讨论的目的，而且很容易挫伤学生合作学习的热情，养成敷衍了事的不良习惯。

（5）评价不全。开展小组讨论后常要以小组为单位进行全班性的汇报交流，但小组代表一站起来发言就是"我认为……"、"我觉得……"、"依我之见……"，往往不是代表本组意见，而是代表个人意见。教师对小组汇报的评价也常常是"你说得真好！""你的见解真不错"。显然，学生不正确的发言方式是由教师的不科学的评价造成的。其主要问题表现在：一是偏重于对学生个体的评价，忽略了对学生所在小组集体的评价；二是偏重于对小组讨论结果的评价，忽略了对讨论过程与方法的评价。教师很少对学生的学习态度、学习习惯、参与程度以及创新意识、实践能力进行评价，特别是很少关注那些平时性格内向、少言寡语的学生。这种不公正、不全面的评价极易挫伤学生参与合作学习的积极性、主动性，更不可能很好地发挥"评价促进发展"的功能。

2. 从学生方面看

（1）缺乏合作，各持己见。小组讨论本来是通过小组内的几个成员分工合作，共同努力来完成一个学习任务的。它要求小组内的成员既要努力做好自己分内的事，又要通力合作，共同完成学习任务。而做好自己分内事的目的就是合作，也是合作的基础。但是在小组中，有些学生认识不到这一点，只顾做好自己的事，而不懂合作，甚至不愿合作，各做各的，各说各的，这样根本就不能完成共同的学习任务。这样的小组讨论也只是一种形式，根本不叫小组讨论。

（2）缺少主见，人云亦云。由于学习小组内的成员的素质不一样，必然会有好中差之分。对于同一个问题，好的学生会积极思考，发表自己的看法。而差一点的学生则不会思考，或懒于思考，没有自己的观点，只能跟着别人走，别人说什么他就说什么。这一现象在目前的小组讨论中是很常见的，也正是这一现象的常见而导致了小组讨论失去了原有的意义。

（3）缺乏主动，坐享其成。小组讨论要求每个组员都必须以主人翁的身份主动地参加。而在平时的教学中教师发现有些学生的参与意识不强，活动欠主动，往往是坐在旁边听别人说、看别人做，最后做个无功之臣，坐享他人之成。这样的学生在整个讨论的过程中参与度不高，听、说、思维的能力得不到提高，同时也影响了整个小组讨论的效率。

（4）不够专心，易受干扰。仔细观察一下平时的小组讨论，教师会发现有些学生不够专心，精力不集中，自制力不强，易受干扰，从而影响了小组讨论的效果。如教具、学具的制作好坏，问题的多向性，学生之间的无关话题等等，对学生的讨论活动都有影响。

（三）课例研究

课程名称：边做边学

教学主题：纸飞机

教学对象：四年级

教学片段实录一

师：上节课我们制作了纸飞机，课后同学们对纸飞机的飞行做了仔细的观察，这节课我们来研究怎样使纸飞机在空中飞行的时间长！

要研究怎样使纸飞机在空中停留的时间长，首先要知道纸飞机在空中停留的时间的长短与纸飞机的什么特征有关。请各组先讨论一下：纸飞机在空中停留的时间的长短与纸飞机的什么特征有关？怎样使纸飞机留空时间长？

（课件演示，投影出以上的两个问题）

（评：开门见山地提出任务，并宏观地指明研究方向和学生的基本思维方法。有利于学生很快地进入学习的角色。）

师：讨论前，先请每一个同学自己思考一下这两个问题。

（学生观察屏幕上的两个问题，静静地思考。）

（评：教师注意调动每个学生的学习积极性，留出学生个体思考时间。）

师：现在开始小组讨论。

（各小组展开了热烈的讨论，其中有两个小组争论得比较激烈，2分钟后。）

张华：老师，我们的意见不统一，他们非说纸飞机在空中停留的时间与重量有关，我们两人认为与纸飞机翅膀的大小有关，您说怎么办？

师：（有意大声地回答）有争论说明你们都在积极思考，好！在没有正确的答案之前，你们应该坚持自己的想法。能不能先选择一个条件来研究，然后再研究另一个条件？

（评：针对重要问题，把对一个小组的指导变成对全班的指导。）

教学片段实录二

（教师参与第五小组讨论片段）

主持人：李南（小组长，纪律性较强，成绩中上）

记录员：陈晨（成绩中等，不善言辞）

观察员：周松（不善言辞，成绩中下）

发言代表：张华（思维活跃，表达能力强，成绩优秀）

检查员：王城（成绩中下，纪律性较差）

张华：我认为纸飞机在空中停留时间的长短和机翼兜风的大小有关。机翼兜风越大，飞机在空中停留时间越长，上节课的实验展开的纸比纸团兜风大，下落得就慢。我打算做一个翅膀大的纸飞机试一试，看是不是在空中停留时间长。

师：有道理，想得好，从现在开始我们把翅膀叫机翼，但是机翼大了，别的条件是否有变化？

（学生纷纷议论）

张华大声说道：机翼大了，重量也变大了，不能比。

（评：帮助学生理解控制变量的对比实验关键是，每次只能有一个变量，保持其他条件的一致。）

李南：我替张华补充，还有一种办法实验，把翅膀，不是，把机翼剪小一些，看是不是飞机在空中停留的时间更短一些，来说明机翼大留空时间长。

周松：不成，剪短机翼纸飞机的重量又变轻了，也不能比。

（纷纷议论：那怎么办呢？）

师：谁还有好办法既不减轻纸飞机的重量，又能把机翼变小一些。

（评：适时的启发能引导学生思维的开展。）

王诚：我有一个好办法，把机翼迭起一点来，不就能变小了吗，叠起来的纸又没去掉，机翼的重量不也没变轻吗！

师：这个办法想得好，首先明确了条件，不许变轻，但机翼还得变小。于是想到不能剪掉一部分，还得减小面积。叠起来是最好的办法。

（评：此处教师的语言十分重要，他既是对学生的提示又是在教给学生方法，但不是硬灌的。）

张华：我又想出一个办法，还是这张纸，我把纸飞机的机翼的下边留小一些，机翼不就大了吗？

陈晨：受王诚的启发，我认为纸飞机停留在空中的时间的长短与兜风的大小有关。（边说边比划）我先找准机翼转的方向，然后把机翼横着叠一下，不是就兜风大了吗？就加大了阻力。

王诚：风筝就斜着，劲大得很，风筝在空中停留的时间就长。

周松：风筝没有线就跑了。

张华：阻力大，纸飞翼就不转了，掉下来就快。不成！

师：我们先把陈晨的意见记下来，待会我们去试一试看看成不成，好吗？

（评：引导留出不同意见，培养学生尊重事实的科学态度。）

教学片段实录三

（教师参与第二小组讨论片段）

主持人：顾欣（小组长，自制力较强）

记录员：赵升（思维较活跃，纪律性较差，成绩一般）

检查员：王钰（智障学生，表现较安静）

发言代表：翁丽莉（善于表达，语言组织能力较强，成绩较好）

翁丽莉：我认为纸飞机在空中停留的时间的长短与纸飞机的重量有关。石头和灰尘比，石头比灰尘落得快。我准备去掉曲别针减轻纸飞机的重量加长它在空中停留的时间。

刘文：我不同意，石头不能和灰尘比，石头多大，灰尘多小。

赵升：刮风时石头吹不起来，泡沫吹得满天飞呀。

顾欣：我也觉得与重量有关。一样大小的石头和泡沫谁落地快？

赵升：有一天，我在楼上做作业，妈妈叫我把一张登记表给他扔下去，我就在纸里包了一串钥匙，它落地就很快。

师：赵升能用它的日常生活经验来解释这个问题，很好！王钰，你的意见呢？

王钰：我和翁丽莉的意见一样。

［自评］学生的这种联想的思维就是一种创造性的思维活动。教师鼓励得好。教师能及时鼓励有智障的学生发言，保护了学生的学习积极性。

（四）策略整理

1. 确立小组讨论的组织标准、编排

课内小组讨论的组织标准：

（1）小组内人人参与观察、实验、制作、讨论，每个组员有发表自己意见、看法的权利、责任和义务。组员间的关系是平等的，只允许分工的不同，即使推选发言代表，也应该是不断轮换，保证每人都有机会表现和展示自己。

（2）围绕主题，准备充分，有目的、分层次地围绕中心进行，并有组内自我评价。

（3）组内学习结果使每一位成员有启发、有收获，或解决了某一问题，或问题虽未解决，但引发了思考。

课内小组讨论的组织编排：

（1）四人一个小组。这样的分组一般座位编排成四方联体型，应将学习水平、性格、气质、兴趣、守纪、性别等不同的四位学生组合成为一个小组。实践证明，这样的编排组合是多种方案中最佳的一种。这种由不同层次的 4 名学生组成的异质小组，有规律搭配座位，前后交流方便，在各方面能起到互相补充的作用。

（2）自由组合小组。根据学生平时的相处关系，让他们自己根据需要找合作伙伴，甚至可以找老师进行交流，从而减少陌生感，能使他们更加大胆地讨论，有利于形成良好的课堂讨论气氛，但缺陷是组成的小组水平不平衡，弱势组较难成功。

（3）小组基础上的大组交流。有利于建立生生之间，师生之间多向传导反馈矫正机制。在小组学习的实践和研讨中，要求学生在独立或写作完成观察、实验后，进行以小组为单位的生生间相互交流、讨论，在此过程中渗透小组间学习竞争机制，充分发挥各层次间学生反馈矫正多向传导机制，努力实现生生间的最大信息传递，提高反馈的质量，大面积提高教育质量。

2. 课内小组讨论的实施

课内小组讨论的准备：

（1）确定每次小组讨论的主题或问题，充分考虑学生的现有水平，他们能分析到什么程度。对于有一定难度的问题，要分解主题或问题，并使之分层结构化。对于不同程度的学生，设计不同的问题，让它们自由选择自己的讨论题目。

（2）充分准备与主题或问题有关的、有结构的教学材料（实验器材、学具、图片、挂图、投影片、音像资料、书籍等），让讨论活动成为"有米之炊"，提供的材料与实际要解决的问题相互关联。

（3）设计每个主题或问题在小组讨论学习形式的基本教学模式，有假设验证型，有发现型，有归纳概括型，做到心中明确，应用得当。

（4）设计一张课堂小组讨论情况记录表。主要是记录同学在讨论过程中的有关表现，如是否参与了讨论，是否发表了自己的意见，是否主动发言，发言是否正确等。有了这张表，教师能及时知道学生的讨论表现，能适时调整有关讨论的方式方法。

课内小组讨论的操作：

（1）明确小组讨论的问题。这是讨论成功的基础，有时布置一项讨论内容后，学生确实都在活动，课堂气氛也是很热烈的，可是到了总结概括、要学生反馈的时候，很多同学竟还不知道刚才活动的内容。所以对于要研究的问题，教师一定要讲透，让学生牢牢记住，围绕问题开展活动。

（2）分层提供与问题有关的有结构的教学材料。这是帮助讨论活动的必要环节，如要学生讨论如何设计实验检验"舌头对不同味道是否有敏感部位"的方法，就要提供相关的实验材料，起到铺路搭桥作用。

（3）指导学生通过操作有关教学材料。在学生活动时教师应做一些服务工作，尚未学过的还是要教给学生，但应做到指导而不代替，鼓励学生自己完成任务。

（4）学生带着问题协作操作有结构的教学材料。这步工作应充分让学生开展讨论，如何实验、怎样观察都要事先商量，有把握后再操作。让学生说说自己组内用此方法研究的依据，这样实验的可行性，尽量对同组的意见进行对比，选择最合理的。

（5）教师巡视学生活动，应以中小学生为重点，兼顾优等生。小组活动时教师要下去调查摸底，探察各组的讨论情况，及时收集信息，调整原来的思路；也要和学生进行感情联络，问问他们的想法，知道产生这种想法的原因，从学生的角度看问题，及时沟通，采用多鼓励、少批判的方法，调动学生学习积极性。

（6）讨论是一种群体性交谈，是一种自由交谈，要给每个组员都发表自己观点的机会。一般来说，良好的讨论是建立在小组讨论多向性的信息传递结构上，所以很多时候还是可以让学生自由些，课堂教学大胆些；从四人小组扩展到与周边组的合作，满足学生自我表现的欲望，培养学生的交往能力。建立课内师生间、生生间纵横交错"立体结构"的教学活动空间，形成一种纵横交错的信息交流网络。既有教师与学生个体、小组及全体学生的纵向活动，又有学生间、小组间等广泛的横向交流。调动学生学习活动的主观能动性，密切师生、生生间的关系，形成愉快和谐的课堂教学气氛，使学生的思维向着更深的方向发展。

（7）建立课内反馈矫正最佳顺序。根据学科特点和小学生心理特点，课内反馈矫正最佳的顺序是：学生自我反馈矫正（个体评价）→学生间反馈矫正（小组评价）→教师指导下集体反馈矫正（班级评价）→教师个别指导反馈矫正。

3. "小组讨论"的原则

（1）互信原则。在教学中，教师要信任学生，同时更加重要的是，教师要努力获得学生对自己的信任，这是师生合作的基础。贯彻互信原则，要求教师和学生平等相处，教师要对学生将要开展的活动在布置的时候以未知者的身份出现，以让师生共同来研究对待问题，努力让学生感到我们是在和老师一块儿学习，而不是为完成老师布置的任务做某件事情，这样教师在指导讨论的时候学生就愿意和你交流，从而更加贴近学生。开展讨论时，处理好组内同学之间的关系也相当重要，每一个学生必须相信其他同学同样是有能力的、努力的，要防止或消除学生之间的歧视和压制现象。

（2）教学分工的原则。教学分工的目的主要是为学生之间的合作提供基础、条件和动力机制，同时，教学分工也不是固定的、僵化的，而是流动的、变化的，并且最终合为一体。每个学生都需要熟悉教学的各个环节和所有内容，具体操作时可以各司其职，作一定的分工，这样可以提高效率，但对知识的掌握还是很全面的。假设每个学生都有能力完成一定的学习任务，通过分工达到合作，那么他就能获得单个人学习所达不到的全面发展；不仅在知识上，而且在情感上，在合作技能和相互理解、尊重、宽容等方面都得到提高。

（3）竞争原则。合作和竞争是相互联系的一对范畴。人们为了完成复杂的任务就必须合作，为了追求更完美的结果就必须竞争。小组学习和讨论也存在竞争。但是这种竞争不是如传统的班级教学那样争唯一的"赢家"，希望自己比所有的人都强，而是争任务完成得更加好。这样的竞争就必须建立在与他人合作的基础上，这种竞争从理论上保证了每个人都可以成功，而不是唯一的一个人成功。

（4）从个性出发的原则。小组讨论是一种从个性出发的教学而不是个别对待的教学。他充分相信每一个学生，相信他们的学习能力和团结协作能力，使他们在主动、自觉的活动中得到发展。对讨论活动内容的先后，讨论的方式都没有统一的规定，可以按照学生的意愿进行，充分体现学生在活动中的个性特点。

（5）自由选择的原则。主动选择活动内容和活动方式是儿童感觉到自己是活动的主人的最重要的方面。从理论上讲，教学主要是学生的认识活动，学生是教学的主体，只有真正使学生感到自己是学习的主人（而不是外力强制的），教学才能更有效地进行；师生合作、生生合作才有可能。因此，应当使教学更像是由学生自己选择和自己决定的，这是教学成功的重要环节。增加教学中学生与学生的交往、改善教师与学生个体交往的单一模式，不仅能更好地促进学生学习知识的活动，更能够促进学生的全面发展。学生全面的、丰富的交往关系的形成是学生全面发展的基础。苏霍姆林斯基曾说过，只有学得好才能好好学。在教学活动中，尤其是目前的教学中，改善教学中的交往关系和交往活动的质量，是提高教学质量的更为重要的环节。

4. 开展小组讨论应注意的问题

（1）要防止小组内出现小导师和小权威。这是小组中抄袭作业和不能进行有效合作的重要原因。这种现象的存在使小组合作学习遭受怀疑和批评，因为它不能保证班级教学背景下的教学效果。

（2）防止活动分工的刻板化，保证学生的全面发展。在有限的课堂教学空间内，让每一个学生的潜能在原来的基础上都得到充分的发挥，是广大教师重视和关注的问题。小组讨论、合作学习的研究能提高课堂教学效率，但老师们可能在探索出一种方法后就舍不得丢弃，每次按部就班地沿用下来，这样学生就可能失去新鲜感，多次重复相同的角色而减弱学习的兴趣，对讨论效率产生影响。

（3）对课堂讨论的组织一定要认真琢磨，反复研究。尤其是一些问题的设计要充分考虑学生的接受能力，要做好"铺路搭桥"工作，让学生跳一跳，摘果子，每次能有某一方面的提高。

（4）生活是丰富多彩的。每个人在学习和生活中都有很多体验和感受，要鼓励学生主动与同学交流，不要将自己的感受藏着，要经常与其他同学交流，在共同交流中和大家成为朋友。

（5）要积极营造一种轻松愉悦的氛围。思想的解放会给学生带来诸多创新的空间，学生只有在愉悦宽松的氛围中才能真正做到敢想、敢说和敢做，才会勇于探究。为此，教师必须放下师道的架子，树立"学生本位"观念，建立民主平等的师生关系，真正做学生的良师益友。心理学告诉我们，在自由、平等的环境中的人的潜能会得到最大限度的发挥，所以，平时应注意在师生间建立平等、亲切、和谐的关系，以保证学生的智力和非智力创造因素都处于活跃状态。要走下讲台，走到学生中去，拍拍肩、摸摸头、听一听，发表一些意见，让学生觉得老师很重视相互间的交流。请学生交谈，大胆提，没关系，想说什么就说什么，要多给学生鼓励性的微笑。

三、成效与反思

（一）研究成效

学生参与小组讨论的热情和主动性明显提高，特别是以往学习能力相对较弱的部分学生，成功的喜悦使他们信心倍增。

对于学生来说，课堂中，什么时候开始小组讨论，小组讨论该如何进行，已经形成一种和谐的模式，学生能自觉地融入小组讨论的氛围，而不再是教师给他们强加的一项"任务"。

最让教师可喜的是组内成员之间构成的团结、互助、平等、和谐的气氛，在这里每个人都是一个"小小科学家"，他们是合作者，没有固有的"强弱"的芥蒂。

（二）实践反思

虽然该项课题研究已经初步显露出一定的效果，但同时也暴露出一些问题，影响了"小组讨论"的实施和成果的巩固。对于这些出现问题的思考与解决，将有利于今后课堂教学的改革，为今后课堂教学中更有效地实施"小组讨论"的学习方式指引方向。

首先是教师素质问题。开展"小组讨论"形式教学要求教师必须有很强的指导、协调能力。要求教师不仅是一个称职的专业课教师，也应该是学生学习方式的指导者，与学生合作交流的专家。而目前的部分教师普遍指导、协调、沟通能力还是有限的，因此会直接影响小组讨论学习的效果。所以，如何培养具有很强的组织、协调、沟通、交流能力的教师为我国的师范教育提出了新的要求。当然，如何使我们的"小组讨论"学习方式尽快专业化，也是目前我们面临的主要问题。

其次是课堂的组织和管理问题。目前很多学校班级过大，人数过多，建立有效的课堂常规，保证好的课堂学习纪律，有效地吸引学生的注意力是保证学生学习效果的重要手段。这就需要教师要成为现代化的、高技术的组织者和管理人员。有时面对小组讨论学习中出现的一些问题，也曾令教师大伤脑筋，尤其开始实施时，学生一多，整堂课显得乱糟糟的，学生七嘴八舌，课堂秩序混乱，这就是由于沟通有误，教师计划、调控失误所导致的。经过一段时间尝试后这种状况才进入有序化。尤其我们觉得特别重要的是，在小组讨论前教师组织、分配任务和小组讨论交流时教师的指导都需要技巧，一个环节出错，整堂课将会失败。

当然，问题的存在，虽然对课题研究效果有一定影响，但研究的初步成功也充分表明了"小组讨论"的学习方式不失为目前课堂学习方式改革的一条新思路，是一种使学生很快从学习的枷锁中解放出来，让学生真正喜欢学习，自觉学习，并从而感受到学习乐趣的新的学习方式。

第四节　如何实现由课内到课外的过渡

一、问题的提出

某学校的申老师数次在学校阅览室发现这样一种现象：连环画书架前气氛活跃，文学书架前无人问津，而且手持连环画册的学生有90%只翻阅画面不看文字（哪怕是几行字），三分钟一换，五分钟一调。我有意识地找了十几个三至六年级的学生"闲聊"，问他们爱看哪些课外书，他们告诉我漫画书、连环画是他们最爱看的，但他们更爱看电视。学生的回答让我诧异，三至六年级的孩子竟然只熟悉"龙珠"、"小燕子"，不知道刘少奇是谁，不晓得列宁是何人，分不清天文、地理、历史……

为了对我校学生的课外阅读现状有深入全面的了解，我们选择了全校六年级 173 个学生进行了课外阅读调查。结果如下：

表1 六年级学生阅读类型调查表

阅读类型	人　数	占总人数比例
科技知识	58	36％
小　说	24	14％
报刊杂志	8	5％
卡通漫画	83	48％

表2 六年级阅读书源调查表

阅读类型	人　数	占总人数比例
借　阅	40	23％
自行选购	65	37％
父母购书	68	40％

表3 六年级阅读时间调查表

阅读类型	人　数	占总人数比例
每天阅读	32	18％
每星期阅读	112	65％
每月阅读	29	17％

通过调查结果我们得出这样一个结论：

1. 阅读范围窄、阅读量少。学生比较喜欢通俗读物，如卡通漫画书，对科技知识读物不感兴趣，不太喜欢文学名著。

2. 从阅读目的来看，消遣性阅读成为主要目的，而真正为提高阅读能力和写作能力的人数不多。

3. 读书笔记也只能写到摘录好词佳句程度，很少有写心得体会的读书笔记。

4. 阅读时间短，随意性强，没有固定时间阅读，阅读效果差。

本次调查虽然范围很小，但涉及到的学生却各式各样，而一个年级也自然包括了各类学生，故有一定的代表性和普遍性。调查显示，课外阅读作为一种良好的学习方式和教育方式，还没有得到足够的重视，学生的阅读活动带有一定的偶然性和自发性，还缺少必要的具体的指导。课外阅读对开阔学生视野，获取丰富知识，提高阅读能力起着重要的作用。由此，我们深深地意识到对课外阅读进行合理引导已势在必行。著名教育家叶圣陶曾说过："要养成一种习惯，必须经过反复的历练。必须在语文教本以外再看其他的书，越多越好。"于是某校决定开设《阅读》校本课程，但每周一课时的校本课程怎能满足学生的阅读需要呢，工夫在课外呀，于是开展了"怎样实现由课内的教师指导过渡到课外的自主学习？"的问题研究。

二、问题的研究

（一）分析原因

1. 学生原因

该学校六年级老师对六、三班 22 人进行了两个星期的观察，发现了学生阅读一些课外读物的特点，很多学生并不爱看书，他们是因为老师和父母的规定而不得不读，只要不在老师和父母的视线范围，他们宁可发呆也不愿拿起书本，即使捧起书本，也不是全身心地投入其中。学生在课堂上学到的阅读方法，尚不能自如地迁移到课外阅读中来，有的该精读的不知如何精读，草草读过，不求甚解；只需粗读的却迟迟不肯放手，浪费了许多宝贵的时间。

小学生正处于活泼好动的年龄阶段，要他们静下心来看书，确非易事。同时由于学校与家庭的联系不够密切，一些家长不了解课外阅读的要求，从而也无从指导督促，因而造成了学生在课外阅读中的涣散状态。

2. 教师方面

教师"大语文教学观"的意识不强，只注重课堂教学的研究，而把课外这一块广阔的领域丢给学生自己。有的教师虽然已经进入课外阅读指导的领域，但苦于缺乏理论知识和实践经验，因而在指导学生时目的性不强、方法不够灵活、有些力不从心，这是造成学生课外阅读的混乱无序状态的主要原因。

3. 学校问题

在课程设置上没有为教师提供指导的机会。学校未开设课外阅读课，使得学生的阅读活动无法由课内逐步向课外迁移，这样，指导的时间没有得到保证，使得指导的行为时断时续，没有形成一个有序完整的体系。

4. 家庭层面

在调查的173名学生的同时，也对这173位家长进行了调查。一位母亲道出了她心中的忧虑："随着心智渐长，女儿的兴趣也在发展，她喜欢画画、唱歌，可书柜摆放着世界童话大王系列丛书、《一千零一夜》等书，她不会看，回家后做完作业不是看电视就是玩电脑。不由得让我重新认识女儿以及她们这一代的童年，这样的童年美丽吗？毕竟世界很大，教科书的世界很小很小，而她们将来都要面临很大的世界，这好像就不仅仅是童年幸福不幸福，美丽不美丽的问题了。"也有的家长认为，要培养孩子上大学，而实现这个目标必须以高分作保障，必须多做题；家长在他们的吃、穿、玩、买习题集方面舍得花钱，但能为孩子主动买课外读物的却很少。可见，家长的阅读意识淡薄。

5. 社会因素

教师对当地的新华书店、网吧也进行了调查。在新华书店，我们发现里面学生寥寥无几，里面的书多是为考试服务的习题集、《作文指南》之类，适合小学生阅读的综合性读物不多。据书店老板介绍，习题集类的书畅销，以前也购进过一些综合性知识的书籍，但几乎无人问津，以后就很少购进这些书了。而在光线暗淡的网吧，小学生三五个围在一个屏幕前，不是阅读资料，而是在打电子游戏，有的甚至悄悄浏览一些黄色网站。不健康的游戏取代了阅读，使本来可以用来阅读的时间白白浪费了。

（二）专业引领

通过理论学习，教师们掌握了一套指导课外阅读的方法与原则，提高了研究能力。但对学生课外阅读的误区还缺乏充分的认识，就此问题，某校的教师做了《学生课外阅读误区的矫正》的报告。他提出课外阅读要：

（1）预防"功利性阅读"，坚持一个"博"字：

① 给学生讲清道理。

② 教师开列书目与学生自由选择读物相结合。

③ 班级与班级、小组与小组、学生与学生经常交换读物，阅读资源共享。这样，学生就可能读到种类更多的好书，视野也才会更为开阔。

（2）控制"休闲性阅读"，实出一个"悟"字：

① 让学生带着明确的任务读。

② 让学生抱着研究的目的读。

③ 让学生变"眼读"为"心读"。

④ 让学生自觉运用一定的阅读方法。

（三）教学实践

为了解决教师教学中的实际问题，打开教师思路，体现教学个性，引发参与者智慧的碰撞、取长补短，真正提高教育教学效果，我们采取了同课程异构这种比较研究的方式。具体的活动流程为：教学设计→课堂教学→反思→教学设计→课堂教学→比较性反思→总结升华。下面我们就以"好书向你推介"课外阅读指导课为例，向你展示这种同课程异构的研究活动的全过程。

[A教案]　　好书向你推介——课外阅读指导课

一、导入激趣，激起学习欲望

同学们，今天又到我们课外阅读的时间了，根据老师课前给你们的布置，你知道今天我们要来进行一个什么活动吗？（指名猜测后，师板书课题。）

板书：好书向你推介

二、班内互相交流好书活动

1. 师述，激趣过渡

只要你是一位热爱进行课外阅读的同学，就总会有一本自己最喜爱的书。好的东西要与别人一起分享才有意思，你想拿出你喜爱的书与别人一起分享吗？如果想。那么就请你向别人推介你喜爱的一本书。

2. 小组交流、教师巡视，及时发现好书及好的发言作好记录，及时点出不太健康的书籍。

3. 班内交流、激发求知欲望。

引入：老师刚才在你们中间巡视了一周，听了部分同学的推介发言。发现了两种情况：第一，你们的口才越来越棒了，这是因为得益于课外阅读；第二，你们手上都有一本很好的书。我看了、听了，都很想借你们的书来立即"饱餐一顿"，以填饱我的阅读欲。那么，你愿意到讲台上来向别人推介一下吗？（指名）

（随着介绍而分类板书书名。）

4. 小结。

他们刚才介绍得多好啊。听了他们的介绍，我发现他们手上的确是一本好书。你愿意借给别人吗？如果我们全班同学互相把书交换一次，那么在班中就会形成一个小小的图书馆了。但要注意，记得爱护别人的书籍啊！

（5）过渡。我也想向你们推荐一本好书。你听完老师的推介后一定会想看的。

三、推介《唐诗宋词》

1. 师出示《唐诗宋词》，介绍书的主要内容及特色。

2. 谈话激趣。

3. 多媒体演示《雨霖铃》。

4. 小结。

《唐诗宋词》是一部不可不看的书。请你课外去读吧。

四、总结

这节课，我们发现了很多好书，我也发现了同学们都会分辨哪些是好书。我很高兴，希望大家课后在不影响学习的基础上尽情地阅读吧。

[反思]

A 教师上完课后，听课教师对这堂课纷纷做出了评价。现把大家的看法归纳如下：

优点：

（1）教学过程富有条理性，重点突出，教学方法灵活多样：组内推介、上台推介、教师推介。学生积极性高，课堂气氛活跃，教学落到了实处。

（2）运用电教媒体让课堂气氛达到了高潮，增强了学生的学习欲望，激发了阅读的兴趣。

问题：

教学方法较老套，缺少新的教学理念，学生的阅读欲望没有得到最佳的激发，教学形式还可多变。

[B 教案]

（在课题组老师的提议下，凝聚集体智慧，教学设计做了很大变动，具体见教学实施。）

一、导入激趣，激起学习欲望

1. 播放《明月几时有》MTV。

2. 在优美的旋律中隆重推出苏轼的《水调歌头》（明月几时有）。然后教师用深情的语言介绍这首词所包含的内涵。

3. 学生聆听张若虚的《春江花月夜》情景朗读。

4. 揭示这两首词都收集在《唐诗宋词》这本书中，接着向学生推介此书。

二、教师向学生介绍推介好书的方式

1. 叙述精彩故事情节式。

2. 背诵书中名言警句式。

3. 介绍主要内容式。

4. 介绍作者式。

5. 朗诵精美语段式。

6. 其他式：主题歌入题、欣赏书改编的影视作品、多媒体演示画面……

三、学生选择自己喜欢的方式向小组其他成员推介好书

四、采取小组竞赛方式，鼓励学生采取不同方式向全班同学推介好书

[比较性反思]

大家听完 B 教师的课后，总结了如下几点：

1. 与 A 教案相比，B 教案更注重激发学生的阅读兴趣，采取 FLASH、MTV、情景朗读的形式，学生的学习积极性得到了极大限度的调动，效果更棒。

2. 采取自己喜欢的方式向他人推介作品，学生的参与意识更强，课堂教学民主，师生关系和谐；主体意识到位，学生成了学习的主人。

3. 教学思路清晰，教学目标明确，重点突出；引导有方，学生学情高涨。

4. 教给了学生学习的方法，培养了学生的学习能力，符合新课程理念。

在一周以后的学生调查和检测中，课外两个班真正按照老师和同学的推介去进行了阅读的学生，B 老师教的班级达到班级人数的 92%，而 A 老师教的班只有 56%，且阅读效果明显低于 B 老师班。可见，课内指导的方法非常重要，它能增强学生课外阅读的兴趣和提升阅读效果。

（四）策略探讨

通过理论学习和专家指导，教师在阅读指导课的方法、策略、手段等方面进行了大的改进。

1. 营造良好的阅读氛围

（1）班级读书会。先引导学生用一段时间去读一本教师或同学推荐的好书，然后用一个集中的时间由同学和教师以及家长共同对作品进行自由的讨论，其间也可展出一些学生的读后感或其他作品。

（2）挑战性阅读。例如，社会的重大事件会引起学生们的关注和兴趣。如美国向伊拉克开战了，我们可以向学生们推荐有关新武器、新战法（如无人战、导弹战、反恐战）方面的书籍，或者是相关的历史书。

（3）影视主题阅读。现在已经有很多的名著被搬上银幕或荧屏了，比如《三国演义》、《水浒传》、《汤姆叔叔的小屋》等，还有动画片《爱丽丝

漫游仙境》、《大闹天宫》、《尼尔斯骑鹅旅行记》，孩子们都会特别喜爱的，教师可以顺势引导学生和热映中的影视作品同步阅读或比较阅读。

（4）专题性辩论。可以开展"曹操的任务特征"这样的专题讨论活动，引导学生读名著，还可以尝试双语对照阅读，古汉语、现代汉语、英语。

2. 加强向学生推介书籍的指导

（1）剪辑法。就是把读过的好文章或片断剪下来，贴在自己准备的剪贴本上。注意分门别类粘贴，最好在本子前面加上目录、封面，作为写作的资料库。

（2）文摘卡片法。在阅读时，把文章的要点或重点句、段摘录在自己制作的卡片上。制卡片时要注意持久性和易于保存，还要做好归类，以便日后查找，此举贵在持之以恒。

（3）写心得体会法。就是读完一篇文章或一本书后，掩卷深思，将自己的感受写下来，或对文章中的教育意义加以分析，谈谈自己的感受、启发或由此产生的联想，抒发自己的情感。

（4）编写提纲法。看一篇文章或读一本书的时候，把文中的主要意思拟定成提纲，这样可以帮助我们抓住一本书或一篇文章的要点。

（5）列表法。这种方法可避免读书只追求故事情节而不深入思考的不良习惯，养成"不动笔墨不翻书"的习惯，对提高写作能力有重要的作用。

（6）批注法。当自己读到感受最深处就写上自己的评语或者眉批或者旁注，这样可以培养自己的思维能力和理解问题的能力，从中也可以看出自己对文章的理解程度和收获。

（7）跳读法。选读前言、后记或者内容提要，再择其所需阅读，抛弃与自己所需无关的东西，专读所需要的材料。这样能培养思维的敏捷性和选择判断能力。

3. 加强阅读方法的指导

让学生根据不同情况灵活运用不同方法进行阅读。主要的阅读方法有：

（1）剪辑法。就是把读过的好文章或片断剪下来，贴在自己准备的剪贴本上。注意分门别类粘贴，最好在本子前面加上目录、封面，作为写作的资料库。

（2）文摘卡片法。在阅读时，把文章的要点或重点句、段摘录在自己制作的卡片上。制卡片时要注意持久性和易于保存，还要做好归类，以便日后查找，此举贵在持之以恒。

（3）写心得体会法。就是读完一篇文章或一本书后，掩卷深思，将自己感受最深的一点写下来，对文章中的教育意义加以分析，谈谈自己的感受、启发或由此产生的联想，抒发自己的情感。

（4）编写提纲法。看一篇文章或读一本书的时候，把文中的主要意思拟定成提纲，这样可以帮助我们抓住一本书或一篇文章的要点。

（5）列表法：这种方法可避免读书只追求故事情节而不深入思考的不良习惯，养成"不动笔墨不翻书"的习惯，对提高写作能力有重要的作用。

（6）批注法。当自己读到感受最深处就写上自己的评语或者眉批或者旁注，这样可以培养自己的思维能力和理解问题的能力，从中也可以看出自己对文章的理解程度和收获。

（7）跳读法。选读前言、后记或者内容提要，再择其所需阅读，抛弃与自己所需无关的东西，专读所需要的材料。这样能培养思维的敏捷性和选择判断能力。

三、成效与反思

（一）研究成效

1. 学生方面

有的教师通过对学生课外阅读指导的实践和对此问题的研究发现，学生阅读兴趣的提高推动了各项工作的开展，学生在以下方面有明显变化：

（1）学生的读书兴趣高了

全年级100%的学生参与读书活动，学生变化很大，读书兴趣很浓。就以某校的六（3）班为例，活动前班里的20名男生，只有两名学生不去游戏厅，其余18人经常出入游戏厅。其中一个学生叫浩然，是个有名的"游戏机迷"。只要一有机会、一有钱就钻进游戏厅。家长多次劝阻甚至打骂，他还是偷着去。家长对此无能为力。通过开展读书达标竞赛活动，游戏厅在男生中渐渐地失去了一定的市场。浩然已从狂热的打电动游戏回到理智地去读书，阅读倾向日趋成熟。他率先办理了图书馆借书证、阅览证，利用课余时间到图书馆阅览了大量的图书报刊，跟以前形成鲜明的对比；后来，他只要一有空闲就去图书馆。被选为小队长后，他还经常带领小队成员到图书馆开展读书活动，其文化素质和辨别能力有了很大提高。

他的家长兴奋地对老师说："现在我家浩然快成'书迷'了，不仅借阅书刊，还积攒零用钱买了不少书，就连过生日要礼物，也从原来的吃、穿、玩到现在要家长买各类书籍。"班里经常传阅的不少书都是浩然自己购买的。

（2）学生读书习惯好了

课外阅读的开展，某校全年级学生"不动笔墨不读书"的习惯已养成。95％的学生坚持每天看书报。根据个人情况，将阅读的书籍、报纸、有关内容摘录或剪贴下来，有的同学还能分析评论，对书中人物、事件提出自己的看法。课余到图书馆阅读的学生多了，阅读的面也广了。多读书、读好书成了许多学生的一种习惯、一种需求。

（3）阅读能力增强，写作能力也提高了

但凡学习成绩优秀的学生都有爱读报刊与课外书的好习惯，并在实践中逐步掌握了阅读方法。有的学生原来语文成绩总是徘徊在70分，主要是作文经常是三类文。他们写的文章词汇贫乏，内容空洞，像一杯白开水。教师多次跟他们交换思想，让他们意识到：不爱看书是他们作文能力差的根本原因。

自从投身到课外阅读后，渐渐地，教师发现这些学生都变了。少言寡语的学生，上课大胆发言了，尤其是作文成绩逐渐提高、呈上升趋势。

当其他同学问他们为什么有这样的进步、有何奥秘时，其中一个学生认真地回答道："我既没有请家教，也没上补习班。图书馆满足了我的求知欲，图书馆是我的第二课堂。课外阅读助我一臂之力，使我的阅读能力、写作能力不断提高，我的确尝到了读书的甜头。"

（4）学生行为文明了，班风好了

有些教师发现，学生通过阅读不仅实现了教师们最初的希望，还提高了学生自身的综合分析能力和自学能力。

学生们不但在学习中互相帮助，你追我赶，在课外阅读中，也学会团结互助，有了好书互相推荐借阅，相互交流体会，共同提高课外阅读水平。许多学生还用《守则》、《行为规范》严格要求自己。有的学生在学校举行的课间操评比、队列评比、运动会、诗词比赛、歌咏比赛等教育教学活动中还取得了优异成绩。

2. 教师方面

教师在活动过程中，跟踪指导学生的读写活动过程，及时记录、整理实验心得，收集、保存了实验资料，适时撰写论文。教师能够利用学校开放的多媒体电化室、网络活动室，把音像、电视、网络等媒体引进教学，引导学生利用电子书籍、网络资料等多种媒体，独立阅读、独立思考，形成自己收集和处理信息的能力。某校教师的论文在区、市级刊物上发表的有十多篇，在省、全国级发表文章的有十几篇。参加课题研究的教师积累了大量的经验，学校为此编印了教师论文集。

（二）实践反思

1. "操千曲而后晓声，观千剑而后识器。"这句话从一个侧面说明，数量的积累与熟练技巧形成的密切关系。在小学阶段课文阅读量仅 300 篇左右，三四十万字，这是无法形成独立阅读能力的。许多名人、专家都曾经断言：学生语文水平的提高得益于课外阅读；语文素质差的根源是缺乏课外阅读。实验成果显示，拓展阅读对激发学生的阅读兴趣、增加文化积淀、拓宽视野、培育创造力、形成语文综合素养都有着十分重要的意义。

2. 冲破"课本"与"课堂"的约束和限制，适当扩大阅读容量，充分利用现实生活中的教学资源，优化学习环境，逐步形成优势互补、资源共享的语文教学新体系，给语文教学带来无限的生机和活力！

3. 实验研究结果证明，要提高学生课外阅读的质量和效率，光靠教师的努力是不够的，还需要得到广大家长的积极配合和支持。每个家庭应该根据学校的要求指导孩子制订一个家庭课外阅读的计划，每个学生建立家庭小图书室，并拥有一定的藏书量。从而把课外阅读引进家庭，使学生在家庭中也有一个良好的语文学习环境，以促使"学习型"家庭的形成。

4. 效果虽然明显，但是与此同时，又产生了新的问题：学生虽然能够大胆地在写作中，运用课外阅读中的大量的事例和各种名言佳句，但是，往往却是生搬硬套，不能够灵活地运用，有时候甚至是张冠李戴，让人哭笑不得。

第五节　如何有效运用多元智能理论
组织课堂教学

一、问题的提出

(一) 问题现象

周老师所在学校的学生进入二年级便将成为学校号鼓队的后备队员，校辅导员让他挑选几个聪明伶俐、节奏感强的孩子参加学校号鼓队训练。他不假思索地写上了自己认为在班级中出类拔萃的学生。没想到没过几天，辅导员便对他提出了不满："周老师，你们班人才济济，怎么没几个人能够在敲鼓时节奏正确，吹号时调音准确？"周老师满腹狐疑："我不是把班上最优秀的十个学生送去了吗？难道我眼光不准？"于是我来到了号鼓队训练场一看。果然如此，平时头脑灵活的王天祥把号摆弄了半天，可就是吹不响；语言能力极强的刘琨，打起鼓来是那么不协调；而对于数学成绩不好的张京睿来说，打鼓吹号却仿佛是小菜一碟。这一问题引起了周老师的深思：学生的聪明表现在许多方面，而不仅仅表现在学业上。而教师通常用学业成绩来评价学生。其实，每一个学生是具有多种智能的，而且在这些智能的发展上都存在差异，并且这些智能是可以通过学习、教导得以提升的。作为一名基础教育者，不仅要尊重学生能力上的差异，更应该全面的培养学生各方面的能力。于是，周老师运用多元智能理论，开发了《环保纵横》这一校本课程。

(二) 问题反思

认为成绩好的学生就是优秀的学生，这是一种很普遍的现象。出现这种现象的原因是：

1. 教师方面

(1) 关注基础知识和基本技能，而缺乏对学生全面素质提高的关心和培养。所以对成绩好的学生关注较多。

(2) 教师教育理论水平不高，对先进的教育思想了解不透彻。

2. 学生方面

学生对自己才能潜质和先天优势了解不正确。

3. 家长方面

（1）家长教育理念落后。有许多家长认为，从小教孩子背故事、计算、学外语、识字，孩子长大了一定聪明。而教育家认为，应该重视孩子各种智力的培育，特别是思维能力的培育和训练，这样孩子才有可能成才。

（2）每个孩子都有自己独特的才能潜质和先天优势。但家长往往不了解自己孩子能力在哪里？通常父母只知道加强孩子的智能教育，却不知给予适当的学习环境。

二、问题的研究

（一）专业学习

1. 理论学习

美国哈佛大学著名教育学家加得纳提出儿童多元智能教育理论。这一教育理论将人的智能分为8个方面，即：语言智能、音乐智能、数学逻辑智能、空间智能、肢体运动智能、内省智能、人际关系智能和自然观察者智能。其理论更注重儿童智能的全面开发。

多元智力理论认为：每个人都同时拥有这八种智力，只是这八种智力在每个人身上以不同的方式、不同的程度组合存在，使得每个人的智力都各具特色。同时，人的多元智能发展水平的高低关键在于开发，而帮助每个人彻底地开发他的潜在能力，需要建立一种教育体系，能够以精确的方法来描述每个人智能的演变。学校教育应是开发智能的教育，其宗旨是开发学生的多种智能，并帮助学生发现其智能的特点和业余爱好，促进其发展。

2. 他山之石

多元智能理论已经被许多学前教育机构和教育者广泛运用，他们的实践为我们的教学提供了较好的范例。这是北京学前教育网刊登的一个教学活动，这一活动围绕主题"叶子"涉及了八种智能训练。

多元智能活动教案——叶子

一、活动内容：叶子

二、活动目标

1. 观察叶子的特征和叶脉，知道有些叶子会在秋天变色。

2. 认识枯叶和绿叶，学习做科学小实验。

3. 探索茶叶的特点，欣赏茶叶的颜色和形状。

4. 复习6的组合和分解。

三、活动过程

1. 讨论：现在是什么季节？叶子有变化吗？（叶子因缺乏水分和营养，所以变黄变干了。）（自然观察者）

2. 播放音乐，请幼儿想象自己是一片从树上飘落的叶子，配合音乐模拟叶子飘荡。（音乐智能、身体动作智能）

3. 出示叶子，认识叶子的结构有几部分组成？（叶脉、叶片、叶柄）（自然观察者）

4. 讨论：叶子飘荡到了地下，会有怎样的变化呢？（叶子会慢慢枯死，因为水分都蒸发了）（语言智能、自然观察者）

5. 实验操作：枯叶和绿叶的区别。（语言智能、自然观察者）

枯叶不能舂出叶汁来，绿叶则能舂出绿色的汁液来。

6. 讨论：有的叶子还有别的用处？你知道吗？（逻辑智能）

出示茶叶，介绍茶叶的特点、种类。

7. 介绍茶具，让幼儿欣赏茶壶的款式，描述茶壶的外形。（视觉空间智能）

8. 协助幼儿泡茶，引导幼儿观察茶叶形状的变化和水的颜色的变化，闻一闻茶的香味。（视觉空间智能）

利用茶杯复习6的组合和分解。（数理逻辑智能）

9. 操作：请幼儿用叶子粘贴图画，在展览区内进行展览。（视觉空间智能、人际交往能力、内省能力）

（二）教学实践

主题活动设计方案

在"环保纵横"校本课程的教学中，周老师融合美国哈佛大学心理学家加德纳提出的多元智能理论，结合学生的实际生活和学生的兴趣，创造了多种活动，让学生能得到多元发展。下面是这一方案以"爱护校园树木"为主题的系列活动：

★ 办板报：

1. 收集树的作用的有关资料。

2. 制作手抄报，手抄报的形状可以多样化。

3. 小组办板报。

★ 票选组树：

1. 了解学校树木的名称、用途及特点，填写自己最喜欢的树。

2. 统计学生填写的结果，选出组树。

3. 小组内制订爱护组树的计划。

4. 期末进行小组评比

★ 学唱环保歌曲：

1. 学唱《小星星》。

2. 根据自己收集的资料和《小星星》的音调编写环保歌曲。

3. 学生演唱自己创作的歌曲并进行评议。

★ 创作表演环保音乐剧《一片树叶》

1. 制作动物头饰。

2. 学跟音乐剧配音。

3. 即兴表演。

★ 创作环保连环画

1. 观察连环画发现和总结连环画的特点。

2. 阅读《一片树叶》，想象续写片断。

3. 自由成组，共同创作连环画。

4. 作品展示，装订成册。

活动反思

　　周老师围绕"爱护校园树木"这一主题在校本课程中开展了这一系列的活动。这一活动涉及到学生的语文智能（续写《一片树叶》、编写连环画）、逻辑数学智能（统计票数）、空间智能（制作头饰、创作连环画）人际智能（小组合作）、内省智能（评价）、自然观察者智能（了解树的名称、生长特点）。因为这一活动的设计是多方位的，所以学生在活动中学学得高兴，多元智能也得到了发展。

（三）策略探讨

经过实践，周老师觉得在运用多元智能理论进行课堂教学时如果想让学生的各种智能得到发展，让学生扬长补短，那么在平时的教学中应该做到以下几个方面：

1. 营造发展学生多元智能的课堂学习环境

营造一个新型的学习环境对培养学生的多元智能有着至关重要的作用。教师与学生相处时间最长的地方就是课堂，课堂是使学生体验成功感的第一场所，课堂就是成就学生的重要环节。只有为学生提供多元化的课堂学习环境，他们的多元智能才有可能被激发出来、获得发展。课堂教学是以活动的形式组织学生进行学习的，因此，在设计教学活动是应该设计学生的各种智能，让学生在参与活动中训练和发展自己的各种智能，同时在体现自己优势智能的活动中体验成功。在校本课程中，周老师安排了"爱护学校树木"、"走进大自然"、"我们与水资源"等主题活动。每一项主题都是围绕八大智能来设计活动的。

2. 建立科学多元的活动评价观

评价是教育的指挥棒，但由于受应试教育、传统教育思想的影响，许多老师对学生的学习活动评价往往还固守在学习结果评价上，把学生通过活动所体现的成果作为评价的唯一标准，忽视了对学生学习过程、创新精神和动手实践能力的评价。这样的评价是不利于学生多元智能发展的。因此，在活动评价上，要根据学生的智能情况实施不同的评价，尽量从儿童本身的角度去看问题，注意儿童本身的智能特征，使评价做到个性化，教育化。那么，在评价时应该贯穿以下理念：

（1）评价是以促进学生发展为目标的，因此评价要照顾学生的个体差异

评价不是为了甄别，也不是为了选拔，而是为了学生的发展。因此，在每一次活动评价中不是想选出最好的作品，而是想通过评价让每一位学生获得成功感。如在《创作环保连环画》这一活动中我通过横向评价，借助于优秀作业展览、配乐朗诵、表演等形式充分展示了学生的多元智能，评价学生的优势智能。这样使学生既发现了自己的专长，又增强自信心，同时也使学生初步建立通过自己擅长的领域来表现智能相对较弱的领域。

同时还能引导学生进行纵向评价，让孩子通过纵向评价了解自己各种智能的进步与发展。

（2）评价内容应多元化

评价的内容不仅仅是知识与技能，还应该涉及到过程与方法、情感状态与价值观，更主要的是要体现八大智能。

（3）评价方法要多样化

评价方法除了作品展示外，还应该运用观察法、记录法、访谈法等。

（4）评价的主体要多元化，倡导自评、互评、家长评、教师评相结合

3．正确鉴别学生的多元智能

要想根据学生的智能来教育学生，使其得到更好的发展，那么教师就应该用科学的方法进行分析，了解学生的智能类型，这样才能做到有的放矢。有的教师在教学实践中是运用这些方法来鉴别学生的多元智能类型的：

（1）观察法。首先观察学生在课堂中的行为，不同类型的学生在课堂上的表现也不同。语言智能占优势的学生喜欢滔滔不绝；身体—运动智能占优势的学生则比较好动；具有良好人际交往智能的学生则组织能力强；而内省智能占优势的学生则能够客观的评价别人和自己……其次观察学生的作品。如在观察《创作环保连环画》的作品时，有的孩子版面色彩鲜艳，可见其是视觉空间智能较强的，而故事内容丰富，语言优美的学生则是语言智能较强的，版面周正的学生则是数理—逻辑智能较强的……

（2）测试法。通过阅读测试可以了解孩子的言语智能；通过数学测试、推理测试可以了解学生的逻辑—数理智能；通过唱歌、画画可以了解学生的视觉—空间智能和音乐智能；通过体格健康测试、各项运动比赛可以了解学生的身体—运动智能……

（3）访谈法。访谈可以通过询问家长，也可以通过询问孩子最好的伙伴，还可以与孩子进行访谈，了解孩子在日常活动中的表现。

三、成效与反思

通过运用多元智能理论来组织教学，周老师发现学生对设计的主题很感兴趣，在学习活动中能够积极主动地参与。周老师发现有些平时内向的孩子也能够大胆地演唱自己创编的歌曲。实践不仅让学生初步了解了自己的智能类型，让家长明白了孩子的成功不仅仅体现在学业成绩上，更重要的是让教师明白了对于一个孩子的发展最重要、最有用的教育方法就是帮助他寻找到一个他的才能可以尽情施展的地方。我想我的收获不仅仅是明白，更重要的是我能够根据这些学生的智能类型来教育他们，使他们的潜能得以发展。

不过在实践中，周老师发现因为自己在理论上还没有完全领会多元智能理论的全部内涵，所以有时在教学时容易走入虚有其表的误区，又是因为"花架子"太多，而"种了人家的田，荒了自家的苗"。这是在今后的教学中应该改进的地方。加德纳曾经语重心长地告诫人们：没有任何医治教育百病的灵丹妙药，也没有通向知识天堂的阳光大道。有的知识需要背诵，那就应该背诵，有的知识需要计算，那就应该计算，如此等等。他认为各种教学方法都有其独特的作用，教学方法应该是多元的，而不要用一种方法来覆盖全部教学过程。我想在自己的教育教学中，一定要因时而异，因地而异，因人而异。

其次，周老师觉得设计这样的学习活动要花费许多的精力和时间，特别是在选择和编制教材时，更需要财力和物力的付出。然而作为一名普通的教师是无法解决经济上的问题。在教学活动中，因为活动的开放性比较大，预设跟生成相差较远，这对教师的组织能力也要求很高。

再次，在教学中，因为自己对家长没有信心，觉得学生家长大多文化素质不高，对自己的教学没有什么帮助，所以在教学中，我很少与家长交流，家长参与评价的机会甚少，使得部分学生在收集资料方面不能很好地完成，家长也没有完全了解多元智能的理念，在评价孩子的表现时，也不能运用多元智能的评估，而使得教学效果不显著。

第五章 综合实践活动评价策略

第一节 如何指导学生进行自我反思性评价

一、问题的提出

综合实践活动作为新课程改革实施中一门崭新的学科，它以实施性强、密切了学生学习与生活的联系等独特魅力，早已被学生接受。学生在活动中表现积极、大胆，收获颇丰。但作为一门课程，唯有提高学生发展的自觉意识，才能真正实现课程的目标，促进学生的发展。在每一次综合实践活动过程中，学生们在总结交流会上总是很骄傲地谈出自己最成功的地方，而对自己失败的环节则避而不谈，成长记录袋中也总是记录着他们成功的故事。这固然能激发他们活动的热情，但是否有利于他们在以后活动中改进自己的行为呢？结果可想而知。因此，某学校的李老师曾经想，作为综合实践活动的指导教师，应加强对学生自我反思性评价的指导，培养他们全面评价的意识。那么，如何指导学生进行自我反思性评价呢？

二、相关策略

（一）理论学习

综合实践活动倡导的是怎样的评价理念呢？李老师他们就此问题查阅了有关书籍。《综合实践活动课程的管理与评价》一书中指出：综合实践活动要求新的评价理念与评价方式，它主张采用"自我参照"标准，引导学生对自己在综合实践活动中的各种表现进行"自我反思性评价"，强调师生之间、学生同伴之间对彼此的个性化的表现进行评定、鉴赏。综合实践活动评价的整体观要求在评价中把课程、教学和评价进行统整，使它们融合为一个有机整体，贯彻到活动中去。综合实践活动的评价主体是多元的。在综合实践活动的评价过程中，应重视学生的自我反思性评价，通过学生的自我反思性评价，提高他们辨别是非的能力、自我教育的能力。综合实践活动的评价要重视学生活动过程的评价，对学生进行评定的作业应该揭示学生在活动过程中的表现以及他们解决问题的方法，而不仅仅针对他们得出的结论。即使最后结果按计划来说是失败的，或者没有得出所谓的"科学"结论，只要学生经历活动过程，对自然、社会和自我形成了一定的认识，获得了实践的体验和经验，就应该给予学生积极的评价，要重视学生在过程中获得的宝贵经验的发展价值。总之，综合实践活动课程的特殊性决定了综合实践活动评价内容的全面综合，决定了要重视过程评价，注重学生在综合实践活动过程中的实际体验和发展程度。一句话，综合实践活动需要发展性学生评价。

了解了这些，教师更能认识到引导学生进行自我反思性评价的重要性，也更明确了引导学生进行自我反思性评价的方向，它不在于对学生活动的成功结果的肯定与否，而在于对学生在过程中获得的宝贵经验的发展价值的肯定与否。

（二）教学实践

1. 案例描述：我为家乡送健康

（1）情境导入

前些日子，我们开展了"我为家乡送健康"的综合实践活动，各小组同学都积极投入，获得了大量的第一手资料，同学们甚至还伸出了援助之手，帮助了一批贫困病人，首先，让我们为自己的行动喝彩！（全班鼓掌）今天，让我们来一次总的汇报，同时谈谈我们在活动中的得与失！

各组汇报活动结果

首先请各组同学派出自己的代表，以你们这组同学最喜爱的方式来展示本组的活动结果。哪一组先来？

有的组将自己的调查表贴在了黑板上并详细分析了调查结果；有的组谈了怎样防病与治病，并拿出了自编的《防病手册》；有的组详细汇报了本组爱心义卖和捐款的账目及捐赠对象的情况；有的组出示了本组制作的宣传标语；有的同学迫不及待的想要谈他自己在活动中的经历……

引导学生对自己与同学在活动中的表现进行反思与评价。

（2）引导组内互评

老师知道，同学们都在努力，想把自己的工作做得更好，有的同学做到了，非常高兴，早就想说给大家听了，有的同学觉得自己碰了钉子，很沮丧，但情况是不是就像你们想象的那样呢？那可不一定，你不妨先说出来，让大家来评一评，你到底做得怎么样？现在，请同学们先在组内说说自己的经历，让组员们帮你评价一下，好吗？别忘了记下同伴的意见哦！

各组同学都在组内踊跃交流，争相发表着自己对同学在活动中某一表现的看法。

（3）引导班内互评与自评

怎么样？经过大家的讨论，你们对自己在活动中的经历或行为是不是又有了新的看法？下面请同学们自愿上台讲述你在活动中的某一经历和行为，并谈谈大家对你这一经历或行为的评价，然后再讲一讲你自己对这件事的认识。

（4）学生发言举例

生一：那次，我和李金权一起去医院采访医生，我们来到诊室，这时医生正忙着给病人看病，后面还排着几个病人。我们进去就问："医生叔叔，请问您所见过的常见病例有哪些？"没想到医生根本不搭理我们。我们只好坐到旁边去等。我们边等边商量，才发现因为我们是第一次单独出来采访，进来时太兴奋了，根本没注意到医生正忙，因此，虽然我们的问话很有礼貌，却还是得不到回答。于是我们只有耐心等待，并在等待的时间里观察各个病人的状态。好不容易等病人都走了，医生忙完了，我们才走过去向他作了简单自我介绍，医生很乐意的接受了采访。我们终于获得了我们想要的许多资料和信息。

生二：那天我们来到钟石村，看到一间小小的泥砖房，我们在房子前听到里面传来咳嗽声，马上意识到这是我们的采访对象，于是我们走进去，可刚进门就差点摔倒了，原来屋子里的泥地是凹凸不平的。我们在黑暗中找到了躺在床上的老爷爷，说明来意。他在咳嗽了一阵之后接受了我们的访问。从他的谈话中我们知道他还有一个儿子和一个孙子，因为家里穷，媳妇实在呆不下去了，离开了家。儿子现在正带着八岁的孙子在田间除草。自己年岁大了，由于长期劳动，积劳成疾，只好在家休息。眼前的情景真让我大吃一惊，我竟然从来都不知道自己的身边还有这样贫困的家庭。我们以前真是太奢侈了。我们几个都下定决心：以后不但要节约使用自己的零花钱，我们还要想办法用自己的劳动赚一些钱，去帮助那些需要我们帮助的人。因此我们和校团委联合倡导了全校"勤动手、巧制作、献爱心"的扶助基金筹集活动。

生三：那节课老师让我们商讨活动计划，同学们马上以小组为单位讨论开了。我却坐在座位上没有动。其实我也想了一个好办法，因为我姑父就是一名乡村医生，我可以去采访他。但我想，李波他们也许不会欢迎我，不会接受我的想法，也许他们早就找到了采访的对象呢！我正独自想着这些，老师发现了我，走过来，温和的问我："你为什么不参加讨论？"我不知道如何回答，默默地低下了头。她用极亲切的声音继续说："其实你和他们也一样，也可以想出好办法，关键是看你有没有勇气说出来给大家听听。你应该更开朗些。"她说到我的心里去了，可我还是没有勇气开口。老师好像看透了我，用鼓励的目光望着我，伸出手来，说："来，我来帮你。"将我领到我们组上，对大家说："周颖同学有个好主意，大家听她说，好吗？"大家都停下来听我。我的脸更红了，但我终于用极细的声音说出了我的想法。想不到李波会说："太好了，我们正愁联系不到采访对象呢！"唉，我成功了！以后，我终于敢表达自己的想法了。我也因此有了许多好朋友。老师，我真想对您说声"谢谢"！

生四：在这次活动中，我学会了编织技术，并抓紧课余时间编织，只为能多编几双拖鞋多赚点钱帮助那些贫困病人。老师说我很能干，但妈妈老是骂我不务正业，怕我耽误了学习。我很伤心。如果老师能帮我向我妈妈做些工作，告诉她这也是学习，也许她不会那么反对。但我不会放弃，因为我听到了那些需要我们帮助的病人无助而虚弱的咳嗽声，我看到了当我们把钱交给他们时他们那感激的眼神。我知道，我收获的绝不仅仅是我想得到的那一点点。

（5）课堂小结

同学们通过同伴的帮助对自己的行为与活动结果都能形成比较全面的评价，我希望大家在课后能够将自己的经历及大家和自己的评价记录下来，整理好，给我们下一次的活动提供借鉴。

2. 教师反思

课堂中能够引导学生通过互评这一渠道去启示自我反思性评价，这一点是很有必要的，因为青少年阶段的学生，自我评价本身很大程度上来源于他人的评价，大家集思广益，就避免了评价的片面性。

引导学生记录同伴及自己的反思评价，使同伴的评价更认真更具体，进一步规范了学生的评价语言与评价行为，在整理记录的过程中也提升了学生自己评价的水平。

教师应深入到各组中，听取学生的故事，并作适当点评与引导，这样能使学生的评价更全面具体。

3. 同伴互助

总结听课教师的评课意见，将它归纳为以下两方面：

这堂课的优点：

（1）教师将第三环节——引导学生对自己与同学在活动中的表现进行反思与评价作为本堂课的重点，可见教师是十分关注学生的自我反思性评价的。从课堂效果来看，学生很积极的表达了自己对某一具体事件的具体看法，因此，可以说，学生确实实现了自我反思性评价，这一点是不容怀疑的。

（2）教师在课堂中能随时了解学生的表达需要，并作适当引导与控制，使课堂活动能顺利有序地进行，但就学生的表达需要而言，学生意犹未尽，建议在课后以墙报的形式补充。

（3）教师设计的组内交流环节能起到缓冲学生的情绪压力、完善学生自我评价的作用，值得肯定。

这堂课的不足：

（1）学生的自我反思性评价依然呈现功多过少的趋势，教师应加强引导学生对失败经历的反思性评价，应注意多引导学生从失败中寻找收获，引导学生关注体验而不仅仅是关注结果。

（2）教师应关注全体学生的自我反思与评价，而不是小部分学生，因此在组内交流时教师应下到各小组仔细聆听，适当引导，尽量对每一个学生的发言进行指导，这样的教学才会更扎实有效。

（三）策略研究

在教学实践中，对于如何指导学生进行自我反思性评价，李老师他们

总结了以下几点:

1. 帮助学生设计评价卡,为学生的自我反思性评价提供具体的思路,如"我最成功的经历、我成功的经验、我认为自己最失败的一次、我为什么会失败、在失败中我得到了什么"等。

2. 为学生提供同伴互评的机会,通过同伴互评启发引导学生进行深入具体的自我反思性评价。

3. 在具体活动中关注学生的情绪变化,给予学生及时的心理引导与行为调节。

4. 鼓励并指导学生写课程日记、课程故事、活动反思等,培养学生反思自己行为的意识,并养成学生自我反思的习惯,定期刊登学生的反思佳作,不仅鼓励了写作的学生,也为未写作的学生提供了写作的范例。

5. 培养学生全面评价的意识和习惯,学会客观公正地看待被评价的事件或人物,为学生的自我反思性评价提供正确的方向。

6. 制造机会,实现教师对学生自我反思性评价有效而有度的参与,引导每一位学生有效反思自己的行为或事件。

三、初步成效

经过一段时间的研究与实践,该校综合实践活动评价的发展性特征更加突出,即自我反思性评价促进了学生的发展,也促进了课程的发展,学生在综合实践活动中表现越来越出色,教师的技能也在活动中得到了发展。

(一)学生的发展

从自我反思性评价的质量来看,学生自制的评价卡内容更具体、更深刻、更全面了,课堂中学生的交流发言更精当更诚恳了,90％的同学学会了写反思日记,课堂上95％的同学参与到自我反思性评价中来,使自我反思性评价这一学生评价形式在班上蔚然成风。

从学生素质发展来看,学生的语言表达能力明显提高,互相给予的评价诚实而中肯,合作精神和合作能力明显增强,学生的正确价值观也树立起来,能正确看待活动中的"失败",对自然、社会和自我形成了独立的认识。例如,有一个学生在一篇反思中写道:"大人们都说挨家挨户舞龙拿红包很丢人,但我不这样认为,看到每家每户都放着鞭炮笑脸迎接我们，我认为我们这样做是值得的。但是我们的准备工作还做得不够充分，真有些对不起大家，下次我们会做得更好。"

（二）教师的发展

在研究中，李老师一直关注着学生的变化，加强了与学生的沟通，这样更贴近学生，更了解学生，师生关系更融洽了，李老师进一步感受到了教的快乐，也进一步理解了综合实践活动的评价理念，进而更深刻地理解了综合实践活动课程，为进一步实施这一崭新课程打下了坚实的基础。

第二节　如何进行中考综合素质评价

一、问题的提出

在综合实践课程中，学生获得的全面发展是有目共睹的，课改中锻炼出来的学生各方面的能力都很强，他们介入社会的方法和对社会的解读充分显示了课改无比的创造力。新课程号召中学生不做社会的旁观者，顺应时代的发展和要求，充分发挥自己的智慧和潜能。综合实践课程就是我们引领学生进行探究和展现的最佳舞台。

历年中考都是以各学科的成绩分数作为升学的评价依据，可综合实践如何纳入评价，评价时我们应该关注些什么？这是我们综合实践教师急切关注的核心话题。我们的教育制度一直承袭初中、高中的以三年最后的那次中考、高考决定学生命运的方法来选拔人才，可综合实践课程有鲜明的过程性，学生在综合实践活动中始终处于一个发展的态势，不是仅凭一次考试就可以衡量的。学生在综合实践活动课程的活动过程中获得了各方面的发展，也收集了一些过程性资料。教师如何对他们进行毕业测评？这不仅是有的同学想提出来的问题，就连教师心里也没底，不知这测评到底要怎样应对，要准备些什么？测评的困惑主要表现在如下几个方面：第一，我们应该如何做好综合实践的评价工作呢？第二，采取什么形式来评价才能既体现鲜明的过程性又充分反映学生的实际水平呢？第三，评价中要关注些什么呢？

综合实践活动是新一轮基础教育课程改革的亮点，如何充分发挥其学科优势，保证课程改革实验研究的顺利进行，评价问题是摆在我们面前的一个重要问题。

二、问题剖析

反思我们的教学，综合实践学科难以作好测评工作的原因很多。

1. 多年来，文化学科评价标准和方式已深入人心，一部分教师、学生，还有许多的家长，对学生的评价仍保留在各学科注重升学结果的分数上，甚至有的家长明明白白的对孩子强调：综合实践评什么级别不要紧，只要达到重点学校的分数线就行了。这些状况，自然给综合实践的评价带来了阻碍，在实验研究中增添了更多的困惑。

2. 有的学校和教师认为升学还是学科分数靠得住，总是把综合实践学科看成是与文化学科抢时间的"旁门左道"，总是在时间上管、卡、压，甚至直接把综合实践课改成文化课，这无疑是给综合实践评价致命的打击。

3. 有些学生由于对综合实践课程认识不够，活动中不积极参与，如果是班主任带动活动还能够参与，如果不是班主任任教，往往会出现应付的现象，教师把任务布置下去，而学生却袖手旁观，甚至想方设法逃避，这也给综合实践的评价造成麻烦。

4. 指导教师在平时的活动中，没有让学生对资料进行系统性的收集和整理，指导没有到位，评价时自然缺少依据，难以达到预期效果。

5. 在评价中，有些学生由于平时不积极参与，没有或缺失活动的过程资料，而评价时，就采取不正当的方法剽窃甚至挪用他人材料，或者请人操刀等不正确的方法，这些情况，给综合实践评价时如何甄别材料的真实性带来了难题。

综合来看，把握好"评价中应关注什么"这个问题，是解决综合实践评价工作的要点，也是引导综合实践纵深发展的基础。但在具体活动评价中又该如何去把握呢？

三、相关策略

（一）理论学习

面对这样的问题，首先要充分了解综合实践活动评价的目标指向是什么?《综合实践活动课程的管理与评价》一书指出:综合实践活动的总目标是通过密切学生与生活的联系,帮助学生获得亲身参与实践的积极体验和丰富经验,提高学生对自然、社会和自我内在联系的整体认识,发展学生的创新能力、实践能力以及良好的个性品质。因此,在综合实践活动的学生评价中不过分强调结果的科学性与合理性,而特别关注学生参与活动的态度、解决问题的能力和创造性、关注学习的过程与方法、关注交流与合作、关注动手实践以及所获得的经验与教训。要注意从学生在实践活动中的主体意识、实践意识、合作意识、创新意识以及发现问题、分析问题和解决问题的能力的培养考虑评价指标。并强调对学生进行评价是一个过程,一个教育的过程,同时也是学生与教师及他人协商共建,互相关怀,充满着民主平等和科学的过程,是最终落实到"一切为了学生发展"的过程。所以评价时要注意运用发展性评价理念和评价体系来促进学生的全面发展,以强调师生之间、学生同伴之间对彼此个性化的表现进行评定、鉴赏的"自我反思性评价"来提升学生的情感价值观。

有了对课程评价目标的这些把握后,某学校的教师仔细研读了姜平著的《综合实践活动课程实施策略》一书,对综合实践活动的评价理念和评价目标有了更系统的了解。

1. 综合实践活动的评价理念

(1) 要立足于每个学生的学习兴趣

综合实践活动的学习是体现学生主体的自主学习,在客观上要求由学生的兴趣和需要决定综合实践的主题活动,学生只有在对自己研究的主题感兴趣的基础上才能在活动的过程中保持浓厚的兴趣。因此评价学生要结合学生的兴趣进行。同时综合实践活动学习要有体现学生自主探究的特征,它要求教师能针对学生出现的问题、学生学习的状况进行综合评价,评价应基于以下观点:①不是让学生学什么,而是看学生学到了什么;②对于学生多样的行为能从多样的认识、多样的观点进行评价;③在学习对象中,重视每个学生感受能力;④评价学生参与的欲望和参与的状况,由此提高学生的学习兴趣。为了达到这一目标,教师要多运用激励性评价、感动和愉快的评价、富有自信的评价、富有必要性和使命感的评价、富有自我现象力的评价、加强同学相互学习的评价。

（2）要立足教学和评价的统整

综合实践评价的整体观要求在评价中把课程、教学、评价进行统整，使它融合为一个有机整体，从而贯彻到活动进行中去。一方面将学生在综合实践中的各种表现和活动的产品如研究报告、建议书、主题演讲等作为评价他们学习的依据。另一方面，注重把评价作为师生共同学习的机会，提供对课程修改有用的信息，实践于教学。

（3）要立足于对过程的关注

综合实践活动的评价关注学生探究的成果和质量，如它的科学性、可行性、新颖性，更关注学生参与的过程，包括参与的积极性、主动性、创造性。因此，综合实践的评价要重视学生活动过程的评价，对学生进行评定的作业应该揭示学生在活动过程中的表现以及他们是如何解决问题的，而不是针对他们得出的结论，即使最后结果按计划来说是失败，也应从学生获得了宝贵经验的角度视之为重要成果，并肯定其活动价值，营造其体验成功的情境。

（4）要立足于创新精神的发现

综合实践突出强调学生具有自主性、创造性、主体性的个性，教师要重视对学生活动过程中的新奇性、独特性和创意水平进行评价。包括对活动个案报告和活动过程中作品的新奇性、独特性进行评价。

（5）要立足于看学生知识技能的应用

综合实践活动评价重视学生能否将学到的知识和技能应用到实际问题的提出和解决中去，能否在联系生活实际，在问题的提出和解决过程中获取知识、应用知识，在评价过程中，教师要重视对学生知识和技能在实际应用中的评价。

（6）要立足于对活动过程体验的重视

综合实践活动的评价关注学生在探究活动中获得的体验和感悟，如探究性活动的体验、人际交往的感受、解决问题的体会与艰辛等，都要纳入评价的范畴。

2. 综合实践活动的评价目标

综合实践活动着眼于转变学生的学习方式，培养创新精神和实践能力，它的目标指向要求教师要关注以下几个方面：

评价学生亲身参与实践的体验；

评价学生收集分析利用信息的能力；

评价学生发现问题和解决问题的能力；

评价学生科学的态度和完备的道德；

评价学生对社会的责任心和使命感；

评价学生与他人合作和在社会交往的能力；

评价学生认知的基础与方法。

通过这些理论知识的学习，教师可以提高自身的素养，获取相关的理论指导。有的教师认为综合实践活动终结性评价应指向学生参与活动的态度，学习的过程与方法，解决问题的能力和创造力，交流与合作的意识和程度等，而并不仅仅在于资料的系统性和科学性。

（二）教学实践

为了进一步做好评价工作，有的教师又在学生和教师中进行了调查，了解大家对评价的看法和要求，组织课题组成员专啃评价这块硬骨头，从实际出发探讨中考评价方案。通过学科教师系统的研究，不断地从实践中吸取教训，总结经验，又不断地将不同的方案拿到教学中去尝试。像学生成长记录袋的操作和评价规则，许多教师就进行了数十次的反复尝试，以下是一份初中综合实践课程终结性评价方案和一份学生评价案例。

初中综合实践活动终结性评价初步方案

一、综合实践活动评价的初步思路

初中综合实践活动评价拟采用学分制。规定三年总学分为 60 个学分，确定 40 分以下为不合格。三年总学分按每个学期的学分的百分之二十累计出来。而每个学期的总学分为：每学期总分 50 分，确定 35 分以下为不合格。这样，每个学期 50 分，累计 3 年，共 300 分，到学生毕业总评时，将学生每学期的百分之二十相加，得出 3 年的总学分。总每个学期的学分将根据下面的评价指针得出。每个学分按综合实践活动活动方式划分，并将这些活动方式作为一级指标。与此同时，根据综合实践活动的行为性目标取向、体验性目标取向、生成性目标取向的特点以及综合实践活动的目标，将其转化、细化为可操作性的目标，作为评价的一级指标下的评价指标要素（二级指标）。因为，综合实践活动四个指定领域要达到有机整合。整合的方式有多种。其中，活动方式切入式（我总结的一种综合实践活动四个指定领域的整合方式，具体操作见《综合实践活动实施》书稿）是一种比较理想的整合方式。基于此，我们按活动方式划分学分进行评价，避免了按四个领域划分学分而导致出现综合实践活动四个指定领域缺乏整合的现象。

二、具体操作：每学期进行一次总评

第一步：

1. 发放调查表格，学生对自身实施的综合实践活动情况、收获进行整体回顾。

2. 查看、评价成长记录袋。按评价指针达到的要求登记有关情况。（小组评）

3. 教师在自评、小组评的基础上，根据评价指针体系，给予学期总分。

第二步：在教师评价的基础上，去课题组组织对学校进行评价调查，其方法包括随机抽查、个别谈话、查看成长记录袋、组织小型的问卷调查、组织部分学生进行答辩等。

第三步：初中毕业时，总结每学期学生的总学分。

三、初中综合实践活动评价指标体系

（一）设立综合实践活动评价指标：1，2，3，4，为一级指标；（1）、（2）、（3）、（4）为二级指标；二级指标将规定一定的数量，使之量化，如，每个学期调查记录：4次，研究报告：2份。

一级指标：

1. 课题探究活动（40分）

（1）具体研究过程：撰写的方案、调查记录、观察记录、实验记录、资料统计、研究报告、论文、问题探讨策略。

（2）调查过程：专家、机构取得联系的交往活动。

（3）资料收集保存活动：录像、摄像、录音等信息处理活动。

（4）总结活动：反思、体验、收获等。

2. 实际应用的设计性学习活动（15分）

（1）设计学习：设计一项产品、一项服务、一个系统。

（2）改进某一系统，排除系统障碍。

（3）计划和组织一项活动。

（4）解决学生生活和社会生活中的一个实际问题。

3. 社会考察为主的体验性活动（30分）

（1）考察、参观、访问的过程：考察、参观、访问的活动方案，参观记录、考察记录、访问提纲、访问记录。

（2）收集资料：录像、摄像、录音等信息处理活动。

（3）交流活动：参观、访问的活动报告、反思、体验、收获等。

4. 社会参与的实践性学习（15分）

（1）社区服务活动：为特殊人群服务。

（2）公益劳动。

（3）生产劳动：手工制作、工厂劳动、田间劳动。

三、评价案例精选

常玉洁同学本学期综合实践活动汇报及评价（我的自画像）

我叫常玉洁，白嫩的皮肤，小小的丹凤眼一笑就眯成了一条缝，我喜欢歌舞、做手工，说得一口流利的普通话，作文也写得不错，综合实践课是我最感兴趣的一门课。

我想就本学期的实践活动向老师作一个汇报。

（一）亲切的足迹

本学期，我一步一个脚印学会了在实践中锻炼自己，请看看我参加了哪些综合实践活动吧（插入图画：一排五个脚印，脚印内可填上文字。）

自评：我觉得表现不错。

师评：祝贺你获得"金鞋子"奖。因为你除了积极参与老师布置的活动，还设计了不少有新意的活动。光老师知道的就有好几项，你留下了一串串可爱的脚印。

（二）我有一双灵巧的手（插入图画：一排五个手印。手印内可填上文字）

自评：我还行

师评：你是一个聪明的小朋友，老师对你的表现非常满意。据我所知，你不但自己动手，还教了好几个徒弟呢。你获得了"大拇指"奖。

（三）我的"八宝袋"

1. 采访记录五篇；2. 调查实录三则；3. 资料统计表五张；4. 实践照片八张；5. 手抄小报两份；6. 伙伴、老师、家长评价六次；7. "我的灵感"专题录音带一盒（插入图画：一个大袋子。袋子内填上文字，见"八宝袋"中内容)。

自评：还可以。

师评：我认真查阅了你的"八宝袋"，确实有特色，你的资料袋既展示了你的特长，又记录着你的成绩，老师会考虑让你的经验推广。你做得很好，你的"八宝袋"也是一个小智囊团。

(四)我最值得自豪的事

自评：一想起这些我就乐开了花。

师评：其实你还有很多值得自豪的事呢。比如在"民族园"活动中你的摄影就受到了专家的好评。但是你可不能骄傲呀。

(五)我给自己提意见(插入图画：一张嘴。)

自评：我的意见还中肯吗？

师评：成功属于谦虚上进的孩子，老师为你喝彩，你已经初步领略了课程的真谛，和你交流让老师心情愉悦，你动手动脑，是创造的小能手；关心生活，是锻炼的小标兵；开阔眼界，是体验的小主人；不断进步，是实践的小明星。

(六)我眼中的综合实践活动

综合实践活动让我的动手能力加强了。

原来社会也是一本教科书。

(七)大家一块讨论太快乐了

(插入图画：一只大眼睛。)

自评：我参与的还不错。

师评：一个多么有自主意识的小精灵，你已经学会了关注生活。

这份评价方案，既体现了学生参与活动的认识和态度，又通过学生的自我陈述、各类原始资料、教师激励性评价等方面体现了学生在活动中收获的体验，也让教师看到了学生的成果和创新精神，如采访记录、调查实录、资料统计表、实践照片、手抄小报、伙伴老师家长评价、专题录音带等。都充分展现了评价内容的丰富性和灵活性，充分表现了评价主题的多元化、评价手段和方法的多样化。在评价活动中，教师注重丰富学生的感性认识，注重学生的知识向能力的转化，注重让学生主动获取社会知识，积累积极的情感体验和健康充实的生活态度，增强学生对自己、对他人、对社区及至对整个社会的关注和使命感、责任感和献身精神，从而让学生获得正确的认知、能力、情感及价值观，让学生身心得到全面健康的发展。

在指导学生开展活动的过程中，教师要将指导学生收集整理资料与终结性评价联系起来，引导学生注意保存能反映自己的参与态度、活动过程、交流与合作程度的资料，同学们在活动结束时将所收集的资料拿出来交流时，教师要对学生修改与整理的资料中创造性的行为予以表扬，及时反馈，让学生体会成功的快乐，也让学生的创新能力与个性得到更好的发展。教师在平常的活动中，就要联系终结性评价，提高了学生学习的自主性，但一定要注意不要让终结性评价的要求局限了学生参与创造性活动的积极性。

（三）策略研究

经过多年的思考与实践，刘老师认为，综合实践活动过程本身就是终结性评价的一个部分，而毕业测评也仅仅是终结性评价的一个阶段，测评的内容应该关注学生在活动中的表现和各方面的发展。因此，综合实践活动终结性评价过程中要关注的也正是综合实践活动过程中要关注的，具体体现在以下几点：

1. 综合实践活动终结性评价要关注学生对过程性资料的保存与整理

综合实践活动终结性评价首先应该关注学生对过程性资料的保存与整理能力。试想，一个学生成长记录袋中存放的资料乱七八糟，缺页少字，那至少可以反映这个学生在活动中的参与程度与发展程度，因为由此可以看出他在活动后没有进行必要的反思。

2. 综合实践活动终结性评价还应关注学生参与活动的态度

综合实践活动的过程性、自主性、生成性和综合性，决定了综合实践活动终结性评价对学生参与活动的态度的关注。学生参与活动的态度在一定程度上影响着他在活动中获得的发展程度。学生参与活动的态度可以从学生撰写的活动总结、课程日记、活动反思中反映出来。

3. 综合实践活动终结性评价应关注学生良好个性品质的形成

学生的良好个性品质首先表现在他的交流能力和合作精神上。学生在活动中产生的交流合作记录应真实地记录同学间的交流合作过程，学生在交流合作中所处的地位也能反映其交流合作能力。学生良好的个性品质另一方面还表现在他的独立个性上，学生的活动资料中应体现他独立思考的结论或在活动中形成的个人对社会对自然的个性化观点。

4. 综合实践活动终结性评价应关注学生解决问题的能力和动手实践能力

刘老师认为这些能力的评价最好是以表现性活动的方式进行，即在学生成长记录袋中了解学生已参加的活动，再根据这些活动提出相关问题，要求学生当场作答或进行制作，这样的结果才能更真实更直观地反映学生能力。当然，考虑到时间与人员安排上的困难，这一方法只能是以抽查的形式进行检验。

5. 采取学分制进行考查

综合实践课程在实施过程中，强调个人体验的获得、协作习惯的养成、探索精神培养以及学生可持续性的发展。它以对事物探讨的趣味性，面向全体学生，能全面提高教学质量，有利于课程改革的实施，能促进学生的个性和潜能的发展，有利于学生的学习能力、实践能力、创新精神的培养，能促进学生全面健康的成长。而在实践活动中，如何评价学生的实践活动，以评价促进学生的再活动、更好的活动，如何区分学生是否参与活动并真正获得了知识和技能，此中存在着一定的技巧和艺术。刘老师建议：将综合实践评价确立为三个板块（即"形成性评价"、"综合性评价"、"操作成果"），采取学分制进行考查。具体操作如下：

（1）形成性评价

形成性评价以综合实践成长记录袋所收集的材料为依据。

在每次活动中，学生参与活动策划和活动的实施，将活动的计划、实施方案、活动流程（包括活动策划、访谈记录、问卷设计、调查记录、调查表设计、操作手记等）、活动成果（实验报告、分析报告、总结报告、活动体验、小论文、小制作、小发明、小创造、图表、相片等）作适当的总集，并收集有关的文字和实物做附加材料，视为一次完整的活动。一次完整的活动计两个学分，每期要求有两个完整的活动。

每份材料和作品的完成，旨在让学生获得知识、掌握技能、培养能力，发挥其个性和潜能，所以不做具体的规定，学生可以从其他各学科知识领域中找方法方式。如做调查该注意那些问题？谁是最恰当的调查对象？调查的目的是什么？该怎样确定调查的内容？如何统计调查数据？如何综合分析调查信息？同学们可以通过查资料学习有关调查的方式、方法，向教师请教调查的技巧，通过讨论来完善调查的内容，归结调查的结果，并合理的处理以上信息……有了这些探讨和体验，学生的获得肯定丰富。

（2）综合性评价

综合性评价每一学期进行一次，包括考勤学分、综合评价学分、评优学分三个方面。

① 考勤学分：全期总课时约为 45 课时，每个学生参与活动的次数和出勤情况设立 5 学分，参与和出勤情况在全期的 90％以上的计 5 学分，在 80％以上计 4 学分，在 70％以上计 3 学分，在 60％以上计 2 学分，在 40％以上计 1 学分。

② 综合评价学分：每学期（年）组织师生根据全期的情况和期末墙报式"综合实践综合性评价总结"进行一次综合总评，评价等级为优秀、良好、合格三等，其中优秀计 5 学分，良好计 4 学分，合格计 3 学分。

③ 评优学分：学生作品参加班级、校、区、市、省竞赛评优，作品发表、获得专利等，都以学分给予奖励。

（3）操作成果。

操作成果包括两个层面。一是第一学期到第五学期的操作成果，作为每次活动的附加材料，可以多进行班级和学校的评比，班级选优再拿到学校评优展览，通过评优、展览、加学分等方式来激励学生参加综合实践的热情，促进学生可持续性发展。二是第六学期的操作成果，也就是说，在第六学期以每个学生独立操作完成的成果为毕业的最后一份答卷。采取老师、同学、社区、自我评价进行展示评价结合，评价分四个等级，具体操作评分如下：

等级＼评价主体	教师评价	同学评价	社区评价	自我评价
一级（计 15 学分）				
二级（计 14 学分）				
三级（计 12 学分）				
四级（计 10 学分）				

操作成果分两个方面。一方面是文字成果，包括专题研究论文、专题调查报告等，另一方面是实物成果，包括制作发明创造的物品。这些成果在专门展示后，由老师、同学、社区代表和自己给出评价计学分，为了让评价更确切些，采用四级记分的方式。一定强调对学生的操作成果的评价，杜绝不进行综合实践活动而制造虚假材料的不负责任行为。

如上操作，每个学生每期基本要求是：两次完整的活动记载（计4学分），参加每次活动出满勤（计5学分），每期一次的墙报式综合实践活动汇报评价的综合评价，假设自己、老师、同学都给评价合格（计9学分），不包括奖励学分，能得到18学分。初中三年，达到100学分为合格，即可领取综合实践单科的结业证书。

其实，评价不是结果，而应该是学生可持续性发展的另一个起点，但愿我们在综合实践的道路上能通过良好的评价走得更踏实些。

因此，某校的综合实践的中考评价方案采用学分制，分为成长记录袋测评、考勤、评优三大板块，按六学期分段记分。其中具体安排如下：

（1）每期的成长记录袋测评总分为100分，从综合实践学科的不同层面对学生进行测评。先由学生自评，再由老师或小组进行核评，然后接受区教研室组织的抽查，每期总分的6%计入中考成绩。

（2）每期考勤记分按45课时计算，完成90%以上计3分，完成80%（含）至90%计2.5分，完成70%（含）至80%计2分，完成60%（含）至70%计1.5分，完成50%（含）至60%计1分，不足50%的不计分。考勤学分直接计入中考成绩。

（3）每期评优学分按不同级别的出版作品、发明、获奖情况直接计入中考成绩。

如上操作，每期成长记录袋测评计6分，考勤计3分，评优计1分，一共10学分。中考时，综合六期的总学分为60学分，达到50学分者以上为优，40（含）到50学分者为良，30（含）到40学分者为合格，不足30学分为待合格。

四、初步成效

（一）教师方面

经过思考和研究，有的教师将综合实践活动的实施与评价紧密联系起来，改变了为评价而评价的老做法，使综合实践活动的实施避免了盲目性，也使综合实践活动的终结性评价变得轻松起来，全体综合实践活动指导老师都树立起一种观念：向综合实践活动实施过程要效率。教师综合实践活动课程评价意识明显提高，课程评价理念也得到更新。

（二）学生方面

学生面在综合实践活动课程中，获得了各方面的发展，在活动中也收集了一些过程性资料。但他们也有寄希望于毕业评价前"临时抱佛脚"的想法，那样势必会加重学生们毕业前的课业负担，还达不到应有的综合实践活动终结性评价的目的。因此，加强各期的评价监督是一个很重要的问题。

第三节　教师如何对自己开发的课程进行质量监控

一、问题的提出

（一）问题现象

某学校的艾老师曾体验到这种无奈：课堂上任你讲得眉飞色舞，学生却是心不在焉，作冥思状；也许有的教师遭遇到更大的尴尬：开办数期的校本课程班级人数逐渐减少，最后仅剩寥寥几人，面临被"解体"的困境。提到校本课程，大家的反应也各不相同——有的学生认为是一门好玩没有学习任务的课；有的教师认为是一门学生随意、教师为难的课；有的家长认为是乱七八糟的课程，从没听说过！

（二）问题原因

一个学期后，某校随机选择了参加校本课程的 81 名学生（涵盖高、中、低年级）进行了调查，结果如下：

校本课程质量调查学生用表

对于你所选择的校本课程，你感到	人数	百分比
越学越喜欢	31	38％
一般，没感觉	35	43％
越学越不喜欢	15	19％

对该校任教校本课程的 12 名教师也进行了调查，其结果如下：

校本课程质量调查教师用表

前后共任教几门课程	1门	2门	3门	4门
人数	3人	5人	3人	1人
教师自主改变课程名称和内容		2人	1人	
因学生因素改变课程名称和内容		3人	2人	1人

通过调查结果我们可以看到，被调查的 19％的学生对自己选修的校本课程不抱好感，占总数 50％的 6 名校本课程任课教师曾经、或者正在上着一门不受欢迎的课程。

由于校本课程属于个人独立或合作开发的课程，学校很难有一个统一的标准来衡量学生学习的效果和教师教学的质量。为了保证课程开发的质量，教师应如何对自己开发的课程进行质量监控呢？

二、问题的研究

（一）理论学习

1. 教学质量监控就是有目的地对教学质量系统进行评价、监督和施加作用，使教学质量达到预期目的。教学质量监控体系主要由教学质量和监控两部分组成，其中教学质量由教师教学质量、学生学习质量以及由教与学质量进而形成的课程质量、学科专业质量、学校整体教学质量等组成；监控部分则由评价、反馈、纠偏与激励等组成。

2. 课堂教学监控系统的运行，是一个促进课堂生长，促进学生持续发展的过程。它以引发、激励教师和学生自我监控为核心，力求通过营造民主、和谐的课堂气氛，来实现"无痕监控"的目标追求。课堂教学监控系统的价值取向和目标追求，决定了其运行流程必须覆盖课堂教学活动的全部过程。

（二）自我反思

监控校本课程教学质量，有的教师认为应关注和贯彻到课程开发的每一个环节：准备教材——挑选学生——课堂教学。

1. 准备教材

准备教材是课程开发的前期准备工作，包括确定教师自身擅长和感兴趣的课程内容、制订课程目标、选择合适的教学材料、形成课程纲要、备课等。这一环节是保证课程质量的基础，无法想象要求一个教师教好连他自己都不喜欢或不熟悉的一门课程后果是怎样的。

环境保护是当今世界的热点话题，艾老师也十分关注人与环境、能源与发展的关系。因此，他确定了课程名称是旨在培养学生环保意识的"绿色行动"。

2. 挑选学生

教学过程是教与学的双边活动，没有"高质量"的学生，就难保证有高质量的课程。这里提到的"高质量"是指对所选课程最感兴趣、最乐于参与教学活动的学生。只有挑选到"高质量"的学生，才能保证课程的质量。

3. 教学实践

课堂教学是保障课程质量的关键。主要采用书写教历、同伴互助、专业引领、调查反馈等手段监控课堂教学质量。

（三）同伴互助

该校在校本课程设置中，与环境保护相关的课程还有"环保小卫士"、"环保纵横"等，艾老师一直都有可供参考、共享的资源、和可借鉴的宝贵的经验。教师们通过专业的培训，市区级教研活动、片组交流，校本教研、网上论坛等各种渠道，进行着教学信息交流和同伴互助。同行之间的相互促进为课程质量的提高保驾护航。

艾老师所在学校的校本课程教研组的老师们为环保课提出很多宝贵的意见：

1. 选题很好，小中见大，使学生明白环保应该从小事做起，从我做起。

2. 教学思路清晰，目标明确，重点突出，学生学情高涨。

3. 实验方案由自己设计，充分调动了学生的创造性，和学习自主性，有的学生的实验设计得很新颖独特，有的学生的实验报告做得很详细、生动，学习效果较好。

4. 课堂教学环节还欠紧凑，问题呈现形式比较单一，可以让学生自主设计针对不同人群的调查表格，把主题挖得更深更透。

5. 教给了学生学习的方法，培养了学生学习的能力，训练了学生思维的方式，符合新课程理念。

（四）专业引领

专业引领就是配合或主动邀请学校行政或教研员对课程质量进行常规检查或点评，是保证课程质量的领航灯。

该校校本课程教研员刘老师一贯强调，课堂教学是课程质量的生命线。为培养教师自主实行对课堂教学的监控能力，她为大家作了关于《课堂教学监控系统的运行机制》的报告（摘自张向葵、吴晓义主编《课堂教学监控》），报告指出：课堂教学监控系统运行的基本路径是：课前检测——资源调动——过程控制——总结评价。

事先检测，确保系统在工作时处于最佳状态，是自动控制理论的重要思想，也是评价作为系统的课堂教学监控的重要特征。资源调动是指教师对学生注意力的吸引，对学生学习动机、学习兴趣的激发，对学生自我监控意识的唤醒，以及对能够引发和维持学生学习活动的各种条件的利用。过程控制是监控系统对教学过程中可能出现的各个问题迅速作出反应，并使之得到有效的纠正和预防的重要保证。总结评价是课堂教学监控的最后一个环节，它对教学工作具有反馈、激励、总结、提高等重要作用。

（五）策略提炼

1. 关注监控气氛以及师生间的关系

在传统的课堂教学监控中，教师往往是通过惩罚来对课堂进行控制的，实践证明这不但是极其低效的，而且常会导致恶性事件的发生。只有靠激励的力量，才能使学生产生投入新的学习活动的热情。激励是保证课堂教学活动优质高效进行的有力武器。

2. 发挥教研效能，培养监控能力

根据教研活动的内在功能作用，有的放矢地采取各种方法，有效地促进教师课堂教学监控能力的提高。

（1）诊断法：通过听课了解，并进行分析归因，指出教师在教学行为上所表露的弊病，并提出改进、完善措施；对汇报课、公开课等，施行两次诊断，即说课中诊断、听课中诊断。通过开展诊断法教研活动，培养教师自觉诊断意识和习惯。

（2）反馈法：借助录音、录像等反馈技术开展自我反思；开展教师间相互听课活动（每周不少于1节），进行同行探讨性反馈；邀请市、区级教科室专家、教研员和学校行政进课堂听课，进行专家诊断性反馈；运用公开课课后评课讨论进行会诊性反馈。通过开展反馈法教研活动，促使教师更客观地认识和评价自己教学过程和教学效果，培养其自我评估的习惯和能力。

（3）迁移法：通过开展听课学习，观摩名师课堂教学实录等，促使教师逐步把他人监控能力强，教学效果佳的成功教学行为和方式迁移到自己的教学活动中去；开展借班上课，外出学习教师上汇报课等，培养将具体的教学情境迁移到相同或类似的其他教学情景中去的能力。运用迁移法，促使教师的迁移能力逐渐提高。

3. 坚持学生评教制度

学生的评价往往是最客观和公正的。教师要坚持开展调查、及时反馈到教学中。

4. 家校互动

学校教育的效果必须要在校外得到拓展和延伸，为争取家长的认同、配合以及给予教学工作一个客观的评价反馈，某校设置了一张家长调查表，请家长在学期末填写。

校本课程质量监控家长调查表

课程名称_____ 学生姓名_____

1. 您认为您的孩子喜欢上校本课程吗？

2. 您的孩子学习校本课程以来，学习效果如何？

3. 在日常生活中，您的孩子能把校本课程知识学以致用吗？请举例。

4. 您对我校开设的校本课程有何建议？

家长签名_____

三、成效与反思

（一）研究成效

该校通过对课程质量实施监控，总结了以下几个所产生的明显的效果：

1. 选修"绿色行动"85％的同学们表示"很喜欢"这门课程，下学期将继续选修。

吕力是个"小调皮"，在选修"绿色行动"前，他还曾选修过"校园NBA"、"小小漫画家"等别的校本课程，可每次都呆不长久，现在他似乎找到了他的兴趣所在，每次上课总盼着能多开展一些有趣的实验和游戏。

2. 调查显示班上97％的同学已具有一定的环保知识，并能自觉运用到日常行为中，在亲人、朋友、同学中还能开展一些环保的宣传教育活动，产生了良好的社会效益。

3. 作为教师，在活动中关注到课程的开发、实施，观察比较了学生的学习过程和学习效果，调查收集了有关资料，及时记录整理了反思和心得，撰写了论文，形成一定的对课程质量实行监控的能力。

（二）实践反思

1. 一个教师自觉地对所开发的校本课程质量给予关注并实施监控，难免会因为自身理论水平、专业技能等主、客观因素，遇到困难或受到束缚。如何在制度上保证课程质量监控能够正当、有序地运行，使教师在具体操作中，有书可查、有据可依，有样可学呢？

2. 调查结果表明，要提高课程质量，光靠学校教师的努力是不够的，还需要得到广大家长的积极配合和支持。由于对校本课程这门新课程的不了解和不重视，有的家长认为这是升学考试不考的内容，所以对学生的学习活动就不认同、不支持，甚至还起到消极作用。这也影响了校本课程教学质量的整体水平难以提高。

第四节　如何评价课程教师的
校本课程开发能力

一、问题的提出

（一）问题现象

在校本课程任课教师业务学习时间，作为某学校教科室主任的陈老师首先进行近段工作小结，按照惯例，陈主任先宣布哪位教师交了《课程纲要》、几篇教学设计……突然，就有一位教师提问了："陈主任，是不是教学设计篇数越多，课程开发能力就越强？我这次虽然只交了两篇，但我可是找了很多资料，动了不少脑筋喔！"还有的教师在议论："我的《课程纲要》可能写得一般，可是学生上得可来劲了，不信，你去听一听！"……面对老师的提问，陈老师想：该怎样正确评价一个校本课程教师的课程开发能力？

（二）问题思考

随着新一轮基础教育课程改革的不断深入，该校校本课程的开设在经过对课程本身的理解、对课题的选取、目标的制订、资源的开发、活动实施的手段与方法、如何进行评价等等一系列的培训之后，逐步走上正轨。但长期以来，学校和教师完全执行指令性的课程计划，不可能也不需要具备多少课程意识和课程开发能力，一些教师拘泥于守旧、经验性教育，而缺乏创新和科学意识；一些教师参与校本课程开发的积极性尚未充分发挥出来，他们往往把校本课程开发看成是上级行政部门和学校布置的任务，没有意识到进行校本课程开发是自身的权力和责任。

校本课程的开发，既给教师提供了广阔的活动空间，也对教师提出了更高的要求。如何评价教师的课程开发能力，是教师们最为关切的问题之一。然而，对于教师的课程开发能力的评价没有现成的模式可依。实际上，教师的课程开发能力是校本课程开发的关键，优劣与否会直接关系到校本课程开发质量的好坏，进而影响到学生学习品质。

经过与骨干教师的商讨，该校决定就"如何评价一个校本课程教师的课程开发能力"进行小课题研究，希望通过适当的校本课程评价来指导、检查和监督校本课程开发的有效性、合理性，确保校本课程开发的质量，促进教师的专业发展，张扬学生的个性，形成学校特色。

二、问题的研究

（一）专业学习

该校教师查阅了多本资料，找到了一些相关的理论进行学习。

《基础教育课程改革纲要（试行）》中指出：通过实验探索国家、地方、学校三级课程管理的具体工作机制，提高地方、学校课程建设与管理的能力。

斯基尔贝克认为校本课程开发一般地要经历以下五个阶段：学校首先必须分析情境；然后依据情境分析的结果拟定适切性的目标；同时建构适切性的课程方案；最后进行解释、交付实施；并进行追踪与方案的重建[①]

美国校本课程评价采用斯塔尔比姆（D. L. Stufflebeam）提出的 CIIP 评价模式。CIIP 是由背景评价（Context Evaluation）、输入评价（Input Evaluation）、过程评价（Process Evaluation）和成果评价（Product Evaluation）四种评价构成。

浙江师范大学法政经济学院的林老师在《校本课程开发与教师素养刍论》一文中指出：教师在进行校本课程开发时应具备科学的课程意识、娴熟的课程开发技术、精诚合作的精神以及行动研究的素养。

（二）措施与行动

1. 第一阶段

在广泛的调查和学习的基础上，该校教师认为，校本课程教师的课程开发能力评价主要是由学校课程开发委员会对校本课程纲要进行的评价。评审委员会从教师自身素质、课程目标、课程内容安排、教学方法、评价方法、学生需求等方面进行评估，对校本课程纲要的评价主要目的是诊断其是否成熟可行，评估结果分为三种：成熟，开设；基本成熟，改进后开设；不具备开课条件，不开设。从而对校本课程作出鉴别与选择，为进一

---

① 崔允漷. 校本课程开发：理论与实践 ［M］. 北京：教育科学出版社，2000：72—73.

步的课程修正提供信息，为学生进行课程的选择作出前期的质量监督。正确的评价可以使教师看到课程自身的缺陷，激发教师继续完善的欲望。

经过讨论，该校教师认为，对校本课程纲要的评价，主要考虑以下几个维度：

（1）课程目标是否与学校的教育哲学及校本课程总目标导向一致；

（2）课程目标是否符合学生发展需求与学生学习的兴趣；

（3）课程目标对知识、技能、情感态度要求如何；

（4）课程目标是否明确、清楚可行；

（5）目标的表述是否有层次性，能适应不同学生的不同学习需求；

（6）各项目标之间是否协调统一，形成一个有机的整体；

（7）课程内容的选择是否合适，是否令学生感兴趣，是否编排得清晰；内容的设计是否具体有弹性，是否足以达到课程目标；

（8）所需的课程资源是否能够有效获取；

（9）课程组织是否恰当，是否便于学生参与，是否符合学生的身心发展的特点；

（10）课程评价的方式方法是否恰当，在教学过程中是否便于实施；

（11）整个课程方案是否切实可行等内容。

对校本课程纲要的评价首先是对校本课程开发的情境与目标进行评价。因为校本课程是基于学校自身的教育哲学开设的，每所学校有不同的实际情况，不同的价值追求，学校与教师不能为了开设校本课程而开设，不考虑学校自身的价值追求与学生的需求。加强校本课程目标评价在一定程度上可以避免校本课程开发的粗制滥造与盲目模仿，这也是校本课程教师的课程开发的基本能力。

2. 第二阶段

该校教师在边研究边实践的过程中发现，一个校本课程教师的课程开发能力，不仅要有课程开发委员会的评价，同时也要有同伴教师的评价。同伴教师的评价主要集中于对教师课程实施过程的评价，因此，同伴教师主要是通过教学观摩及课后的讨论与交流等形式来对校本课程进行评价。主要包括：教学的准备、教学方式、教学态度等方面的评价，以及对学生学业成绩评价，主要是对学生在学习过程中，知识技能、情感、态度、价值观、学习方法等方面取得的成绩作出评价。评价要有利于教师自身专业的发展，评价不应该是批判性的，而是建设性的，肯定成绩，指出需要改进的地方。

3. 第三阶段

学生是教师教学最直接的感受者，对教师的教学学生最有发言权。因此，评价一个校本课程教师的课程开发能力，也应参看学生对教师的评价。学生对教师教学的评价信息可以通过召开座谈会和问卷调查等形式来获取。如上学期该校设计了一张问卷调查表，对全校学生进行了问卷调查，共收到有效问卷770份（一、二年级为口头问卷，四至六年级为纸笔问卷）。通过调查学生对课程开设的兴趣、对教师教学态度、教学能力的看法，从而对学生的学习情况、对教师的教学有一个更全面、直观的了解。同时，通过这样的评价，也直接促进了教师去更多地关注学生的真切感受。问卷调查情况如下：

问题一：你对校本课程所选科目感兴趣吗？为什么？

总人数	感兴趣（人）	百分率	比较感兴趣（人）	百分率	不感兴趣（人）	百分率
770	678	88%	83	11%	9	1%

从统计表可以看出，绝大多数学生对所选科目感兴趣，他们主要认为：能比较多地了解一门课外知识，扩大知识面；教师经常组织游戏与讨论，有较多机会与同学交流感情，认识一些班外的朋友；能达到锻炼身体的目的，上课轻松愉快。

有12%的学生对所选科目比较感兴趣或不感兴趣，主要原因是：对所选内容没有一点基础，刚刚接触还谈不上产生浓厚的兴趣；部分科目由于教师、场地等原因，限制了学生人数，或有的班不足20人而未能开班，不能满足这部分学生的第一选择而转班到不太感兴趣的班；个别学生认为课程的实际内容与自己想象中的有较大差别。

问题二：你对任课教师的教学内容、教学方法满意吗？请说明理由或建议。

总人数	满意	百分率	基本满意	百分率	不满意	百分率
770	625	81%	119	16%	26	3%

从统计表可以看出，有81%的学生对任课教师的教学感到满意，他们认为校本课程的内容比较适合他们的年龄，自己感兴趣，上课动手机会多、轻松、有趣、愉快，有较大的收获。同时，学生也提出一些建议：希望老师多提问；老师少讲，学生多练习；上 20 分钟课休息、娱乐一下等等。

问题三：你还希望开哪些选修课？

我们在每班统计出学生最希望开设的 5 门选修课，全校再进行统计，它们分别是：陶艺、羽毛球、奥数、科技、舞蹈。

问题四：你对哪一节校本课印象最深？

学生对形象、生动、有趣、轻松，自己发挥创造、想象的空间大，能看到明显成绩、反映自己的进步的校本课印象最深。

4. 第四阶段

评价一个校本课程教师的课程开发能力，我们不仅依靠外界的评价力量，更要重视教师的自我反思。《基础教育课程改革纲要》提出："建立促进教师不断提高的评价体系。强调教师对自己的教学行为的分析和反思。"自我反思是促进教师反思能力发展的最佳手段，因为评价通常会带来压力，压力会促进评价者进行反思：自评改变了教师原来消极被动的被评价地位，而是以主人翁的方式主动、自觉地研究自己的教育教学，促进自己的专业发展。因此我们认为，校本课程教师的课程开发能力评价之一，应是教师对校本课程自我反思性评价。所以，应组织教师从以下几个方面进行反思：

（1）课程设计方面的反思：看是否符合国家教育的总体目标；目标指定得是否合理；目标及内容是否满足了学生的发展需求；课程的设置是否充分考虑到学校的客观条件，等等。

（2）对课程实施的反思：看学生对校本课程的欢迎程度如何如学生对开设的校本课程不以为然或表示不欢迎，则要确定不受欢迎的原因，从而做出相应的调整；看教师自己的能力是否能适应校本课程的要求，如果在实施过程中感觉力不从心或驾驭不了，也说明课程的设置还有不合理的地方；看是否根据教学内容灵活选择了恰当的教学形式和教学方法。

（3）对课程效果的反思：教师对照确定的课程目标是否落实。

（三）策略研究

在评价过程中坚持以过程性评价为主，充分发挥评价的发展、激励作用。校本课程评价主要由学校课程开发委员会、教师和学生来操作进行。学校课程开发委员会的评价目的在于诊断、甄别和筛选；同伴教师的评价目的在于提供反馈信息；教师自我的评价目的在于改进、提高和完善；学生的评价目的在于筛选、提供反馈信息。

三、成效与反思

（一）研究成效

校本课程的评价更多地依靠学校进行自觉自律的自我评价，不断反思课程开发过程中出现的各种问题，自我批评、自我激励、自我改进，保证校本课程开发的健康顺利运行。建立较为规范的自觉自律的内部评价与改进机制，是一所学校成功地进行校本课程开发必不可少的重要条件。通过此次的研究，许多教师认为有如下成效：

1. 学生的变化

通过学生对校本课程任课教师的评价，为师生沟通搭建了一座民主的、平等的、融洽的、和谐的平台。学生更深层次地了解校本课程开设的目的意义，对老师进行评价，使他们的学习变被动为主动，他们积极大胆发表自己的见解，对自己的评价、对同学的评价，对老师的评价显得中肯、客观、全面，自信心明显提高，学得积极、学得愉悦、收效明显。他们思维灵活、大胆想象、敢于创新，他们敢于发表自己的意见、不盲从的品格更显突出。

如一位教师讲了一个感受很深的故事：以前她放了一段旋律不怎么样的音乐，学生对老师播放的音乐评价是好听。但在开展学生评价教师的活动后，学生的评价是不好听！以前她私下细问过学生，她们才小声地承认其实真的不好听，但不敢说。还有一位教师一番深情朗诵后，博得了孩子们一阵热烈的掌声。突然有一个孩子举起手要发言，教师以为他一定是对自己的示范朗读再作一番表扬评价的，因为这已经是常有的事。可没想到，孩子一站起来就说："老师，你刚才读错了一个字，这个字应该是读第二声的。"可见现在的学生敢说敢做，他们不"唯书"、不"唯师"，能真正地、大胆地表现自己真实的想法和感受。

2. 教师的变化

校本课程开发把课程开发的权力还给教师，让教师来从事课程的开发与实践活动。这就要求教师不仅是课程的执行者，同时还应该是课程的开发者和研究者。校本课程开发是教师专业发展的有效途径，但教师的专业发展并不会自动生成。某校评价教师校本课程开发能力，教师必须"逼"着自己改变旧的教育观念、旧的教学方法、旧的教学手段，用一种适合当前教育改革发展需要的观念和意识，去进行大胆的创新、有效的尝试，还要不断的进行反思和完善。这样提高了教师的工作满足感和责任感，使教师对教学工作有更多的投入，有效地促进教师专业发展。

通过对校本课程的开发能力的评价，使教师真正进入到学生的现实生活，对学生的心理需求、发展需求有了更深入、更确切、更全面的了解，也为教师多角度、全方位了解学生，改变教学方式、教学方法提供了信息，使课程计划更符合学校、教师、学生的实际。同时，也为广大教师创设提供了一个创造、发挥、展示、满足个人发展需求的有利的空间和广阔的舞台。现在，教师在开发、实施校本课程中，由于观念得到转变，他们自然地把这种意识观念迁移到学科的课堂教学及教育活动中，以生为本、关注全面，既重视知识的传授，更注重过程的体验，良好学习习惯的培养，综合能力的提高，极大地激活了学生主动参与学习的内动力，改变了学生以往对学习所抱有的依赖的态度。可以说，师生在开展这种有创新性、针对性、实效性的校本课程开发实施活动中，各方面的能力得到了锻炼、得到了提高，真正达到了教学互进，教学相长。

（二）实践反思

校本课程评价作为一个贯穿校本课程开发始终的重要组成部分，既是保证校本课程开发质量的前提条件，也是一个充分体现学校、教师首创精神的过程，也是要求学校、教师增加自我责任意识和面对新课程改革增强自身适应性的过程。每所学校必须要基于自己课程实践，创造性地进行校本课程的评价，让每一位教师在评价中获得发展，让每一位学生在评价中感受成功，让每一门校本课程在评价中得到提升。

通过对校本课程教师的开发能力的评价研究，许多教师认为：

1. 对教师专业发展的要求过高

因为长期习惯了统一课程体制的学校和教师，过分拘泥于统编教科书，工作方式变得过于依赖和被动服从，不可能也不需要具备多少课程意识和课程开发能力。有的教师不可能马上就可以适应学校进行校本课程的开发，这在一定程度上增加了学校和教师的负担，影响了教师的工作积极性，这无疑给校本课程开发的质量带来了影响。因此，这就需要花大力气进行课程方面的"补课"。

2. 课程内容开发缺乏系统性

由于校本课程开发主体知识与经验的局限性、课程资源的限制，校本课程开发出现简单化和互相模仿的倾向，学习知识的系统性和质量难以保证。由于过于重视学生在校本课程开发中的需要，校本课程开发已经出现了过分重视活动的倾向，而忽视了教学内容。

3. 课程的评价缺少专业引领

因为校本课程开发是学校自主进行的，而且各不相同的，所以很难采用统一评价手段来评价校本课程的实施成效，更多地依靠学校进行自觉自律地自我评价。但由于课程专家的数量有限，课程开发方面的参考资料极少，缺少专业对话，学校不可能跳出教育学、课程论的窠臼，缺乏从哲学、社会学、心理学的视角来评价校本课程的开发。

第五节　如何进行校本课程的学分评价

一、问题的提出

（一）问题现象

教育部《关于初中毕业生综合素质评定的指导意见》中指出校本课程采用学分制评价。然而中学如何对学生进行学分制评价，谁来评价？评价什么？怎样评价？评价结果在初中升学中占多大比重？仍然成为实验班学生、家长和教师共同关注的问题。

对于校本课程的评价，只要翻阅课程理论书籍，绝大多数都是从课程本身的评价、教师课程实施的评价方面来讲的，而学生学业成绩的评价除了一些微观的评价工具评价方法外，几乎很少涉及到比较理性化宏观的操作办法和理论阐述，看来学分制评价是没有任何现成经验可依了。

（二）问题思考

不同学校之间课程结构和开发形式都可能不一样，同一所学校内学生参与校本课程学习的门类也各不相同。因此，校本课程不可能像其他课程那样有一个具体的评价标准，也不可能统一命题或统一组织考查。但作为三级课程管理中的一块，不能因为难以找到一把统一的尺子就扼杀教师的劳动成果，就忽略学生可能在这方面存在的优势。这样只能让课程建设又回归到应试教育的老路上去，校本课程也许就会名存实亡。那么，怎样找到一条既能促进学生发展促进新课程建设，又能客观真实地评价学生校本课程成绩的途径呢？某学校的高老师进行了如下的思考：

1. 基本原则——必须有利于学校课程的开发与建设，使校本课程朝着健康的方向发展；评价操作规范简便；反映学生真实水平；统一框架，学校自主；评价突出过程性，兼顾终结性考查；评价主体宜多元化。

2. 学分确定——按学年计算还是按课程分类计算，每门课程是统一学分还是按门类分项设置？如果放开学分，每所学校课程开设形式和学生选课要求可能都不一样，根据我区课程开发的实际情况，会不会造成校与校之间的比例失衡？放开学分后每门校本课程的学分都不相同，可能更有利于学生选课，但学校是否有那么丰富的课程门类供学生选择？由于生源状况不一，初中生是否有具备自觉管理和选择课程按时上课的能力和愿望？由此给学校管理增加的难度有多大？

3. 学分来源——是以课程结业考试（或考查）为准还是关注学习过程，将过程性评价与终结性评价相结合？终结性评价的时间是等待课程结业还是到期末进行？如果等待课程结业可能有的只有一学期，有的需要三学年，分值怎么确定？

4. 学分比重——如果是过程性和终结性评价相结合，孰重孰轻？过程性评价应包含哪些方面？成长记录应占什么分量？是不是每一门校本课程都要建立成长记录袋？

5. 评价主体——是学校组织，教师实施还是上级教育部门统一组织安排测评人员来评价？要不要学生参与评价？学生参与评价的效度有多大？

二、问题的研究

（一）专业学习

1. 理论学习

从校本课程开发的价值追求来讲，主要体现在三个方面：满足学生的兴趣要求促进学生的个性发展；促进教师的专业成长；促进学校的制度变革和特色形成。因而校本课程学生学业成绩的评价也应发挥其导向性和发展性功能，与其课程开发的价值相一致。

《教育部颁布国家课改实验区 2004 年中考和中招改革的指导意见》指出：综合素质评价应充分尊重学生的自我评价，并在同学互评和学生成长记录袋的基础上，经集体讨论，给予学生客观、公正的评价。评价时应注重对原始资料的分析与概括，避免以偏概全。实验区应根据当地教育行政部门确定的招生计划，参照学业考试成绩和综合素质评价结果，按照差额投档的原则，分批录取。要避免将综合素质评价结果简单转换为权重作为录取依据的做法。

《教育部关于积极推进中小学评价与考试制度改革的通知》中对学业评价的要求是：教师要在教育教学的全过程中采用多样的、开放式的评价方法（如行为观察、情景测验、学生成长记录等）了解每个学生的优点、潜能、不足以及发展的需要。建立每个学生的成长记录。成长记录应收集能够反映学生学习过程和结果的资料，包括学生的自我评价、最佳作品（成绩记录及各种作品）、社会实践和社会公益活动记录、体育与文艺活动记录，教师、同学的观察和评价，来自家长的信息，考试和测验的信息等。学生是成长记录的主要记录者，成长记录要始终体现诚信的原则，要有教师、同学、家长开放性的参与，使记录的情况典型、客观、真实。考试是评价的主要方式之一，考试应与其他评价方式相结合；要根据考试的目的、性质、内容和对象，选择相应的考试方法；要充分利用考试促进每个学生的进步。

2. 他山之石

江苏省的一所高中在《校本课程管理细则》中指出：学生校本课程成绩评定采用学分制，每个学生三年所学课程的最低总学分为 35 学分。其中限选课为 10 学分，任选课为 25 学分。任选课学分包括人文素养类 7 学分，科学素养类 9 学分，身心健康类 6 学分，生活技能类 3 学分。学分制的管理采用《学分卡》，学生凭卡上课，任课教师负责学分制的执行和落实，根据学生上课的出勤和表现填写《学分卡》，每学期期末由教学处统一登记并存档管理。教学处对学生的上课情况进行不定期的抽查。

在奖励和惩处方面，规定凡在国家、市级、区级各类各项竞赛活动与资格考试中获奖和获得资格证书的学生均可获得奖励学分，并可免修相应类别及学分的任选课程。出勤率未达到规定课时的 80% 者不能获得相应的学分。凡不能修满最低学分数的学生不能获得毕业证书。

（二）实践探索

1. 回顾和反思实验阶段

某校的校本课程跟随新课程一起进入学校课程计划，该校充分挖掘与利用社区资源，凭借课程优势脱颖而出，如开发的《银针的梦想——中国湘绣》就很有特色，后来逐渐开发出的《法制与礼仪》、《饮食文化》、《中草药基础》等课程比较成熟，课程组织形式是必修与选修相结合。植基中学分年级开设了《演讲与口才》、《礼仪与交往》、《英语沙龙》、《篮球》、《阅读与欣赏》等丰富多样的选修课，其中《礼仪与交往》、《英语沙龙》、《篮球》等大部分课程都开发得较好，学校管理也比较规范。而其他中学由于师资的原因，校本课程主要以必修课的形式开设，门类比较单一。根据这种情况，有的教师建议学校指导教师采用课程选择的活动方式，减少教师课程开发的工作量，提供更多的课程门类给学生选择；有的教师还建议九年级可以开设"学会学习"系列校本课程，让学生认识学习的规律，了解学习的科学，掌握各学科学习的策略，了解新中考，学会创建、管理和运用成长记录袋，学会自我评价和自我反思等。学生能有针对性地选修自己想学的那一门课程，如《科学学习策略》、《英语报刊阅读》、《数学模型设计》、《科技发明与创造》、《学习评价指导》、《学习的科学》和《阅读与写作》等，这样就满足了不同层次学生的需要，学生学习自己所选的课程兴趣特别浓厚，目的明确，不仅对提高学业成绩有帮助，而且有助于今后升入高中的学习，对终身发展有利。一年多来，学生通过校本课程的学习，知识面得到扩充，实践能力、信心搜集与运用能力、学习能力等各方面都得到较充分地发展。

2. 研制《长沙市开福区综合素质评定校本课程学分制评价方案》

经过学习和研究，长沙某校的教师广泛征求广大一线校长、教科室主任、教师的意见，进行有针对性地调查访谈，我们终于拟定了一份《综合素质评定校本课程学分制评价方案》（讨论稿），此方案综合考虑了处于实验阶段我区课程开发的实际，以宏观控制和自主测评相结合，教师根据自己开设的校本课程的特点，有差异地设计合理的学生学业终结性评价方案交学校审查，学校上报组织实施方案，区教育局根据学校确定的时间巡视，学校自主组织校本课程学业成绩考查和计算学分。为了让学校和教师便于操作，我们将科目设置、评价内容、评价标准与操作、评价方法、组织管理等每一个环节每一个步骤都提出了详细的明确的要求和建议。方案将学分统一为每学年每门课程结业满分20学分，如果一学期结业，满分则为10学分，三年累计学分为60学分。学分来源于过程性评价和终结性评价，过程性评价涵盖出勤（2学分）、成长记录（6学分）、课堂表现（4学分）三项；终结性评价（8学分）是指课程结业考查，考查形式可以是纸笔测验，也可以是表现性活动，或者两者结合。

（1）培训教师，模拟测评，修改完善方案

为了让学生了解校本课程的评价办法，让教师熟悉校本课程的评价操作技术，并进一步听取教师们的意见，修改完善评价方案，同时也考查出学生校本课程的学业成绩，该校教师先后进行了两次模拟测评。其中一次是参考《综合素质评定校本课程学分制评价方案》组织了期末考查与终结性评价。然后选择了两个有代表性的班级进行了模拟测评。两班学生所修课程类型不同：一个是《Kitty音乐吧》，另一个是《礼仪与交往》。教师分别制订了模拟测评方案，以及《考查说明》，制订了针对学生的评价工具《成长记录袋评价表》和《期末考查评价表》，纸笔测验卷和表现性活动题。考查说明包括：考查时量、考查形式、考查内容范围、考查规则、学业成绩的组织管理等。模拟测评是这样进行的：

① 主考老师宣布考查要求与规则

现场按学号顺序抽取选答题。学生轮流上台抽取答题，有理论知识题，有欣赏一段 VCD 以后再回答、或模仿其中动作的题，还有想象创作题。

成长记录袋评价。学生每人一张评价表，对照成长记录袋先自评，再小组互评，这一环节与表现性活动同时进行。

自由表现题。学生独立或合作表演，任选一种艺术表现形式。如：音乐剧、民族舞蹈、双簧、演唱等。

② 教师将各项成绩汇总

这次模拟测评第一个班的学生人数为 48 人，所用时间 80 分钟；另一个班的学生人数为 66 人，所用 110 分钟。第一个班的测评结果是优秀等级占 32％，良好等级占 54％，合格等级占 14％；另一个班的测评结果是优秀等级占 16％，良好等级占 47％，合格等级占 25％，不合格也有 12％。对于不合格或确实由于生病等原因没有参加测评的同学，给予他们补考的机会。

这次模拟测评教师反映比较好，学生也表现较出色。第一个班的班主任老师说："考查那一天的场面就像是一台综艺节目，有表演独唱的、有男女声二重唱的、有舞蹈、有双簧、有口技、有小品、有朗诵等等，真是百花齐放，节目的质量也很高，我感到阵阵惊喜，学生们也'玩'得兴致很高，不像是考试，比考试更放松，更充满激情。"另一个班的班主任老师总结道："学生们能较好地适应知识考查和表现性活动两种考查形式。从试卷中反映学生们对理论知识掌握的程度较好。通过开展表现性活动评价使学生感受到学有所用，使之更好地运用到日常生活中去。雷涛同学一组所表演的做客，莫丹宇同学一组所表演的接电话，何佳同学一组所表演的处理纠纷，都得到了同学们的热烈掌声。"

当然，在考查当中教师也发现一些欠缺的地方，如由于教师按照自己制订的考查标准进行终结性评价时，所产生的结果出现班与班之间的不均衡，这与教师的命题技术有关，也与评价主体操作时遵循标准的松紧程度有关；有些学生的成长记录袋太注重形式的美观与新颖，在设计、版面、图画、字迹上下工夫，而忽略了实质性的内容；教师要求学生的过程性评价太多，如每个单元要求要有自评、互评、师评，反而给学生和教师增加了负担；成长记录袋采用各等级描述性的评价标准，虽然有明确的数量要求，但不同的评价主体评价时可能会有差异；课堂表现评价带有一定的主观性，教师凭印象给分的情况较多，缺乏有力的证据等。这次模拟测评，不仅促使教师们对自己的教学进行了一次阶段性的回顾和反思，促进教师教学方式的改变，而且为方案的修订提供了依据。

在再一次征求了教师和学生甚至家长对于方案实施的意见后，教师对方案进行了进一步的修改和完善，校本课程采用学分制评定。

校本课程成绩分布：过程性评价与终结性评价。其中过程性评价包括：出勤占 8 学分；成长记录袋占 40 学分；奖励加分占 2 学分；终结性考查占 10 学分。改变最大的是分值的分布、评价形式和评价主体：过程性评价中将奖励加分代替课堂表现，取消 60 学分以外的额外加分，与综合实践的总学分相统一；将终结性评价交给学校自主组织，但学校要严格进行每一门校本课程考查方案的审核，如评价形式、评价标准、评价卷等要能反映一定的难度与区分度；区教育局基础教育科统一协调，由区抽调部分教师组成测评小组，参与校本课程成长记录袋评价和计算学分，并对学生进行抽查；将成长记录袋的评价标准实行以能力立意，合理量化，使其更客观公正，教师容易操作。

（2）组织实施，展开实测

在学校自主申报测评时间、区教育局基础教育科的统一协调下，长沙开福区对首批进入新课程实验的六所中学的毕业班学生进行了校本课程评价。本段时间大致做了以下一些工作：

① 对测评人员进行再次培训。成立区级测评小组和校级测评小组，分别由教研员对所有测评人员进行培训，学习《开福区初中毕业生综合素质评定校本课程评价方案》。

② 校本课程教师制订《终结性考查方案》交给校本课程审议委员会审核。要求纸笔测验要有一定的难度和区分度，表现性活动的评价标准要具体可行，课程审议委员会还要按时发布评价信息，让每一位校本课程教师和测评人员及时了解评价可能的动态，让学生明确评价的要求，做好相关的准备工作，在此基础上制订《校本课程评价组织实施方案》，测评两周前要交区

教育局基础教育科备案，并负责测评问题的解释、处理、协调工作等。

③ 学校统一时间，统筹安排进行所有校本课程终结性考查。考查结束教师将学生的终结性考查试卷或记录成绩的评价表放入成长记录袋；校本课程教师自主安排时间指导学生进行成长记录袋的自评和组评，提醒学生自评时必须实事求是，评价他人时也必须客观公正，要对自己的行为负责，认真地按照要求进行评价。

④ 班干部公布出勤登记，学生申报奖励加分，学生整理自己的成长记录袋；在上述时间内，区基础教育科统筹安排各中学校本课程评价时间，区教研员并及时下到学校了解评价进展，指导学校认真做好评价相关的工作。

⑤ 按照区综合素质评定工作日程安排，区教育局领导和区测评工作小组在规定的时间下到各中学参与最后的综合测评，测评内容主要是对学生成长记录袋进行在学生自评和组评的基础上核评，结果以核评为准，在成长记录袋内找到学生出勤卡或班级出勤登记的原始记录、能获得奖励加分的证书原件或其他有效证据、终结性考查的成绩等，根据评价标准计算出相应的学分，予以汇总。测评工作流程是：首先由所有测评人员向区教育局领导签订《诚信协议》——区级测评小组用抽签的方式抽取一个班测评，树立一个"标杆"——学校测评小组以标杆班的各等级的比例为参照进行测评，测评以班为单位，比例允许上下浮动5%——区级测评小组对学生抽样调查（如小型座谈、问卷、答辩、查看成长记录等）——汇总各项成绩得出学分并存档，学生成绩一式两份，一份交教育局基础教育科，一份交学校教导处。

（3）运用评价结果

根据《开福区初中毕业生综合素质评定方案》的要求，校本课程的成绩纳入综合素质评定中"学习能力"一部分，成为学生毕业和升学的一项重要证据。

（三）策略研究

1. 严格执行国家课程设置，落实课时，保证课程顺利开展，是实行学分制评价的前提

按照国家课程设置，校本课程和地方课程共占总课时的10%—12%，

按周课时计算，校本课程每周应该有1—2节。《学校课程管理指南》（讨论稿）指出，初中应该设置多样的可供学生选择的课程。因此，学校应严格执行国家课程设置、落实课时，只有校本课程按照国家要求的开设，才能促进三级课程管理的落实，才能有利于实现基础教育改革的总目标。而对学生毕业升学实行学分制评价也是为了促进校本课程的顺利发展，而不至于名存实亡，走向衰竭。反过来，如果不认真开发校本课程，学分制评价也就无从谈起，保证了课程开发的内在质量，才能保证它的使用成效，对学生的学习评价才有意义。最好是上级教育部门能应将校本课程的开发质量纳入到学校目标管理考核中。

2. 评价以促进学生的发展为目的，因此方案的制订要力求考出学生的潜能

综合素质评价既以选拔为目的，同时也应以促进学生的发展为宗旨。因此，在制订校本课程学分制评价方案时，一定要符合当地学生发展的实际、因地制宜，不要过难过繁，同时又要力求考出学生的优势潜能，为高一级学校输送人才，如开福区就将学科课程目标和基础性发展目标相结合，来确定成长记录袋评价的维度。

3. 宏观管理与自主测评相结合，尽量使评价做到公平、公正、科学

校本课程是学校教师自主开发的课程，是国家给学校的"自留地"，每个学校有每个学校的特色。因此，在测评时能放开则放开，充分尊重学校和教师的自主权，如对终结性考查，教师最有发言权，因此该评价项目完全可以交给学校自主进行。但为了保证的公平公正和科学合理，上一级教育部门必须加强宏观管理，以避免出现刻意拔高成绩或随意性倾向，如我区成立区测评小组抽测树立标杆，即是为了有利于校与校之间班与班之间的均衡。

4. 过程性评价与终结性评价相结合，关注学生的成长变化

校本课程既要关注学生的最终学习结果，又要关注学生的发展变化，因为学生是发展中的人，任何勤勉和努力都要给予充分的肯定，单纯注重过程和单纯注重结果的评价都是不全面也不公正的。学生在出勤、课堂表现、实践活动、竞赛活动等方面的状况都要纳入过程性评价之中，记录学生的闪光点，定期检查和展示学生的成长记录袋，而学生最终的学习结果

也应给予一个客观的评价。只有这样，才能激励学生不断成长。

5. 完善评价制度和监督机制，加强过程监控，以确保评价证据和数据的效度和信度

《基础教育课程改革纲要（试行）》要求：建立促进课程不断发展的评价体系。周期性地对学校课程执行的情况、课程实施中的问题进行分析评估，调整课程内容、改进教学管理，形成课程不断革新的机制。学校要建立日常学习评价制度，将成长记录袋评价标准提前印发给学生，培养学生资料收集整理的习惯和方法，避免为创建而创建，让成长记录不仅成为最后评价学生的依据，更主要的是让学生看到自己的优点、进步与不足，从而拥有自信，不断前进；建立课程审议和终结性考查审核制度，以保证评价的效度和信度，要求教师的考查方案增强与现实生活的联系，注重考查学生的能力，重视实践操作，尊重学生的个性和特长；建立评价诚信制度和监督机制，加强对学校校本课程评价实施过程的监督与管理。

6. 培训测评人员，实行多元主体参与评价，使评价更全面客观真实

为了统一有关部分评价的尺度，应集中培训测评人员，使其了解评价的标准，熟悉测评的过程，掌握相关的评价技术和要求，注重对原始资料的分析与概括。指导任课老师制订终结性考查方案，要求考查方案能体现学科特征，人文类的课程应着重于评价知识获取和情感培养；科学类的课程应着重于知识的应用和方法的获得；运动类和职业生活技能类的课程应着重评价学生技能的掌握程度等等。同时为使评价更全面客观真实，从不同视角来评价，避免以偏概全，评价时应充分尊重学生的自我评价，并让其余同学参与到评价中来，如小组评价。

三、成效与反思

（一）研究成效

开福区的校本课程测评对象为六所学校的1400多名学生。不论是评价过程还是评价结果，都是比较顺利和正常的，能真实反映学校开设校本课程的情况和学生学习情况，充分体现了公平、公正、公开的原则，结果令人比较满意。全区六所中学校本课程优秀率分别为：34.8%，28.3%，21.6%，20.6%，25%，19%，全区校本课程合格率为97%。

但是不少教师都担心：学习成绩好的学生会不会因为综合素质评定中校本课程成绩不好而影响升学。测评后，我们发现学生学业成绩与校本课程评价结果之间的相关度非常高。校本课程学分较高的学生中，有一半以上的学生学业成绩优秀，也有少部分学业成绩中等的学生校本课程成绩达到优秀，校本课程学分较低的学生学习成绩也都不好。那就是说，学习中等的学生可能会因为校本课程成绩好而在重点高中录取时占优势，学习成绩好的学生因为校本课程成绩不好而不被学校录取的可能性很小。

经过对学生的问卷统计，84%的学生认为目前这种评价形式比单纯的纸笔测验要好。感觉单凭纸笔测验压力大，且容易造成学习要靠死记硬背，避免了传统的纸笔考试带来的片面性；他们认为校本课程评价应该主要看平时的学习、表现、作业等；70%的学生认为成长记录袋自评是对自我的反思和回顾，可以正确地认识自己；组评比较公平，考虑慎重，而且能够看出自己和组员之间的差距，核评最合理和放心。

（二）实践反思

"有时候，当你真枪实弹地去做了，你才会发现原来这一领域是那么深那么宽，评价这把尺子量出的不仅仅是学生的学习质量，量出的还有我们工作的疏漏和问题。"这是一位教师在反思中写到的。

1."考什么学什么"思想仍严重，甚至有的教师认为校本课程会影响升学率，有的认为综合素质评价的分量不如学业水平考试。因此，对校本课程缺乏正确的认识，这一次中考的事实证明：好的校本课程不仅不会影响升学率，反而促进升学率的提高。因此，学校行政要尽快转变观念，协调好校本课程与国家课程的关系。

2.难以保证每班测评人员不是本班教师，如果不是本班教师确实在评价过程中对平时的学习丝毫不了解也不熟悉，测评速度就会减慢；如果是本班教师，虽然熟悉学生，但也可能会存在一些偏见，或有意拔高比例的状况。因此，评定者的选定最好是任课教师与非本班教师相结合。

3.虽然组织了对测评人员的培训工作和模拟测评，但由于参与测评的教师比较多，教师在实际问题中还有些需要咨询和熟练的过程，以提高对校本课程评价的认同，减少由于评定者的差异而带来的误差。

4.虽然要求学校对所有校本课程终结性考查方案进行审核，但实际上有些学校自主组织的终结性考查难度系数还是偏低，区分度不很明显。原因有三个：一是教师有意而为之，为了使更多的学生都能得优；二是教师兼任多门新课程精力有限；三是纸笔测验的命题技术不够或表现性活动操作不严，加之某些学校领导重视程度不够和管理者自身评价技术水平不高。看来，要加强教师与学校管理者的培训，相关评价制度建设与管理势在必行。

5. 从评价过程来看，学生比较忙碌，既要准备综合素质评定的五个维度的评价，英语口试、实验操作，又要准备六月份的学业考试。可以将校本课程的测评放到九年级第一学期。将测评提前一学期，这样就可以保证两年半的学习时间。

6. 从评价的方式来看，如果学校管理比较规范，课程开发比较成熟的情况下，是否可以将校本课程学分制评价像大学一样放开，学校根据课程的难易程度和学习时间的长短来确定每门课程的学分。学生只需在规定的时间规定的课程内修满规定的学分，剩余的课时就可以自由支配。

综合素质评定校本课程评价工作的开展是很不容易的，校本课程评价留给人们的思考是深远的。不管中间积累多少的经验或遇到多少问题，不管经历了多少的是非曲直，"让评价适应学生的发展"的宗旨没有变，"建立促进课程不断发展的评价体系"的信心没有变。许多综合实践活动课教师希望评价改革越来越科学，评价方案与评价制度越来越完善，更希望对于每门课程看重带给学生的是"成长度"而不仅仅是"分数"。我们也相信：校本课程的明天会更好。

后　记

　　教师应该善于向实践学习，向社会学习，向走在新课程改革前列的人学习，努力从多方面吸收改革的理论和实践成果，不断用新思想和新知识来武装自己、充实自己。有了这样的思想和知识基础，改革的道路就会越走越宽，积累的方法就会越来越多。

　　本书就是从教学实践活动中的疑难问题出发，以解决这些问题为目标，列举了部分教师的教育教学行为，希望能对教育工作者有所启示。

　　由于编写时间仓促，书中使用的部分资料无法查找出处和作者，我们在此表示歉意！希望相关作者看到本书后尽快与我们联系！

编　者